ポップミュージックは リバイバルをくりかえす

「再文脈化」の音楽受容史

柴崎祐二

イースト・プレス

はじめに

ポップミュージックの中の「過去」

前世紀以来、絶え間なく前進を続けてきたポップミュージックの歴史。ロック、ジャズ、ソウル、クラブミュージック。あらゆるジャンルのポップミュージックは、常に「新しさ」を駆動力として進化し、リスナーの側も、常にいまだ見ぬ音楽を求め、「新しさ」と戯れてきた。そうした見方は確かに当を得たものでもあるし、時代の先端を映し出すポップミュージックは、当然ながらいつも「新しい」ものだった。

しかし、これまで折々に登場してきた「新しい」ポップミュージックの細部、あるいは周辺を改めてじっくり検分してみると、そこでは常に、過去の音楽が再解釈され新たな文脈とともに再生されるという現象もまた絶え間なく起こってきたのが分かる。

考えてみれば、あのビートルズがデビュー当時に奏でていたのは、その少し前に世を席巻したアメリカ発のロックンロールだったし、今や現代のポップミュージックの基盤的な存在として世界中に浸透しているヒップホップも、元は既存のレコードを素材にそれを再構築するという手法とともに産声を上げたものだ。また、同じく現代のポップミュージックにおいてなくてはならない「DJ」という存在／様式もまた、過去のレコードの再解釈という行為と切り離すことは難しい。

１９６０年代前半にアメリカで盛り上がりを迎えたフォークやブルースのリバイバル。１９７０年代のグラムロック～パンクロックにおける初期ロックンロールへの回帰。同じく１９７０年代イギリスのノーザンソウルシーンにおける１９６０年代ソウルへの偏愛。更には、レアグルーブムーブメントが推進した70年代のソウルやジャズファンクの再評価、「渋谷系」の時代におけるソフトロックやラウンジミュージックのリバイバル。シティポップブームに象徴される１９８０年代サウンドの復権。２０１０年代以降のニューエイジミュージックの再評価。そして、昨今の「Ｙ２Ｋ」ブームと連動したポップパンクやドラムンベースなどのリバイバル。その他、その他、その他。この間のポップミュージックの展開の傍らには（あるいはその中枢には）、様々な過去の音楽の復権とそのブーム＝リバイバルが常に存在している。

ポップミュージックは「過去」を推進力としてきた？

なぜ、「新しさ」を掛け金として進化してきたように見えるポップミュージックの歴史において、そのような過去の復権／リバイバルが度々観察され、それどころか、場合によっては折々の先端的な潮流そのものを形作るような役割を担ってきたのだろうか。しかも、どうやらこうした傾向は今世紀に入ってから更に加速しつつあるようだ。過去の音楽が日々新鮮な驚きとともに受容され、それが更に新たな実践へとインスピレーションを与えるという円環構造は、おそらくこれから先もより一層強大なものになっていくだろう。

いつからか、ポップミュージックは直進的な進化をすっかりやめてしまったのだろうか。ポップミュージックはすでに前方への歩みを止め、自身の尾を食べ続けることで自らの過去へと無限に囚われ続ける、物悲しいスパイラルに陥ってしまったのだろうか。

もしかするとそうなのかもしれないし、仮にこのような趨勢が単なる「現象」なのだとしても、その流れが簡単に覆《くつがえ》るとも思えない。これは、ポップミュージックを常にその「新しさ」とともに享受してきた音楽リスナーたち、あるいは「新しさ」を見出すことに批評的な力点を見出してきた音楽ジャーナリズムにとっても、いかにも苦々しい事態だろう。

しかし、今ここで発想を転換してみるべきだろう。

むしろ、過去の復権／リバイバルという現象それ自体が、すぐれて現代的かつ同時代的で、なおかつ折々のサブカルチャーやそれらを取り囲む社会の情勢を鮮やかに映し出す、ダイナミックで「新しい」何かなのではないか、と。

過去が復権し、現在と混じり合い、その現象によって未来をも照らす。一見すると過去向きの反動的な懐古主義と結びつけて単純化されがちな各種のリバイバルブームの中に潜む、直進的な時間／歴史概念を超えたダイナミズムを抽出すること。また、その作業を通じて現代という時代の性質へと肉薄すること。ポップミュージックにおける過去の復権／リバイバルとは一体いったいどのような現象であり、どのような理由と背景によって引き起こされてきたものなのか。私達は、どのようにして過去の音楽とその復権の様に「今」を見出すことが可能なのか。

本書のモチーフ

1983年に埼玉県の片田舎に生まれた私は、小学生の頃から7歳上の兄や叔父の影響で音楽を聴きはじめ、高校生になるとパンクロックにすっかりハマって、友人たちとバンドを組んだ。上京して大学に入ると、音楽サークルに所属し、エンドレスな音楽談義とバンド活動、レコード／CD収集に没頭し、たまにDJにも手を出した。その後2006年からはレコード業界で働き、洋楽／邦楽（この区分の仕方もすでにアナクロニスティックだが）を問わず10年ほど制作や宣伝業務に携わってきた。2016年にはレコード会社を辞め、以来フリーランスとしてディレクター業を営みながら、評論家としても執筆活動をおこなってきた。

こうした月日の中で私は、折々の最新の音楽に心を奪われ、新譜を聴き、音楽雑誌を読んで、せっせとアップデートに勤しみ、それを楽しんできた。音楽に携わる仕事をしはじめてからは、なおそうだった。しかしその一方で、音楽を聴きはじめたほぼ最初の段階から、自分がいまだ生まれてすらいない過去の音楽に、強く惹かれ続けてきた。音楽制作や評論の活動をはじめてからもそうした自覚は強まるばかりで、なぜ自分が執拗に過去の音楽へ惹かれてしまうのかを考える日々が続いた。単に「カッコいい」から？　聴いていて興奮や心地よさを味わうことができるから？　当然そうだろう。けれども、簡単にそういいきってしまうにはどこか腑に落ちない。ときには、最新のポップミュージックの制作やプロモーションに携わっているという職業的なプレッシャーもあって、過去の音楽に否応なく惹かれ、しばしば新しい音楽への興味に増してそれらへと耽溺する自分自身に一種の罪悪感のようなものを感じることすらあった。もしかすると、加齢を重ねることで、最新の音楽への積極的な興味／感度が鈍ってしまったのだろうかと思うこともあった。

私はなぜ、私自身が経験したことのない過去の音楽にこれほどまでに惹かれ、心を躍らせてしまうのだろうか。「現在」からの逃避？　子供の頃からどちらかといえば、部屋で一人過ごすのを好んでいた私のことだ、もしかしたらそういう面もあるかもしれない。しかし、現在から逃避しているだけなら、過去の音楽を聴く度にむしろ現在の風景が鮮やかに色づいてくるように感じるこの感覚もありえないはずだ。

そう、過去の音楽を聴くという行為、あるいは、それに刺激された音楽を演奏したり作ったり評論したりする行為は、私の現在的な生に密着し、ときに生の実感を活性化させてくれのだ。私が過去の音楽を聴き、興奮させられるとき、私にとってそれはなによりも現在へと開かれた体験として捉えられていたのだった。

そんな思いをぼんやりと懐《いだ》き続けるうちに、もしかするとこの気持ちは、私自身の性格とか嗜好だけによって湧き上がってくるものではなく、もっと広い視野によって解き明かされるべきものではないかと思うようになってきた。一人で音楽を聴いているときはもちろん、ライブやパーティーに行ったり、自身が制作するアーティストと好きなレコードについて話をしたり、オブスキュアな過去のレコード／CDをかける自分のDJを面白がってくれる人たちと交流したりしているうちに、そうした思いは徐々に強くなっていった。

ある本との出会い

そんな中、こうした思いをより一層加速させるきっかけになったのが、2018年から『レコード・コレクターズ』誌でスタートした、私がインタビュアーを務める連載「ミュージック・ゴーズ・オン　最新音楽生活考」だった。

この連載は、比較的若手の現役ミュージシャンやDJなどへ、そのリスニング遍歴について話を訊くというものだ。主に過去の音楽を扱う『レコード・コレクターズ』という雑誌の特性上、インタビューの話題の中心となるのも、主に過去のレコードについてである。登場してもらうのはほぼ毎回私よりも若い世代の人たちなのだが、皆同じように過去の音楽への興味と愛にあふれており、しかも、それらの過去の音楽をことさらに「過去のもの」として見なさず、あくまで各々の「今」と密着したものとして楽しんでいるのがとても印象的だった。毎月取材を重ねて様々なリスニング体験談を訊いているうちに、相互につながりのないはずの複数のクリエイター達が、ある時代において特定のジャンルの音楽を似通った志向のもとに聴き、同じように感動を覚えているらしいのが分かってきた。つまり、そこで語られる内容にある種の時代的な相同性があり、しかもそれは、私自身が特定の過去の音楽へ抱く興味や関心のあり方とも明らかに重なり合うものだった。

もう一つ、大きなきっかけになったのは、ある仕事の資料として、イギリス出身の音楽ジャーナリスト、サイモン・レイノルズが2011年に上梓した書籍『Retromania: Pop Culture's Addiction to Its Own Past』を読んだことだった。

サイモン・レイノルズの名は名著『ポストパンク・ジェネレーション1978-1984』の著者としてかねてより認識しており、海外の音楽メディアに寄稿される彼の文章も折に触れてチェックしていた。『Retromania: Pop Culture's Addiction to Its Own Past』は、そんな彼が現代のポップミュージックがいかに自身の過去の姿に囚われ、それを再生産しているのかを論じた著作として、その存在を知って以来、個人的な課題図書リストの筆頭に置いていたものだった。とはいえ、日々の業務に忙殺されてこの長大な英語版原著を読みこなす自信と余裕も持てない中、長らく積読状態となっていた。しかし、その後、ひょんなことからシティポップやそのリバイバルについて論じる本『シティポップとは何か』(2022年)の編著者を務めることになった私は、そのリバイバルの背景を理解するために、「ポップミュージックがいかに自身の過去の姿に囚われ、それを再生産しているのか」というテーマに正面から向き合うタイミングがきたと覚悟を決め、いよいよ同書にじっくり向き合うことにしたのだった。

果たして、その読書体験は鮮烈だった。ときにレイノルズ自身の体験を織り交ぜながら、あらゆるジャンルの「レトロマニア」的実例が詳述され、さらにはそうした現象がなぜ巻き起こってきたのかを縦横無尽に論じる同書は、まさしく、私がそれまでの音楽体験の蓄積の中でぼんやりと疑問に思っていたことへの、きわめて優れたヒント集といえた。哲学やメディア論など様々な視点を援用しながら、「過去の復権」の内実と背景に迫るその筆致は、まがりなりにも音楽評論を生業とする私にとっても、強い畏敬の念を抱かせるものだった。

一方で、レイノルズは同書において、基本的にはそうした「レトロマニア」的状況へと批判的なスタンスを取っており、ポップミュージックが未来へと駆動していくための力と想像力を減衰させている（と彼は考えているようだ）状況に、ある種の倦怠感と問題意識がないまぜになった感慨を抱いているようだった。この感覚は音楽ジャーナリストとしてはおそらく至極真っ当であり、私自身にもたしかに理解しやすいものだった。

ポップミュージックにおける「過去」を語り直す

しかし、私がこの本を読んでいる中でもっとも気を引かれたのは、レイノルズ自身「レトロマニア」的な状況に否定的なスタンスをにじませながらも、一方でむしろそうした状況をずっと以前から楽しんでおり、現在もなお楽しんでいるということを包み隠そうとしない、一見矛盾した筆致だった。しかも、同書におけるそうした矛盾の同居は、おそらくレイノルズ自身がもっとも鋭く自覚しているようなのだ。「なぜ」「だが」「いや、それでも」という気持ちが透けて見えてくるような文章は、彼の批評家としての真摯さを表していると感じたし、いつしか私は、そこに現れている逡巡を、自分に突きつけられた課題として捉えるようになっていった。

その後『シティポップとは何か』をなんとか完成させた私は、大いなる刺激を与えてくれた

『Retromania: Pop Culture's Addiction to Its Own Past』における議論を土台として（勝手ながら）それを引き継ぎつつも、レイノルズのややペシミスティックな論調とは異なる、また、彼が同書において繰り広げた様々な論旨とは違った角度から、過去の復権／リバイバルという現象を論じ直すことはできないだろうかと、具体的に考えるようになった。

例としていえば、同書において重要な概念として登場する（何かとペシミスティックな理解を引き寄せがちで、日本の批評読者にも一定の支持を受ける）「憑在論」寄りの論旨からはなるべく離れ、より広い視点をもとにした、ときに楽天的な展望をも含んだ議論を展開することはできないか、と考えたのだった。それは、私が、あるいは私がこれまで取材対象としてきた多くのクリエイター達が、そして多くのポップミュージックのファンたちが、過去の音楽を聴いて「今、ここ」で胸を躍らせている実感とその背景にあるものをいかにして読み解くのか、という思索の始まりでもあった。

これまで述べてきたような様々な体験を経て出来上がったのが、本書『ポップミュージックはリバイバルをくりかえす「再文脈化」の音楽受容史』だ。本書ではこれから、沢山の事例を挙げながらポップミュージックにおける過去の復権／リバイバルの様相を追っていく。すぐ前の話と矛盾するようだが、それを噛み砕こうとする私の筆致は、必ずしもすべてにおいてポジティブなものになるとは限らないだろう。しかも、（レイノルズの筆致が前掲書においてそうであったように）議論は数多の枝葉に分かれており、各章において何がしかの結論にたどり着くことを自らに厳しく課すつもりもない。しかし、読み進めていくうちに、徐々にいくつかの通底するテーマが浮かび上がってくるだろう。それらは、私達の「過去の音楽へ否応なく惹かれてしまう」という気持ちを直接的に褒め称えてくれるものではないかもしれないが、うまくいえば、現代を生きる私達が抱くそうした志向の背景にあるものを浮かび上がらせ、前よりももっと深い好奇心とともに過去の音楽を愛するための、ささやかな助けとなるはずだ。

目次

第2章 フォークとカントリー
ルーツを呼び覚まし、コミュニティをつなぐ音楽

第3章 ロックンロールとオールディーズ

繰り返される「若さ」のサウンド

第4章

レアグルーヴとヒップホップ

リスナーによる音楽革命

第5章 ソフトロックとラウンジミュージック

渋谷系の時代と引用と編集の論理

第6章 和モノとシティポップ

「踊れる歌謡曲」の発掘と新しいノスタルジア

第7章 ニューエイジとアンビエント
ウェルビーイングとストリーミング時代のリバイバル

BLUES

第 1 章

ブルース

「真正なる黒人音楽」を求めて

ロックの根源にはブルースがある。幾度となく唱えられてきたそんな定説は、当然ながら歴史的な真実を孕んではいる。その一方で、当のロック世代の若者達が、自分たちが追い求める「真正な存在」としてブルースを都度語り直してきたからこそ、そういった定説が浸透したのだともいえる。アフロアメリカンが生み出したブルースが、戦後若者文化といかにして結びついたのか。イギリスとアメリカにおけるブルースとロックの蜜月を追う。

前世紀初頭	米深南部地域でブルースが発祥 ▽ 奴隷制時代のフィールドハラーやワークソングなどが起源
1950年代後半〜	英でトラッドジャズリバイバルの発生 ▽ 後の英ブルース勃興につながる
1956年	ロニー・ドネガン「ロック・アイランド・ライン」がヒット ▽ スキッフルがブームに
1958年	マディ・ウォーターズ来英 ▽ 英のミュージシャンに影響を与える
1962年	ブルース・インコーポレイテッド『R&Bフロム・ザ・マーキー』 ▽ 英ブルースの嚆矢となる一枚
1963年	ブルース専門の月刊誌『ブルース・アンリミテッド』創刊 ▽ ブルースの情報の体系化へ
1965年	ポール・バターフィールド・ブルース・バンドがデビュー ▽ 米ブルースロックを牽引
1966年	ロバート・ジョンソン『キング・オブ・ザ・デルタ・ブルース・シンガーズ』英盤発売 ▽ ロック世代の支持をえる 『ジョン・メイオール&ザ・ブルース・ブレイカーズ・ウィズ・エリック・クラプトン』 ▽ 英ブルースロック確立へ
1968年	フリートウッド・マックがデビュー ▽ ブルースロックブームが本格化
1975年	ドクター・フィールグッドがデビュー ▽ R&Bリバイバル志向を持ったサウンドで支持をえる
1983年	スティーヴィー・レイ・ヴォーンが米でレコードデビュー ▽ 新時代のギターヒーローに
1990年	ロバート・ジョンソンのCDセット『コンプリート・レコーディングス』 ▽ グラミー賞を受賞
2003年	マーティン・スコセッシ監修「ザ・ブルース・ムーヴィー・プロジェクト」 ▽ ブルース人気再燃

ロックの「源泉」としてのブルース

後のロックの「源泉」として、ことあるごとにその重要な参照元として取り沙汰され、折りに触れてリバイバルしてきたブルース。通説的な説明をするなら、ブルースとは、20世紀初頭、奴隷制時代に歌われていたフィールドハラー[*1]やワークソング[*2]などを起源に、アメリカの深南部地域中心に発した、主にアフリカ系アメリカ人達が演奏した音楽を指す。

三つのコードを基本に、12小節やときに8小節の繰り返し構造からなり、ギターやピアノ、ハーモニカなどを伴った歌曲を主とする。歌詞においては、恋愛や性愛等、奴隷制廃止後に浸透していった個人主義的な要素も特徴となる。1920年代から録音が開始された「クラシックブルース」[*3]「カントリーブルース」[*4]をはじめとして、電気楽器を伴うバンド形式のものまで、様々なスタイルが生まれた。

ブルースの聴衆は、当初その担い手と同じく当然ながら黒人達が多くを占めていた。つまり、ある時期までは主にアメリカ合衆国の黒人大衆文化の中で受容されてきた音楽だった。しかし、およそ1960年代半ば以降、このブルースの主な担い手およびそのマーケットは、それまでと異質のものになっていった。

この時代、特に熱心にブルースが支持されたのがイギリスである。これにはやはりロックミュージックの成立と発展が大きな要因となっているのだが、このブルースブームを理解するためには、ロックがうねりを上げた1960年代から遡って、まずは

＊1 フィールドハラー
奴隷制下のアメリカで、黒人奴隷たちが農業労働中にあげた掛け声。

＊2 ワークソング
ツルハシやハンマーを打ち込むリズムにあわせて歌われた労働歌。リーダー格の一人が先行して歌い、それに対して残りの者が呼応する。

＊3 クラシックブルース
1920年代に登場したジャズ色の強いブルース。

＊4 カントリーブルース
戦前のアメリカ南部地域で歌われた、主にアコースティックギター弾き語り形態のブルース。

それ以前の状況から紹介すべきだろう。

トラッドジャズリバイバル

イギリスでは１９５０年代後半から１９６０年代前半にかけて、主に若者達の間で、「トラッドジャズ」のブームに沸いていた。

ここでいう「トラッド」とは「トラディショナルジャズ」のことで、その字のとおり「伝統的なジャズ」を指す。彼らトラッドファンにとっての「伝統的なジャズ」とはなにか。

それは、ジャズ発祥の地とされる米ニューオリンズで前世紀初頭に演奏されていた合奏形態のジャズ、および１９２０年代以降にシカゴへと場所を移して発展したディキシーランドジャズであり、バンジョーやコルネット、トロンボーンなどの楽器を交えた集団演奏を特徴としていた。

１９３０年代後半から１９４０年代前半にかけてアメリカで再発見されたこれらのサウンドは、「ジャズ本来の姿」が保存された存在として愛好され、海を越えてイギリスでも支持された。戦後すぐの時期にはジョージ・ウェッブ・ディキシーランダーズというバンドが活動し大きな人気を集めるなど、伝統的なジャズのサウンドがあらゆるイギリス主要都市へ浸透していった。１９５０年代以降のトラッドジャズブームは、こうした「リバイバリストジャズ」を前史として、より真正な初期のニューオリンズジャズを志向するものとして成立した。

トラッドジャズブームを牽引した代表的な存在としては、クリス・バーバー、ケン・コリヤー、アッカー・ビルク、ケニー・ボールらがいた。このブームは1960年代初頭まで続き、ヒットレコードも生み出す大きな潮流となった。

このムーブメントに、(後のイギリス産ポップミュージックの展開を予見するように)「後の世代の白人達が、かつてのアメリカ黒人文化の中に、その『純粋な』芸術性を見出す」という構造がすでに萌芽していたことは注目に値する。一方で、エドワード朝の縦縞チョッキと山高帽を着用したメンバーを従え、いかにもイングランド西部出身であることを誇張したアッカー・ビルクのように、アメリカのジャズへの志向と同時にイギリス的な愛国心を称揚するような傾向も見られた。

現在から振り返ると、トラッドジャズのブームは、いかにも反動的で懐古趣味に見えるかもしれないが、ここに、外部的存在への憧れと、ボヘミアニズム[*5]、イギリス的アイデンティティへの固執が入り組んだ形で潜んでいたことはぜひ指摘しておかねばならない。こうした構造は、その後のイギリスのユースカルチャーを舞台に幾度も繰り返されていくものでもあった。

トラッドジャズブームの社会的性質

御存知のとおり、イギリス社会には古くから強固な階級制度が存在するが、初期の「真正な」ジャズに保存されているとみなされた熱狂や放埒《ほうらつ》は、既存の慣習や社会構造から逸脱しようとする当時のイギリス若年層の欲望と複雑に関係していた。ハンプ

＊5 ボヘミアニズム
個人の自由を重んじて生活する志向のこと。

シャー州ボーリューで開催された1960年の「ボーリュー・ジャズ・フェスティバル」では、モダンジャズ派[*6]とトラッドジャズ派の対立を背景に両者の入り交じる暴動が生じ、大きな衝撃を与えた。また、一部のトラッドジャズファンは、1957年からの核軍縮キャンペーン[*7]に積極的に参加し、急進的な左翼政治運動とも深い関係にあった。

ほかの多くの国々と同じく、第2次世界大戦はイギリス社会にも多大な影響を及ぼしたが、ロンドン等都市部での戦禍の物理的な甚大さもさることながら、経済が被った影響は一層ただならぬものだった。本格的な景気回復はまだ訪れず、閉塞感を抱えた1950年代の社会状況にあって、労働者階級から中流階級の若者達の間で、後に見るテディボーイズ（詳しくは114頁）やビートニク[*8]など、多様な族文化[*9]が発展していった。一連のトラッドジャズブームも、そのような流れとの関連においてみることで、都市のサブカルチャーとしていかに重要な存在であったかが理解できるだろう。

トラッドジャズから派生した「スキッフル」

トラッドジャズから派生した音楽「スキッフル」も、後のブルースブームを準備した存在として非常に重要だ。

スキッフルという語は、もともと戦前期にアメリカ南部の黒人達がギター、ハーモニカ、カズー、ウォッシュタブベース、ウォッシュボード、ジャグなどを持ち寄って演奏していたジャグバンドスタイルのグループを「スキッフルバンド」と呼んだこと

＊6　モダンジャズ
1940年代中頃からチャーリー・パーカーらによってアメリカで発生したビバップ以降のジャズの総称。旧来のスウィングジャズなどに対応する語。テーマの提示から各奏者のアドリブソロを経て再びテーマへと至る形式をとるのが一般的。

＊7　核軍縮キャンペーン
「Campaign for Nuclear Disarmament」通称「CND」。現在「ピースマーク」として知られるマークは、元々CNDのロゴマークだった。

＊8　ビートニク
1950年代初頭から1960年代初頭にかけて、アメリカ発のビート文化に影響を受けた若者たちが発生した。彼らは主に中流階級に属しており、テディボーイズとは異なりロックンロールを忌避し、主にジャズを愛好した。

に由来している。

この語がイギリスにおいて特有の意味を持って使われるようになるのはもっと後、1956年以降のことだ（それ以前に、上記のトラッドジャズミュージシャン、ケン・コリヤーが「ケン・コリヤーズ・ジャズメン・アンド・スキッフル・グループ」を発足させていたり、先行的な使用例もあるが、この場合はもともとの意味に近いものだった）。

スキッフル爆発のきっかけとなったのは、前出のクリス・バーバーによるクリス・バーバーズ・ジャズ・バンド名義のアルバム『ニューオリンズ・ジョイズ』（1955年）に収録されていたある曲が、グループのメンバーだったロニー・ドネガンをフィーチャーした「ロニー・ドネガン・スキッフル・グループ」の名のもとシングルカットされ、1956年に大ヒットを記録したことだった。

それが、アメリカンフォークソングのカバー「ロック・アイランド・ライン」だ。これをきっかけに、アコースティックギターを主体とした4、5人組で演奏するフォーク〜ロックンロール的な音楽全般が「スキッフル」と呼ばれ、高価な電気楽器や熟練した演奏技術を必要としないこともあり、当時の若者達の間で大ブームとなった（ビートルズの前身バンド、クオリーメンがここでいう広義のスキッフルバンドとして発足したのは有名な話だろう）。

このスキッフルは、音楽性としてはブルースよりも牧歌的な明るさが目立つもので、後のシリアスなブルースロックとの関連性は薄いように思われるかもしれない。しか

＊9　**族文化**
都市において、あるスタイルを共有する若者集団を「族」といい、それらの若者たちによるサブカルチャーを族文化という。「族」は「トライブ」とも。評論家のジョン・サベージは、著書『イギリス「族」物語』で、戦後イギリス文化に現れた様々な例を挙げ、その背景と特徴を論じている。

し、その人脈図を紐解いていくと、重要な前夜的ムーブメントだったのが分かる。

イギリスにブルースを広めたアレクシス・コーナー

１９２８年生まれのアレクシス・コーナーは、ブリティッシュロックの父とも称されるギタリスト／ヴォーカリストにして、シーンの最重要人物である。

ミュージシャンとしてのデビューは１９４９年で、19歳で先述のロニー・ドネガンと同じくクリス・バーバーのバンドに籍を置いた。１９５２年にはケン・コリヤーのバンドに加入、ブルース色の強いスキッフルを演奏していた。更にその後の１９５５年、同じく要人のシリル・デイヴィスと組んでグループを発足させた。コーナーは、１９４０年代からアメリカのブルースのレコードを収集していた学究的なミュージシャンでもあり、演奏活動の傍《かたわ》らイギリス国内へのブルースの紹介にも尽力した。同１９５５年にデイヴィスとともにスキッフル〜ブルース向けのクラブをオープンさせると、１９５７年に「ロンドン・ブルース・アンド・バレルハウス・クラブ」と名を改め、アコースティックブルースの演奏を始めた。後には多くのブルースアーティストをアメリカから招いてライブをさせたり、ときに彼らのバック演奏も務めたりした。

その後、彼はデイヴィスとともにエレクトリック楽器を交えたイギリス初のブルース／R＆B[*10]グループ、ブルース・インコーポレイテッドを発足させ、メンバーを固定しない流動的な形態で旺盛な演奏活動を展開した。

１９６２年リリースのデビューアルバム『R＆B フロム・ザ・マーキー』で披露さ

＊10　R＆B
リズムアンドブルース。ビート感を伴ったブルースを指すが、モッズ達による愛好などもあり、1960年代のクラブ文化と結びついた独特のニュアンスを帯びて使用されることが多い。本章でも、主に1960年代半ばまでのブルース的サウンドをR＆Bと呼び、1960年代末期に流行したブルースロックはR＆Bとは呼称しない。

れた音楽は、それ以前のスキッフルから一歩も二歩も進んだ内容で、まさに、ブリティッシュブルースの最初の発火点ともいうべきものだ。マディ・ウォーターズやジミー・ウィザースプーンらのカバーにも聴かれるとおり、1950年代のシカゴブルース[*11]やジャンプブルース[*12]などのバンドサウンドを範にした本格的なもので、演奏にはいまだ未整理な点は多いにせよ、「本物」かつ「純粋」なブルースへと近づこうとする気迫を感じられる力作だ。

コーナーとデイヴィスの2人は後進の指導にも熱心で、1962年から、イーリングの「イーリングクラブ」でブルースやR&Bに特化したイベントを発足し、ソーホーのマーキークラブでは「リズム・アンド・ブルース・ナイト」と称するレギュラー・ギグを開催していた。彼らの周辺は、ローリング・ストーンズの面々、ロング・ジョン・ボールドリー、グラハム・ボンド、ジャック・ブルース、ジンジャー・ベイカー、エリック・クラプトン、エリック・バードン、ロッド・スチュワート、ポール・ジョーンズ、ズート・マネー、ジミー・ペイジなど、ブリティッシュブルース／R&Bを代表する後のスター達が切磋琢磨する場となっていった。

コーナーは、その後も様々な音楽性を取り入れながらも、常にピュアなブルースへの情熱を絶やすことはなく、イギリスのブルース受容に多大な影響を与え続けた。

ブルースの過去と現在をつないだジョン・メイオール

イギリスにおけるブルースシーンを牽引したもう1人の重要人物は、1933年生

アレクシス・コーナーズ・ブルース・インコーポレイテッド『R&Bフロム・ザ・マーキー』(1962)

英〈Decca〉より発売。コーナー、デイヴィスに加え、ディック・ヘクストール＝スミス、ロング・ジョン・ボルドリーらが参加した。

＊11 シカゴブルース
第2次世界大戦後に米シカゴで興隆した、エレキギターなどを取り入れたバンド形式のブルース。

＊12 ジャンプブルース
1940年代に興隆した、カンザスシティジャズなどから影響を受けたリズミカルなブルース。ビッグバンドスタイルとシャウト唱法を特徴とする。

まれのヴォーカリスト／ギタリスト／ハーモニカ奏者／ピアニストのジョン・メイオールだ。

朝鮮戦争時の従軍経験を経てマンチェスターの美術学校に入学したメイオールは、卒業後はデザイナーの仕事と並行してセミプロとして活動をおこなっていたが、１９６２年にマンチェスターを訪れたアレクシス・コーナーと意気投合。翌１９６３年にはコーナーの勧めでロンドンへ移り、ブルースミュージシャンとして本格的なキャリアをスタートさせた。

メイオールの先駆者としての偉大さは、純粋主義的な志向と時代に合わせた柔軟な音楽性の折衷を果敢におこなったことに加え、コーナーと同じく、後に続くミュージシャン達をブルース演奏へと引き入れ、それぞれをいっぱしの存在として送り出していったことにもある。

彼のバンド、ブルースブレイカーズの歴代メンバーには、ヒューイ・フリント、ジョン・マクフィー、ミック・フリートウッド、ピーター・グリーン、ミック・テイラー、エリンズリー・ダンバーなど優秀なミュージシャンが入れ代わり立ち代わり参加し、後のブルースロックを大きく発展させる様々な才能が集った。

エリック・クラプトンの革新性

シーンのキーマン、ジョン・メイオールと演奏をともにしたミュージシャン中でもっとも知名度が高い「卒業生」といえば、エリック・クラプトンだろう。

ジョン・メイオール＆ザ・ブルースブレイカーズ
『ジョン・メイオール＆ザ・ブルースブレイカーズ・ウィズ・エリック・クラプトン』(1966)

全英アルバムチャートに17週にわたりランクインし、最高6位を記録するヒット作となった。

初期のローリング・ストーンズを追走するように人気を博し、クロウダディクラブの常連を務めていたR&B志向のビートバンド＝ヤードバーズでリードギターを弾いていた彼は、1965年にロジャー・ディーンの後任という形でブルースブレイカーズに参加した。メイオールとのデュオでシングルを制作したのち、別のバンドでのツアーを挟んでバンドへ復帰し、現在もなおこの時期のブリティッシュブルースにおける最初の金字塔として高く評価されていているアルバム『ブルースブレイカーズ・ウィズ・エリック・クラプトン』（1966年）に参加した。

オーティス・ラッシュ、フレディ・キングらのモダンブルース曲から、ジャズ／ブルースシンガー、モーズ・アリソンのレパートリー、更に戦前カントリーブルース界最大の重要人物ロバート・ジョンソンの曲を取り上げ純粋主義的な路線を打ち出しつつ、後のシーンの方向性を決定づける革新的なギター演奏を聴かせた。

ギブソンのレスポール[*13]とマーシャルのアンプ[*14]を駆使した太く甘美なサウンドは、後のハードロックの萌芽としても聴くことのできる非常に個性的なものであり、多くのギタリストへ衝撃を与えた。このあたりを境に、ほかのR&B系とは異なるブリティッシュブルース＝ブルースロック特有のサウンドが顕在化していくのだった。

同時期、ロンドンのイズリントン某所の塀に「CLAPTON IS GOD」という落書きが書かれ、それが一種のミームとして広まっていくといった現象もあった。彼のカリスマ的な存在感とともに、ギターという楽器（とその奏者）がブリティッシュブルースシーンの中で特権的な位置へと高められていった。

＊13 ギブソンのレスポール
1952年にジャズ・ギター奏者のレス・ポールがギブソン社と共同開発したソリッドボディのエレクトリックギター。ジミー・ペイジやピート・タウンゼントをはじめ、本機を愛用するロックミュージシャンは数多い。

＊14 マーシャルのアンプ
マーシャル社製の英国産ギターアンプ。現マーシャル・アンプリフィケーション社の前身にあたるイーリングの楽器店「マーシャル・ショップ」は、1960年代当時R&B系ミュージシャン達のたまり場となっていた。エリック・クラプトンは、レスポールとマーシャルアンプの組み合わせで、「ウーマントーン」と呼ばれる独特の音色を作り出した。

「ブルースロックギタリスト」という新しいヒーロー

エリック・クラプトンは、ヤードバーズの商業的な志向に反対してバンドを脱退したというエピソードにも象徴されるように、「孤高」や「求道」、そして新たな時代の個人主義的価値観を分かりやすく表象する存在でもあった。

このような展開からは、トラッドジャズリバイバルから脈々と受け継がれてきた「原点」へのこだわりと、それがまとうボヘミアニズム的な態度表明が、引き続き若者文化において称揚されていく流れを読み取れる。つまり、回顧／懐古を通じて自らの社会的な立ち位置を鮮明化させ、新たな時代の主体的な若者像を自己投影するための写し鏡として、アメリカ産のブルースがその具体的なツールとして援用されていた、と見ることもできる。

この時期を境に、ブリティッシュブルースの主な担い手達の顔ぶれにも変化が現れてくる。トラッドジャズ〜スキッフル時代から活躍するアレクシス・コーナーら先駆者達はベテランとして尊敬される一方、メンター的な存在へと移行していった。また、1960年代半ばから、彼らの弟子世代にあたるローリング・ストーンズ、プリティ・シングス、アニマルズ、ヤードバーズ、スペンサー・デイヴィス・グループ、ゼムといったR&B／ビート系[*15]の先行者達が商業的成功を収めて徐々にポップ寄りのレパートリーも取り入れるようになると、揺り戻しのように、エリック・クラプトンがブルースブレイカーズ脱退後に結成したクリームをはじめ、テン・イヤーズ・アフター、サ

＊15　ビート系
「ブリティッシュビート」とも。後のブルースロック系バンドのシリアスでストイックな演奏に比べ、ビート感の強い躍動的なサウンドが特徴。

ヴォイ・ブラウン・ブルース・バンド、フリートウッド・マック、チキン・シャック、クライマックス・シカゴ・ブルース・バンド、ジョン・ダマー・ブルース・バンドなど、より明確にギターオリエンテッドで硬派な表現を追求するバンドが台頭してくる。

元来、黒人ブルースにおけるギタープレイ、あるいはギターソロというのは、あくまでダンスミュージック的な機能や（例外的なインスト曲もあるにせよ）ヴォーカル表現の肉体性と強く結合したものだった。しかし、この時代のブルースロックブームの中では、エモーショナルな要素も当然託されていたにせよ、よりシリアスなあり方を称揚する「求道」の精神性が重ね合わされていく。また、こうした傾向をうけて、あくまでアンサンブル上の付随的要素であったはずのギターソロそれ自体が前景にせり出し、加速度的に演奏の尺も長大化していった。一種の精神主義的な「物語性」をギターソロに読み込む態度も醸成されていき、先に述べたエリック・クラプトンの例をはじめ、様々なギタリストがクラシック界における名演奏家にも似た評価を確立していく。

これは、俯瞰的な視点で見れば、「ギターソロの純粋芸術化」といえるような事態でもあり、旧来の黒人ブルースの論理とブリティッシュブルースのそれを区分する大きな境界線だったともいえそうだ。

フリートウッド・マック
『ピーター・グリーンズ・フリートウッド・マック』
（1968）

後述の〈Blue Horizon〉から1968年2月にリリースされたフリートウッド・マックのファーストアルバム。ピーター・グリーンとジェレミー・スペンサーのギター演奏が大々的にフィーチャーされ、オリジナル曲のほか、ロバート・ジョンソン、ハウリン・ウルフ、エルモア・ジェイムスのカバーが収められている。全英4位獲得。

アレクシス・コーナーのキャリアを紹介した先の節でも述べたように、アメリカの「オリジナル」ブルースマンの来英公演も度々おこなわれ、イギリスのブルースブームに貢献してきた。

「本物」のブルースマンの来英

ごく初期の例として、1950年7月のジョッシュ・ホワイト、翌1951年8月のビッグ・ビル・ブルーンジーの渡英が挙げられる。特に、1950年代半ばまで積極的にヨーロッパでの演奏活動をおこなったビッグ・ビル・ブルーンジーは、エリック・クラプトンから、フォークミュージシャンのマーティン・カーシーやバート・ヤンシュまで、イギリスのギタリスト達に多大な影響を与えた。また、ブルーンジーらフォークブルース系のアーティストの情報は、アメリカ人民俗音楽学者アラン・ローマックスがブロードキャスターを務めたイギリス国内向けのテレビ／ラジオ番組によっても広められていった。

ほかにも、ブラウニー・マギー&サニー・テリーをはじめ、マディ・ウォーターズ、オーティス・スパン、ハウリン・ウルフ、オーティス・ラッシュ、ジュニア・ウェルズ、チャンピオン・ジャック・デュプリー、Tボーン・ウォーカー、メンフィス・スリム、ルーズベルト・サイクス、ジェイムス・コットン、リトル・ブラザー・モンゴメリー、ウィリー・ディクソン、ジョン・リー・フッカー、サニー・ボーイ・ウィリアムソンなど、本場のブルースマン達が次々とヨーロッパの地を訪れ、イギリスだけに限らず、多くの若者達に広大な影響を与えた。

中でも1958年、エレクトリック楽器を携えてやってきたマディ・ウォーターズらによるイギリスツアーが聴衆に与えた影響は大きく、アレクシス・コーナーらがそれまでのアコースティック志向からエレクトリック志向に転向するきっかけにもなった。

また、こうした「ブルースマン招聘」の中核を担ったのが、ドイツのプロモーターチームによる「アメリカン・フォーク・ブルース・フェスティバル」と名づけられたツアー企画であり、その影響力も甚大だった。初回1962年のマンチェスター公演には、ミック・ジャガー、キース・リチャーズ、ブライアン・ジョーンズ、ジミー・ペイジらが観客として駆けつけた。

加えて、イギリス滞在中にレコーディングをおこなうブルースマンも少なくなかった。ピアニストのカーティス・ジョーンズは、アレクシス・コーナーらと共演し、ハーピストのサニー・ボーイ・ウィリアムソンは、ヨーロッパに1年ほど滞在し、ヤードバーズやアニマルズをバックに従えたライブ録音を残している。本格的なブルースロックブーム到来以後の1970年代初頭からは、米シカゴの名門レーベル〈Chess〉[*16]もこうした動きに目をつけ、マディ・ウォーターズ、ハウリン・ウルフ、ボ・ディドリー、チャック・ベリーら同社の看板アーティストを渡英させて現地ミュージシャンと共演させる企画「ロンドン・セッション」シリーズを制作した。

＊16 名門レーベル〈Chess〉
ポーランド系移民のレナード&フィル・チェス兄弟がシカゴに設立した黒人音楽専門レーベル。1960年代には、ローリング・ストーンズとフリートウッド・マックがそのハウススタジオを表敬訪問し、録音をおこなった。1960年代後半以降、ロックマーケットへも積極的に進出した。

『キング・オブ・ザ・ブルース・シンガーズ』

このブームには、当然ながらレコードの存在も欠かせなかった。最初期には、第2次世界大戦後に商船の船員達がアメリカから持ち込んだSP盤レコードが極少数流通し、クリス・バーバーやアレクシス・コーナーらの一部マニア達も、そうしたルートを通じてブルースとの邂逅を果たした。

しかし、このような輸入盤は当然ながら一般の音楽ファンが簡単に手に入れられるものではなかった。飢餓感が溜め込まれる一方、ブームが本格化していく1960年代には、徐々にイギリス国内のレーベルが米レーベルから正式ライセンスを受けた「国内盤」を発売するようになり、比較的手軽に本場のブルースに触れることが可能になった。この中には、後にフリートウッド・マックなど様々なブルースロック系録音を手掛けブームを牽引することになるマイク・ヴァーノン主宰のレーベル〈Blue Horizon〉などもあり、ごくアンダーグラウンドなレベルながら、イギリス国内のブルースマーケットが徐々に拡大していった。

イギリスのブルースブームへ特に大きく貢献したレコードを1枚選ぶとすれば、ロバート・ジョンソンの『キング・オブ・ザ・デルタ・ブルース・シンガーズ』を挙げるべきだろう。

1936年と翌1937年の録音を収めたこの編集盤は、もともとアメリカでは〈Columbia〉から1961年に発売されていたが、英〈CBS〉から国内盤が発売さ

ハウリン・ウルフ
『ザ・ロンドン・ハウリン・ウルフ・セッションズ』
(1971)

エリック・クラプトンのほか、スティーヴ・ウィンウッド、ビル・ワイマン、チャーリー・ワッツらが参加した。

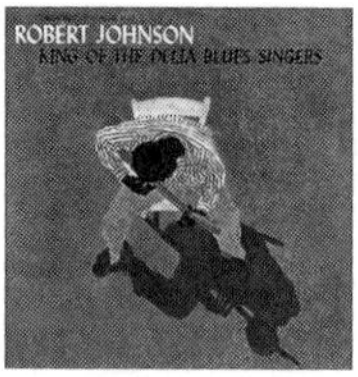

ロバート・ジョンソン
『キング・オブ・ザ・デルタ・ブルース・シンガーズ』
(1966)

1980年には、ブルースの殿堂入りを果たした初のアルバムとなった。Rolling Stone誌のランキング企画「500 Greatest Albums of All Time」(359頁参照)2003年版で27位にランクされた。

れたのはそれから5年後の1966年だった。ジョンソンの超人的なギタープレイと情感に満ちたヴォーカルが収録されたこのレコードは、当時のブリティッシュブルースを牽引したミュージシャン達の間でカルト的な人気を博し、ジョン・メイオールやエリック・クラプトンらがこぞって同作に収められた曲を演奏した。

また、サイモン・A・ネイピアとマイク・レッドビターが1963年に共同創刊したブルース専門の月刊誌『ブルース・アンリミテッド』の存在も重要で、B・B・キングやマディ・ウォーターズなど重要アーティストのバイオグラフィーを掲載するなど、メディア側からブームを支えた。放送媒体においても、BBCのラジオ番組「ジャズ・クラブ」が、来英したブルースマンを盛んに登場させた。

若者を魅了する「ここではないどこか」の音楽

1960年代というのは、終戦直後期生まれの若者達が、購買力を備えた消費者としてイギリス社会へ大量に流入してきた時代だった。戦後長く続いた不況から脱し、中流階級はもちろん、労働者階級上位の家庭であればようやく経済的にも一息つくことができるようになった。その連鎖的な反応として、イギリスの若者達の可処分所得と余暇時間も漸次増大していく。

そんな中で、後の第4章でも述べるように、消費生活に明け暮れるモッズ族[*17]のような若者達が大量に発生し社会現象化するなど、急速に若者文化が発展していく。それまで社会学的なカテゴリーとしては曖昧な存在に押しやられてきた「若者」の存在が、

＊17 モッズ族
133頁参照。

堰《せき》を切ったように一つの有意な集団として浮上してくることで、ユースカルチャーの本格的な勃興《ぼっこう》を迎えたのだ。

　先に見たとおり、アメリカ本国の黒人文化圏においては、（いまだ各地のローカルシーンで根強い人気を誇っていたとしても）若者向けポピュラー音楽としての役目を閉じつつあったブルースが、大西洋に隔てられたイギリスの一部の若者達に熱狂的に支持されていたという事実は、それらの若者達のアイデンティティ獲得という視点から見ても実に興味深い。

　海の向こう側の「本当の音楽」を追い求め、発掘し／演奏する若者達は、「ここではないどこか」へと想像力を飛翔させてくれるものとして、まさにその「ここではない＝北アメリカ大陸、どこか＝過去」からやってきたブルースに恋い焦がれ、それとなんとか同化しようとすることで、新たな時代における「自己」の姿を形作っていった。

消費社会、個人主義社会とブルース

　また、消費社会化とユースカルチャーの浮上は、元来一部の中流階級の若者達が主導していた芸術至上主義的生活スタイルや思想を、広く階級を越えて若者達の間へ浸透させていくことになった。

　この時代のイギリスユースカルチャーを担った新世代の若者達、特にロックミュージックの成立に関わった者達の多くに「アートスクール」[*18]出身者が多いのは特に示唆

＊18　**アートスクール**
イギリスの制度上、大学に次ぐ継続教育機関上級コースに属する芸術学校をこう呼ぶ。大学よりも入学要件が緩やかで、中流階級の子息子女に限らず、親世代と同様の生活を送る将来を拒む多くの労働者階級の若者たちがアートスクールへ進学した。

的である。

実際、エリック・クラプトン、キース・レルフ（ヤードバーズ）、クリス・ドレヤ（同）、エリック・バードン、キース・リチャーズ、ディック・テイラー（プリティ・シングス）、ジミー・ペイジら、これまで名の上がったミュージシャン達の中にもアートスクール出身者が少なくない。

労働者階級であるか中流階級であるかに関わらず、既存の教育構造あるいは就労モデルに馴染めない若者達を吸収したアートスクールは、根無し草達がモラトリアムを謳歌する場所であるとともに、反規範的なボヘミアニズムをより一層大衆化する機能も担った。

こうした「アートスクール」マインドを内在化した新時代の音楽家志望の若者達の目に、個人主義的な価値観を色濃く反映しているブルースがより一層魅力的なものに映っただろうことは想像に難くない。更には、右に述べた通り、脱産業化と消費社会の成熟は、可処分所得／時間を多く有する若者達を大量に輩出し都市の階級構造を流動化させる一方で、自らのアイデンティティ探求の欲望も促す。そうした状況において、ブルースという音楽（とそれにまつわる文化的イメージ）が一部の若者たちの新たな「芸術的」拠り所としても積極的に参照されていったと考えられる。

なぜクラプトンは差別発言をしたのか

一方で、消費社会／個人主義的価値観の上昇を経由したブルースへの素朴な憧れには、その素朴さゆえの陥穽《かんせい》も潜んでいたのかもしれない。ついそう考えてしまうのは、ブリティッシュブルースの象徴的存在であるエリック・クラプトンによってかつて発されたあるショッキングな言葉が、今もなお議論の的《まと》となっているからだ。

クラプトンは、ロックスターとして大成した後の1976年8月、バーミンガムのオデオン・シアターでのコンサートで、酒に酔いながら「ウォグ[*19]は出ていけ、田舎者は出ていけ」と、右派政治家イノック・パウエルの政策[*20]を引き合いに出し、イギリス国内の移民を糾弾する人種差別発言をおこない、厳しい批判を受けたことがある。

もちろん、特定の人物の発言を挙げてシーン全体の思想性に敷衍《ふえん》することには慎重になるべきだが、これまでの議論に照らすなら、少なくないミュージシャン達が、あくまで個人主義的な、かつ青年期の自己アイデンティティ形成にまつわる問題意識の中で、遠い「彼《か》の地」の音楽であるブルースへ、ある種の代償的なロマンチシズムと憧れの眼差しを向けていたにすぎなかったと考えるのは、それほどナンセンスなことでもないだろう。つまり、アフロアメリカンの文化への強い関心に支えられているはずの一連のブルース回帰ムーブメントに、素朴な憧れを超えた人種差別へのアクチュアルな問題意識が十分に共有されていたのかどうかは、かなり慎重に判断せざるをえない、ということだ。

ブルースロックのシーンで活動した者の多くが、遠い国のアフリカ系アメリカ人の音楽であるブルースに熱狂したのとは対照的に、元来イギリス社会に深く入り込んでいた「隣人」であるカリブ海地域からの移民がもたらした「黒い」音楽、例えば、カ

＊19　**ウォグ**
イギリスの児童文学者・挿絵画家フローレンス・ケイト・アプトン考案の真っ黒な顔をしたキャラクター＝ゴリウォーグの略で、イギリスでは、主に中東、北アメリカ、インド亜大陸、東インド地域からの移民など非白人に対する蔑称を意味している。

＊20　**右派政治家イノック・パウエルの政策**
保守党の政治家イノック・パウエルは、イギリスへの移民を制限し排斥する主張を掲げ、極右的な人種関連法を提唱した。1968年、バーミンガムで開催された保守党大会で上記主張をおこない（「血の川の演説」）、人種差別主義者として厳しい批判を浴びた。

リプソやスカ[*21]などには１９６０年代を通じて目立った接点がなかったというのも、そうした心性の存在を逆側から物語っているようにも感じる。これは、近接するモッズ・シーン（第4章参照）におけるカリブ海音楽への親和性を考えると、一層対照的に感じられる。

それにしても、なぜクラプトンは先のような発言をしてしまったのだろうか。アメリカ研究者のウルリッヒ・アデルトは、２００７年の論文「**Black, white and blue: racial politics of blues music in the 1960s.**」で、右の人種差別発言を取り上げ、その舌禍《ぜっか》と彼の「黒人ブルース信仰」が必ずしも矛盾するものではないと述べ、過去のクラプトンの発言を紹介している。一部孫引きになるが、彼の「黒人観」を物語る重要な発言と思われるので、拙訳のうえ以下に記載する。

「自分の身に起こったことから、ブルースを歌う資格はあると思うが、それでも黒人のように上手に歌えるとは思わない」
（Michael Schumacher "Crossroads: The Life and Music of Eric Clapton"）

「ブルースを歌うには、かなりの勉強と訓練が必要だ」
（Mike Baker "Eric Clapton: My Long Overdue Testament to the Blues," Guitar Player 28(11)）

「ミシシッピ出身の黒人にとっては、口を開けば、考えずにやってしまうようだ」

＊21 カリプソやスカ
カリプソは、トリニダード島およびトバゴ島で前世紀初頭に生まれた音楽で、戦後、同地からの移民の多いイギリスでも人気を博した。スカは、１９５０年代にジャマイカで生まれた音楽で、後のレゲエのルーツのひとつ。１９６０年代半ばにかけてロンドンの移民コミュニティやモッズ達の間で支持された。
エリック・クラプトンは１９７４年にレゲエ界を代表するアーティストであるボブ・マーリー＆ザ・ウェイラーズの「アイ・ショット・ザ・シェリフ」を取り上げてヒットさせているが、２年後の人種差別発言を思うと、このカバーにポストコロニアリズム的な問題意識が反映されていたかといえば、疑問を呈さざるを得ず、単に新しい「黒人音楽の流行」を取り入れた、と理解する方が実態に近そうだ。アデルトは上記の論文の脚注で、Christopher Sandford著『Clapton: Edge of

（同前）

アデルトが指摘するとおり、こうした発言にクラプトンの本質主義[*22]的な人種観を見出すのは、（残念ながら）容易い。すなわち、ブルースという音楽の形態とその「本質」を、なによりもまず人種的な要因へと結びつけるという意味では、こうした見方は人種差別的な心性と表裏一体を成していると見ることもできる。「憧れ」は必ずしも隠された差別意識を溶かすことはできないし、むしろ、ブルースを黒人の「血」や「固有の音楽的能力」と結託したものとして崇め、白人たる自分は苛烈な訓練を経なければブルースを演奏することは叶わない、と考えるのなら、（その「謙虚」な態度とは裏腹に）結局そこに浮かび上がってくるのは「俺とは違う奴ら（黒人達）」という固定化された図式であるほかはないはずだ。

イギリスのムーブメントに共振したアメリカのバンド達

ここまで、イギリスでのブルースブームについて論じてきたわけだが、同様の動きはヨーロッパ各地でも見られたし、ブルースの故郷であるアメリカ本土も例外ではなかった。

これは、次章で扱うアメリカ本土でのフォークリバイバルと密接な関係を持つため、本章では詳述を避け、ブリティッシュブルースのエレクトリックギターバンド志向と共振する、ロック黎明期を彩ったいくつかの例を挙げるにとどめておこう。

Darkness』に紹介された匿名ミュージシャンの発言を引用し、クラプトンがマーリーに電話をかけてこの曲の意味するところを尋ねたが、その答えを全く理解せず、会話が噛み合っていなかった様子を記している。一説によれば、同曲の歌詞には抑圧的な法執行権力への抗議が込められているといわれている。

＊22 **本質主義**
人種やエスニシティ、性別などのカテゴリーに、固定的で普遍的な性質があるとする考え方。例としては、「黒人は生来リズム感がいい」といった考えなど。対義語は、構成主義／構築主義。

ポール・バターフィールド・ブルース・バンドの衝撃

筆頭は1963年にシカゴで結成されたポール・バターフィールド・ブルース・バンドだ。この時代のアメリカのブルースリバイバルを象徴する存在にして、ロックミュージックの発展そのものに大きく寄与した重要なバンドである。シカゴといえば、マディ・ウォーターズやリトル・ウォルターなどを送り出した〈Chess〉が拠点とした街であり、古くからブルースが盛んだった場所である。ハーピストのポール・バターフィールドをフロントマンに、ギタリストのエルヴィン・ビショップ、マイク・ブルームフィールドらが集って結成された彼らは、イギリスの若者達とは違い、実際に当時のブルースマンから薫陶《くんとう》を受け、間近で活動してきたミュージシャン集団だった（ドラム担当のサム・レイとベース担当のジェローム・アーノルドは実際にハウリン・ウルフらのバックを務めていたこともある黒人ミュージシャンだ）。

その演奏も相当に本格的なもので、かつてのシカゴブルース黄金時代への憧れをにじませながらも、過剰な気負いのない、堂に入った演奏を聴かせてくれる。

セカンドアルバム『イースト・ウエスト』（1966年）では、同時代のモダンジャズにも影響を受けたモーダルな即興演奏にも挑戦するなど、ブルースリバイバルの文脈のみでは語り尽くせない多様な音楽性を獲得していく。

その後もメンバーチェンジを繰り返しながら非ブルース的な要素を取り込んでいき、1972年にはポール・バターフィールドが中心となって、別バンドのポール・バタ

ポール・バターフィールド・ブルース・バンド『イースト・ウエスト』（1966）

ロバート・ジョンソンのカバーをはじめ、ニューオリンズR&Bやジャズ曲のカバーを収録。バンドオリジナルのタイトル曲では、インドのラーガ音楽の要素も取り入れられた。

ーフィールド・ベター・デイズを始動させた。

ポール・バターフィールド・ブルース・バンドの初期ギタリスト、マイク・ブルームフィールドも独自の形でブルースロックブームを牽引した。特に、ニューヨークのミュージシャン、アル・クーパー（彼が在籍していたバンド、ブルース・プロジェクトもアメリカのブルースロックの先駆的存在だ）と組んだ「スーパー・セッション」シリーズは、ブルースロックを更にシリアスな即興音楽として演奏するプレイヤー／受容する聴衆を多く生み出した。

名ギタリストにして名プロデューサー、ジョニー・ウィンター

また、「１００万ドルのブルースギタリスト」の異名をとったテキサス出身のジョニー・ウィンターも、アメリカのブルースロックシーンを語る上で外せない人物だ。

もともと地元テキサスでローカルミュージシャンとして活動していた彼が広く脚光を浴びたのは、１９６９年に〈Columbia〉から再デビューして以降のことだ。様々なブルースリック[*23]を自在にあやつるギタープレイ、ロックンロールのドライブ感を強く加えた豪放な演奏ぶりなど、イギリスのシリアスなブルースロックと比較すると全体に「陽」のニュアンスが強く、テキサスのシーンに受け継がれてきた豊かな蓄積を思い知らせてくれる。

彼はブルースプロデューサーとしても優れており、後には自身の〈Blue Sky〉レーベルを立ち上げ、〈Chess〉退社後のマディ・ウォーターズの作品を送り出した。ほか

＊23　**ブルースリック**
リックとは、ギター演奏において、ソロや伴奏の一部として使用するフレーズやパターンを指す。ここでは、ブルース演奏によく使われるフレーズの意。

にも、ジョージア州メイコンを拠点に活動したオールマン・ブラザーズ・バンドも重要な存在だ。ジャズやカントリーを積極的に取り込んでいった彼らの音楽を純然たるブルースロックと呼ぶのは少々はばかられるが、豪放かつ雄大な演奏のダイナミズムは、多くのファンから支持された。ギター担当のデュアン・オールマンは、エリック・クラプトンがアメリカに渡って結成したデレク&ザ・ドミノスのアルバムに全面参加し素晴らしいプレイを披露したことでも有名だ。

マニアなバンド、キャンド・ヒート

加えて、1965年に結成されたキャンド・ヒートは、西海岸ロサンゼルスでブルースリバイバルを牽引した代表的なバンドだ。彼らは、ポール・バターフィールド達のように、実際のブルースコミュニティの中で切磋琢磨《せっさたくま》してきた者達というより、より学究肌の、分かりやすくいえばマニア体質のバンドだった。

中心人物のボブ・ハイトとアル・ウィルソンは、ブルースのレコードのハードコレクターとしてファンコミュニティを先導していた人物だ。それゆえ、ブギビート*24へのこだわりなど、選曲や演奏形態に至るまでかなりマニアックな機微が取り込まれており（後にジョン・リー・フッカーとともにアルバムも制作した）、熱心なファンの支持を受けた。一方で、同時代のロック界に吹き荒れていたサイケデリックな要素も取り入れ、多くのヒッピー*25層を取り込んでいった。イギリスのクリームの例にも顕著なように、サイケデリック志向とブルースの融合というのは、この時代の多くのロック

＊24　ブギビート
シャッフルまたはスウィングのリズムによる反復ビート。

＊25　ヒッピー
1960年代後半、サンフランシスコのヘイト・アシュベリー地区を中心に発生した、既存の規範に反旗を翻すライフスタイルを実践した若者たちの総称。愛と平和、自由、自然回帰等を志向した。

キャンド・ヒート&ジョン・リー・フッカー『フッカー・ン・ヒート』（1971）

フッカーの弾き語りに加え、アル・ウィルソンとのデュオやバンド編成の録音を織り交ぜた内容。

バンドが推進した路線で、ほかのアメリカのバンドでは、スティーヴ・ミラー・バンドなども代表的な例だろう。

「常識」破りのギターヒーロー、ジミ・ヘンドリックス

この時代最大のギターヒーローともいえるシアトル出身の黒人ロックギタリスト、ジミ・ヘンドリックスの存在も欠かせない。彼もまた、ブルース以外にも幅広い音楽を取り込みながら創作活動をおこなったし、ジミ・ヘンドリックス・エクスペリエンスとしてデビューした後に活動拠点を置いたのがイギリスなので、この節で紹介するのに相応しいのか、という問題もある。

しかし、エリック・クラプトンをはじめ、同時代のギタリストに与えた影響力はきわめて大きく、ブルースロック＝白人が黒人に擬態する音楽という枠組みを無効化し、ロックとブルースの間にある人種的な二項対立を仮構のものであると暴いてみせたという点でも、この上なく重要な存在だ。

拡散するブルースロック

１９７０年前後に全盛期を迎えたブルースロックは、その後１９７３年頃から徐々に人気に陰りが見えてくる。より正確にいえば、時間が経つにつれピュアリスト的な志向が薄れていき、ある者はハードロック[*26]に、ある者はプログレッシブロック[*27]に、ある者はカントリーミュージックやソウルミュージックを取り入れたりと、ブルースロ

＊26　**ハードロック**
１９６０年代末に発生した、ブルースロックを重要なルーツとする大音量のギターサウンドを中心としたロック。

＊27　**プログレッシブロック**
１９６０年代末に発生した、ロックの一形態。複雑な曲構成や高度な演奏を特徴とする。

ックの様式が拡散していったというべきだろう。ロックミュージックが加速度的に長大化／複雑化していく中で、本来のブルースロックが志向したシンプリシティは、いつしか古くさいものとして前時代に取り残されていった。

そしてまた、1970年代中期以降に展開されたロックミュージックの洗練化と柔和化に伴って、スリーコードと長いギターソロを金看板としてきたブルースロック的なサウンドは、一層退潮の道をたどっていった。

その一方で、イギリスでは来たるべきパンクロックの胎動とも関連して、ブルースロック以前の、つまり1960年代中頃のビートバンドが奏でていた（ギターソロが前面化する前の）ソリッドなR&Bサウンドがアンダーグラウンドで注目を集めはじめていた。これは、ロックミュージックの肥大化以前へと回帰しようとするという意味で新たなリバイバルでもあるわけだが、パンクロック爆発の導火線となったことからも分かるとおり、より鋭くシンプルなビート感を特徴としていた。

70年代、パブロックなどによって復活するブルース

こうした新たなリバイバルの旗手となったのが、1975年デビューのバンド、ドクター・フィールグッドだ。1970年代以降、大規模なコンサートホールではなく、街中のパブを舞台に演奏を重ねてきたロックバンドを「パブロック」というが、その中には、彼らのようなR&Bリバイバル志向を持った者達が多くいた。

ドクター・フィールグッド『ダウン・バイ・ザ・ジェティ』（1975）

1975年リリースのデビューアルバム。オリジナル曲のほかジョン・リー・フッカーのカバーを収録。

「非主流」からの揺り戻しは、やはりアメリカにおいても起こっていた。アメリカの広大な音楽市場では、大メジャーのロックスター達の動向とは関係なく、各地域に根付いた（ブルースなどを演奏させる）ローカルシーンがあった。

1974年にテキサスのオースティンで結成された、ギタリストのジミー・ヴォーンとハーモニカ奏者のキム・ウィルソンが率いるファビュラス・サンダーバーズ（1979年レコードデビュー）は、そうした「草の根」的なブルース志向を持ったバンドの筆頭に挙げられるだろう。いわゆるバーバンド[*28]的なラフなノリには、イギリスのパブロックにも通じる市井のブルース感覚が強く息づいている。これらの例は、ともすればストイシズムが前面化しがちな白人ファンダムにおけるブルース受容において、パーティー/ダンスミュージックとしてのブルースの魅力をいまいちど賦活《ふかつ》する試みだった、とみなすのも可能だろう。

また、1978年、NBCテレビのバラエティショー「サタデー・ナイト・ライブ」から生まれた、俳優のジョン・ベルーシとダン・エイクロイドからなるユニット、ブルース・ブラザーズも、往年のブルースやR&B、ソウルミュージックを演奏して人気を集めた。1980年には彼らをフィーチャーした同名映画が公開され、大ヒットを記録した。

ニューヒーローの登場とブルース名音源のCD化

1980年代以降のブルースリバイバルにおいてもっとも重要な役割を果たしたの

＊28　**バーバンド**
主にアメリカ各地のバーなど小会場で演奏するローカルなロックバンドを指す。

は、前出のジミー・ヴォーンの弟で、同じくギタリストであるスティーヴィー・レイ・ヴォーンだ。

自身のバンド、ダブル・トラブルを引き連れ地元オースティンで熱烈なライブを繰り広げていた彼は、ブルース（ロック）界へ久々に現れたスターとなった。1983年にデビューアルバムを発表すると批評家の絶賛を浴び、ブルース志向の作品としては異例の好セールスを上げ、1990年に悲劇的な事故死を遂げるまで、第一線で活躍を続けた。

こうした動きと連動するように、新世代の黒人ブルースギタリストも人気を博していく。1953年ジョージア州生まれのロバート・クレイは、少年期からビートルズ等のロックを好み、ブルースロック全盛期の音楽に触れて育ってきた世代だった。1983年のセカンドアルバム『バッドインフルエンス』で大好評を呼ぶと、1985年にはアルバート・コリンズ、ジョニー・コープランドら先輩ギタリストと共演したアルバム『ショウダウン！』を発表した。彼は一躍新世代のブルースギタリストとして広く注目されるようになり、エリック・クラプトンとも交流を深めるなど、横断的な活動を繰り広げた。

1980年代半ば以降、ブルースに再度注目が集まったのはスティーヴィー・レイ・ヴォーンやロバート・クレイなどのような新世代ミュージシャンの活躍によるところも大きいが、もうひとつ忘れてはならないのが、CDというメディアの存在だろう。後の章で紹介する他ジャンルのリバイバルでも同様の現象を指摘できるが、1980

スティーヴィー・レイ・ヴォーン&ダブル・トラブル
『ブルースの洪水』
（1983）

ゴールドディスクを獲得したデビューアルバム。「ラヴ・ストラック・ベイビー」のミュージックビデオはMTVでも度々放映され、新たなブルースファンを開拓した。

ロバート・クレイ・バンド
『バッド・インフルエンス』
（1983）

出世作となった2作目のアルバム。オリジナル曲のほか、ジョニー・ギター・ワトソンらのカバーを収める。

年代以降、メジャー各社を含めた様々なレーベルが過去のカタログをCDフォーマットで盛んにリイシューしていったのだ。

　ここでも、ロバート・ジョンソンの音源集が象徴的な存在となった。１９９０年、その時点で存在が確認できたロバート・ジョンソンのすべての音源が2枚組のCDセット『コンプリート・レコーディングス』にまとめられリリースされると、発売元〈Columbia〉の予想を遥かに上回る好セールスを上げ、グラミー賞の「ベスト・ヒストリカル・アルバム賞」に輝いた。

　以来、戦前のカントリーブルースからモダンブルースに至るまでありとあらゆる音源が掘り起こされ、CDフォーマットで発売された。こうした急速なアーカイブの整備によって往年のブルースへの関心が加速したほか、ベテランのブルースマン達にも次々と光があたり、多くの新録音作がリリースされていった。


「本物志向」と「公共性」によって受け継がれるブルース

　その後も、大々的な動きとはいい難いかもしれないが、ミシシッピ州のレーベル〈Fat Possum〉が、１９９０年代以降のガレージロック～オルタナロックの隆盛とも呼応しながら、地元のブルースマンの新譜をリリースしてきたし、次章で詳しく触れるアメリカーナ再興の動きとも関わりながら、21世紀を迎えてからもブルースは着実に受け継がれている。２００3年には、ブルース生誕１００年を記念したマーティン・スコセッシ監修による大規模な企画「ザ・ブルース・ムーヴィー・プロジェクト」が全7シリーズにわたって展開され、大きな話題となった。

昨今、各ジャンルのプレイヤー／ファンダム双方の細分化が進み、徐々に現役の音楽形態からいつしか「保存」の対象へと後退していったように見えるブルースだが、かつてのブリティッシュブルースのプレイヤー達が（批判的に検証すべき点もあるにせよ）そこに純粋主義的なロマンを投影したように、その歴史的蓄積が広大であるからこそ、再び来たるべき世代の「本物志向」をくすぐらないとも限らない。

ブルースは、各時代のリバイバルの過程を経ながら様々な歴史性をまとい、リバイバルの担い手達の自己アイデンティティ確立のための物語も都度上書きされてきた。その反射として、ブルースは、あらゆる系譜の源泉のひとつとして都度「正統化」されてきたともいえる。ブルースが次にリバイバルするときには、一体、その時代におけるどんな「正統化」の欲望を惹きつけることになるのだろうか。

一方で、パブロックやバーバンドの例でも見たとおり、ブルースは、ローカルなコミュニティの中で、ラフなパーティーミュージックとして受け継がれてきたという側面も大きい。「キーAの12小節ブルース進行」といったように簡単な約束事さえ共有しておけば、多少楽器演奏に通じているプレイヤーなら、いつ、だれでもが（曲がりなりにも）セッションに参加できる。ブルースという音楽形式の持つ広い間口に支えられた「市井の共通言語」としての機能は、録音物という形態にとらわれない音楽として、より実践的な価値を高めているともいえるだろう。

FOLK & COUNTRY

第 2 章

フォークとカントリー

ルーツを呼び覚まし、コミュニティをつなぐ音楽

フォークやカントリーミュージックもまた、1960年代以降のロックのルーツとして重要な役割を担ってきた。そこには、様々な思想的背景とともに、「アメリカ」という像がおぼろげになっていく中で今一度「アメリカ」を語り直そうとする後期近代ならではの志向が内在していたのだった。フォーク／ブルースリバイバルから、アメリカーナの上昇まで、多くの事例を追いながら、再文脈化されるルーツミュージックの姿を辿っていく。

1940年　ウディ・ガスリー『ダスト・ボウル・バラッズ』▽後のフォークリバイバルで再評価
1950年　ウィーバーズ「グッドナイト・アイリーン」がヒット▽その後、赤狩りで一時解散
1952年　『アンソロジー・オブ・アメリカン・フォーク・ミュージック』▽20〜30年代音源集の発売
1958年　キングストン・トリオ「トム・ドゥーリー」がヒット▽フォークリバイバルが広がる
1959年　ニューポート・フォーク・フェスティバル初回開催▽フォーク／ブルースリバイバルの代表的フェス
1962年　ボブ・ディランがデビュー▽フォーク界のニュースターへ
1965年　ボブ・ディラン『ブリギング・イット・オール・バック・ホーム』▽フォークとロックの融合
1968年　ザ・バンド『ミュージック・フロム・ビッグ・ピンク』▽ロック界でルーツ回帰志向が興隆
1990年　アンクル・テュペロ『ノー・ディプレッション』▽オルタナカントリーの興隆
1994年　ジョニー・キャッシュ『アメリカン・レコーディングス』▽異端のベテランが再評価
1996年　ギリアン・ウェルチ『リバイバル』▽「アメリカーナ」の盛り上がり
1997年　ジョン・フェイヒーが若手ミュージシャンと共作▽「アメリカンプリミティブギター」に注目集まる
2003年　『Wire』誌に「Welcome to The New Wired America」掲載▽「フリーフォーク」を紹介
2020年　テイラー・スウィフト『フォークロア』▽ザ・ナショナルのアーロン・デスナーがプロデュースに参加

フォークリバイバルのはじまり

1950年代末から1960年代半ばにかけて、全米各地でフォークミュージックのリバイバルが起こった。目に見える形でフォークリバイバルが広がっていくきっかけになったのは、1958年、サンフランシスコで結成された学生グループ、キングストン・トリオが歌うバラッド[*1]「トム・ドゥーリー」の大ヒットとされている。翌1959年は同じく西海岸の学生グループであるブラザーズ・フォーが「グリーンフィールズ」をヒットさせ、ポップスシーンにおけるフォークミュージックのブームが到来した。

これら動きは、商業的成功という意味ではたしかに重要ではあったが、あくまでブームの一側面を象徴するものにすぎないともいえる。

一方で同時期から、ニューヨークのグリニッジビレッジ周辺や、ボストン／ケンブリッジ、シカゴ、ロサンゼルスのアンダーグラウンドシーンでは、より本格派志向の、かつイデオロギー色の濃いフォークリバイバルが胎動していた。

この時代においてなぜフォークが大々的に復権したのかを考えるにあたっては、後者の動きを追ってみる方がその実態に迫りやすい。こうした動きの詳細を見ていくことで、ボブ・ディランの登場から、フォークロックの勃興によってフォークリバイバルが終焉を迎える流れを理解できるだろう。

＊1 バラッド
物語性や寓意を含む伝承歌／民謡のこと。

「フォーク」という概念の成立

そもそも、アメリカにおける「フォークミュージック」とは一体なんなのだろうか。以下、アメリカ文学／ポピュラー音楽研究者の大和田俊之による示唆に富んだ著書『アメリカ音楽史 ミンストレル・ショウ、ブルースからヒップホップまで』などを参考に、考察していこう。

漠然と「フォークとはなにか」と問うたとき、アコースティックギターを抱え、古くからの伝承歌やそれにインスピレーションをえたオリジナルソングを弾き語りする形態、といった一般的理解が共有されているように思うが、それはフォークミュージックの持つごく一面的な要素でしかない。

ここで強調しておきたいのは、そもそも、フォークというものが、古くから何がしかの明確な定義とともに所与的に存在した上で後年に受け継がれていったのではない、という点だ。

これはいかにも一般的なフォークのイメージに反するように感じられるかもしれない。しかし、アメリカにおけるフォークの受容史を見ていくと、フォークという概念が、むしろ事後的に形成されていった様子が分かるのだ。

フォークという概念が、広義の「民謡」の意味を離れて立ち上がる最初の契機は、19世紀半ばにハーバード大学教授を務めたフランシス・ジェームズ・チャイルドの活動に遡《さかのぼ》る。彼は、かつて北アメリカ大陸に渡ったイングランドやスコットランドの移民が持ち込んだバラッドを採集した。

その後、19世紀末頃には、アパラチア山脈周辺に伝承されるバラッドを収集する愛好家が現れ、ジョセフィン・マッギルやロレイン・ワイマンなどの女性収集家が活躍した。このあたりから、移住者が持ち込んだバラッドに加えて、アメリカ土着のフォークソングにも関心が向けられるようになり、アメリカ西部で、「古き良き共同体」のイメージを体現するとみなされたカウボーイによって歌い継がれる曲が採集されるようになる。後に重要人物として言及する民俗音楽学者アラン・ローマックスの父、ジョン・ローマックスが1910年に編んだ『カウボーイ・ソングとフロンティア・バラッド』は、そうした仕事の最初の集大成と呼べるものだった。加えて、1917年には、イギリス出身の収集家セシル・シャープが『南アパラチア山脈の英国フォークソング』を上梓した。

両者ともに、現代に続くフォークソングのレパートリーを構築した初期の仕事として評価されているが、特に後者は、シャープの祖国イギリスの大衆文化に根ざした「国民文化」構築という理念によって実現したものでもあり、そこには、産業革命以前の「純粋な」「本来の」英国という、多分にイデオロギー的な理想像が想定されていたことに留意しておきたい。

実際、シャープの仕事では同時代のアパラチア南部にうごめいていたであろう多数の黒人古謡《こよう》の存在が意図的に無視され、あくまで白人本位の意識が先行しており、後の時代にはこの点を厳しく批判されている。こうして、本来は混じり合う状態であったはずの様々な音楽から、ある特定の音楽がフォークソングとして抽出され恣意的に区分されるようになる。

これらの例から分かるのは、フォークミュージックの採集／整備が本格化したそのごく初期の時点から、採集者の理念を色濃く反映した「分別」の仕草がそなわっていたこと、更には、すでに「想像上の美しい過去とそこにあったはずの共同体」へのノスタルジックな欲望が潜んでいたということだ。つまり、フォークとはその概念の成り立ちからして、すでに過去の復権への欲望を孕《はら》んでいたことになる。

フォークと左翼運動

一方でフォークは、古くからアメリカ国内の左翼運動とも深い関連を結んできた。1905年に発足したIWW（世界産業労働者同盟）は、早くからその運動のためにフォークソングを利用してきた。

IWWは、既存の職能別労働組合AFL（アメリカ労働総同盟）に対抗する組織として発足した、産業別労働組合だ。非熟練労働者や移民労働者、移動労働者、黒人労働者、家内労働者など、正規の雇用形態に属さない労働者をオルグし、ときにストライキを敢行するなど、闘争的な方針をとったIWWは、その運動の団結を数々の歌によって強化しようとした。

彼らのレパートリーは、集会で合唱がしやすいなど実践的な理由もあって、当時の民衆に浸透していたフォークソングの替え歌を主とし、「トランプ」「牧師と奴隷」など多くの曲が生まれた、これらは、IWW編纂の歌本『リトル・レッド・ソングブック』(1909年第1版刊行)としてまとめられ、多くの組合員が手にすることとなった。

時代を下り、1930年代になると、左翼運動とフォークソングの結びつきは更に強固になっていく。ここでのキーパーソンは、後のフォークリバイバルの精神的な源泉として尊敬を集めることになるシンガー、ウディ・ガスリー*2だ。

ウディ・ガスリーは、その半生において千以上の曲を作ったといわれるソングライターでもある。1912年、オクラホマ州に生まれたガスリーは、石油ブームに沸く同地で少年時代を過ごした後、1930年代半ばに猛烈な干ばつと砂嵐による不況のため、多くの移動農業労働者とともにカリフォルニアへ向かった。

彼らとの交流を通じて、組合や政治集会で歌を披露するようになり、あちらこちらへと旅する生活を送った。ジミー・ロジャースやカーター・ファミリーらのヒルビリー音楽*3から大きな影響を受けていた彼は、ノベルティ的な歌も多数作った一方、上述の砂嵐による不況と移動民達の不遇に題をとったアルバム『ダスト・ボウル・バラッズ』(1940年)や、より直接的に組合運動へコミットした「組合の娘」など、IWWの伝統を受け継ぐように、政治性の強い歌を歌い、都市部の左派インテリ層からも大きな支持をえることになる。

＊2　ウディ・ガスリー(1912-1967)
ガスリーは、後のフォークリバイバル期に限らず、後世にわたって常に高く評価され続けている。1976年には、ガスリーの自伝を原作に彼の生涯を描いたハル・アシュビー監督の伝記映画『ウディ・ガスリー　わが心のふるさと』が公開され大きな話題となった。トリビュート盤も多数あり、ビリー・ブラッグとウィルコがガスリーの未発表詩に音楽を付けた『マーメイド・アベニュー』(1998年)とその続編(2000年)が高い評価をえるなど、オルタナロック世代からも敬愛された。

＊3　ヒルビリー音楽
カントリーミュージックという呼称が定着する以前、1920年代から1930年代にかけてアメリカ南部の白人によって演奏された民族音楽を指す。

フォークをもりあげた政治の季節

ウディ・ガスリーが活躍したこうした時代には、フォークソングを「外側」からもりたてる動きも連動していた。

そのひとつが、当時の国内左翼運動を牽引していたアメリカ共産党の方針転換だった。1935年、ヨーロッパ各地でひたひたと台頭してきたファシズムへの対抗策として、同年開催のコミンテルン第7回大会を受け、アメリカ共産党も人民戦線路線を推進することになる。すると、それまで、あくまで革命を先導する存在とみなされていた「文化」が、人民の多様性を反映するものとして理解されるようになった。そのため、民衆の生活の実態を知るための素材として民衆歌や土着音楽がクローズアップされ、ラジカルな白人知識人層から、フォークソングにそうした左派的な「文化」としての価値が見出されるようになっていったのだ。

また、1933年に誕生したフランクリン・ルーズベルト政権が、金融恐慌後の不況対策として遂行したニューディール政策の影響も小さくない。大型公共事業と財政出動を推進して雇用と金融市場の安定を図る一方、アメリカ合衆国の文化的アイデンティティの再確認と構築の作業も並行して取り組まれた。

これは、第1次世界大戦後に国際的な地位が高まり、更に政治的影響力を増していこうとするアメリカが、その文化的な正統性と歴史を探求することによって、ヨーロッパとは別種の固有の文化体系を自ら語り直す必要に迫られてのことでもあった。

ウディ・ガスリー
『ダスト・ボウル・バラッズ』
（1940）

ガスリーは、オクラホマの砂嵐避難民を描いたジョン・スタインベックの『怒りの葡萄』をもとにした同名映画（監督：ジョン・フォード）を観て感激し、ここに収められた曲を書いた。RCAビクターから2枚に分けてリリースされた。

多くの研究者や作家が各地方に派遣され、その土地に根付いた様々な民衆音楽を採集するようになるが、中でも目立った成果を上げたのが、先に紹介したジョン・ローマックスとアラン・ローマックスの親子である。

彼らは、後にフォーク界の大スターとなるレッドベリーをルイジアナ州の監獄で「発見」し、恩赦の手続きを経て歌手としての再スタートを支援した。議会図書館内の「アーカイブ・オブ・アメリカン・フォーク・ソング」が1933年に政府助成金を受けると、アランはその専任スタッフとして勤め、後にフォークファンの聖典とある数々のフィールドレコーディングを手掛けた。

しかしその後、第2次世界大戦が勃発。アメリカが参戦し、終戦後にソ連との冷戦状態に突入すると、戦前の政策から打って変わったように、フォークミュージックへの逆風が吹き荒れる。各界で共産主義者のパージが燃え上がる、いわゆるマッカーシズム[*4]の時代であった。

ニューディール政策期の民謡発掘に大きな役割を果たしたチャールズ・シーガーの息子ピート・シーガーは、ウディ・ガスリーらを交えた大所帯のフォーク・コーラス・グループ、オールマナク・シンガーズの中心メンバーとして戦前から活動するベテランで、1950年にウィーバーズとして「グッドナイト・アイリーン」のヒットを放った。しかし、その後赤狩り攻勢に追われる形でグループを一時解散し、ブラックリスト入りを理由に公の演奏の機会を制限されることになった。ジョセフ・マッカーシー上院議員は、「フォーク」という用語を左翼運動と直接的に結びつけて排撃の対象と

＊4　マッカーシズム
共和党上院議員のジョセフ・マッカーシーの告発に端を発する、反共政治／社会運動。冷戦体制下における共産主義への対抗意識が背景にあったとされている。政府職員のほか、マスメディア、エンターテインメント業界関係者が次々と職を追われた。

したため、メディアも一斉に「フォーク」という呼称を控え、発展の端緒《たんしょ》についたばかりの戦後フォークシーンは大きな打撃を受けることになった。

フォークリバイバル沸騰

こうして歴史を振り返ると、フォークリバイバルが1950年代後半に本格化したことに、必然的なものを感じざるをえない。

1950年代半ばにマッカーシズムの収束を迎えると、ウィーバーズは早速再開され、それまでの休止期間を取り返すように旺盛な演奏活動をくり広げた。また、キングストン・トリオにしても、彼らに先んじで評判を獲得していたタリアーズにしても、皆ウィーバーズに大きな音楽的影響を受けて登場したグループだった。

一方で、1950年代半ばから始まるハリー・ベラフォンテらによるカリプソのブームをはじめ、非イデオロギー的なヒット曲の中にフォーク的な要素が色濃く混じり込んでいたのも、リバイバルを準備した前史的状況として大変重要だ（そういう下地があったからこそ、キングストン・トリオなどの「ノンポリ」的な学生グループが人気を集めやすかったといえる）。

より「本物志向」のリバイバリストを刺激した存在として大変重要なのが、1952年にフォークウェイズレコードからリリースされた全3巻のレコードセット『アンソロジー・オブ・アメリカン・フォーク・ミュージック』だ。民俗学者／コレクターのハリー・スミスが、1926年から1933年にかけて発表されたヒルビリー、ブル

オムニバス
『アンソロジー・オブ・アメリカン・フォーク・ミュージック』
（1952）

「バラッド」、「ソーシャル ミュージック」、「ソング」という3巻に分割され発売された。写真は「バラッド」編。編者のハリー・スミスは音楽学者／前衛映像作家／文化人類学者／言語学者／蒐集家を兼ねたエキセントリックな人物で、神秘主義を奉じ、前衛アニメーションの制作もおこなった。

ース、ゴスペル[*5]、ケイジャン[*6]などのSP盤音源から84曲を独自の審美眼のもと編纂した本セットは、あえて黒人（レイスミュージック[*7]）／白人（ヒルビリーなど）の種別を取り払うことで、「分化」する以前のアメリカ音楽情況を提示する、画期的な内容だった。

このセットから間接的にでも刺激を受けていないフォークリバイバル期のミュージシャンはおよそ皆無といってよく、その後のフォークミュージックの実践／受容における大きな道筋を作った。

当然過ぎることだがあえて強調しておきたいのは、1950年代末から現れたフォークリバイバリストの多くは、これらの音源が録音された年代を実際に体験していないどころか、まだ生を受けてすらいなかった「後追い世代」であるということだ。

つまり、フォークリバイバリストの担い手の多くが、未体験の過去へ憧憬を抱いていたということでもある。

ランブリン・ジャック・エリオットやシスコ・ヒューストンら、過去にウディ・ガスリーとともに放浪の旅を続けフォークソングを歌ったホーボー歌手が大きな人気をえていくのもこの頃からだ。特に、ランブリン・ジャック・エリオットは1958年にイギリスから帰国すると、グリニッジビレッジのフォークサーキットで熱狂的に迎え入れられた。また、ウディ・ガスリーは1950年代半ばから持病のハンチントン舞踏病の悪化によって入退院を繰り返しており、1960年代に入ると（歌の道を閉ざされたがゆえに余計に）「伝説の偉人」として崇敬されるようになった。

＊5　ゴスペル
黒人霊歌から発生したアフロアメリカンによる賛美歌。強いビートを伴ったサウンドは後のリズムアンドブルースに影響を与えた。

＊6　ケイジャン
米ルイジアナ州に住むフランス系移民によるダンス音楽。

＊7　レイスミュージック
1940年代以前、非白人によるポピュラー音楽がこの名で呼ばれた。マミー・スミスの「クレイジーブルース」（1920年）のヒットをきっかけに、翌年から「レイスレコード」としてシリーズ化され、他社もマーケットに参加することでこの呼称が定着した。差別的な用語であることから、後に「リズムアンドブルース」と改められた。

ボブ・ディランの登場

こうした時代にニューヨークへと上り、フォークシンガーとして活動をはじめたのがボブ・ディランだ。

彼は、活動初期にランブリン・ジャック・エリオットの後をついて回り、ウディ・ガスリーの病床を度々見舞い、後にファーストアルバムに収められることになる曲「ウディに捧げる歌」を歌った。

フォークリバイバルは、ボブ・ディランが登場する前から、全米各地でじわじわと盛り上がりを迎えていたことが伝えられている。ディランの友人の一人として知られるフォークブルースシンガー、デイヴ・ヴァン・ロンクの回想録『グリニッチ・ヴィレッジにフォークが響いていた頃』では、多くのミュージシャンが入り混じりながら、リバイバルの狂騒が準備され、謳歌されたことが様々なエピソードとともに綴られている。この本を読むと、ワシントン・スクエア・パークや様々なコーヒーハウス[*8]などのフォーク演奏の場が、シーンの形成にとっていかに大きなものだったかがよく分かる。フォークシンガーの演奏仕事は引きも切らず、観光客が街に溢れ、われこそが新時代のアーティストたらんと野心を抱く若者達が次々と登場してきたのだ。

民衆的文化へのシンパシーと自らの出自の矛盾

同書では、フォークリバイバルと、そこに近接した場所で興隆していたビートニク

＊8　コーヒーハウス
グリニッジビレッジには、コーヒーを注文すると店内でフォーク演奏を鑑賞することのできる小会場が多く存在した。代表的な店は、カフェワッ、ガスライトカフェ、ビターエンド、カフェオウゴーゴーなど。

ムーブメントとの相同／相反関係が度々語られている。ニューオリンズジャズの復興に与するヴァン・ロンクは、モダンジャズを愛好し、コーヒーハウスで出来の悪い自作詩を朗読するビートニク（くずれ）達を軽蔑していたようだが、それに反して、彼らのボヘミアニズム的な態度には共鳴するところもあったようだ。

ヴァン・ロンク自身はアナーキズムと自由至上主義を奉じる自覚的な左翼であった。ビートニクの多くがノンポリ的であったとはいえ、個人主義的な「自由」を実践するそのあり方自体にはシンパシーを抱いていたものと思われる。

こうしたボヘミアニズム的な指向性は、前章で見たイギリスにおけるブルースブームの担い手達とも相同関係にある。しかし、イギリスの担い手達に、中流階級と一部労働者階級の者達が重層的に存在していたのに対し、アメリカのフォークリバイバルを主導したのは、圧倒的多数が中流階級出身者で、学生を中心とした左派エリート層だった。

こうしたボヘミアニズム的傾向と、左派エリート層が抱えこんだ「本物への回帰」という心性が織り混ざったところに発生したのが（大和田俊之が『アメリカ音楽史』でアメリカ音楽を読み解く鍵として提示している概念を借りていえば）、ある種の「擬装」への欲求とでもいうべきモードだろう。ここには、左派エリートが宿命的に対峙せざるをえない、民衆的文化へのシンパシーと自らの出自の矛盾という問題が横たわっている。民衆への同化を求める自身はその実、民衆感覚から浮遊したエリートでしかないという逡巡《しゅんじゅん》が引き起こすのは、ホーボー的な生活とボヘミアニズム的放蕩《ほうとう》への憧憬であり、実際にそのような経歴を積もうとしたり、自らのアイデンティティを擬装しようと試みる者もいた。

ボブ・ディランの「擬装」

ほかならぬボブ・ディランこそが、そのような「擬装」への欲望を体現した存在だった。

ミネソタ州の中流階級のユダヤ人家庭に生まれた彼の本名はロバート・ジンママンという(「ディラン」の芸名は、詩人のディラン・トマスからとっているといわれる)。ウディ・ガスリーへの憧れが嵩じて、大学を中退して1961年にグリニッジビレッジへ降り立った彼は、数度のライブ演奏を経てすぐにシーンの話題の的となった。

自分の経歴を紹介するにあたっても毎回コロコロということが変わり、ニューメキシコ州のスー族の出身だと自称したこともあるという。その出で立ちも、1930年代のホーボー(つまりウディ・ガスリー)を真似た田舎風のものだった。伝説的なブルースマンとミシシッピをうろつき、演奏を重ねていたと語ったこともあった。

こうした「擬装」への欲望は、「リアルな内面」を歌の題材にするようになったその後のフォーク系シンガーソングライターの一般的なイメージからすると、かなり突飛に思えるかもしれないが、ヴァン・ロンクによれば、当時のフォークリバイバル期には多かれ少なかれ見られたものだったという。しかも、ボブ・ディランという人物の場合、その後の複雑な遍歴を知っていれば、この時点で彼が単純な他者への変身願望を抱えていたのだと断じるのは適当でない。むしろ、「擬装」への欲望それ自体を客体化し、自らのアイデンティティを多元的／俯瞰的に記述していくような、きわめて現代的な仕草の萌芽をここに見る方が、実態に近いと感じる。

「アコースティック」なものの称揚

話を戻そう。こうした、フォークリバイバリスト達のアイデンティティの矛盾、空洞性、それゆえの探索という性向は、「他者」と彼らの音楽＝ブルースマンとブルースの「再発見」も促した。

このアメリカ版ブルースリバイバルは、当然、イギリスにおけるロック世代の若者達の真正性への接近の欲求とも重なる部分は大きいだろう。しかし、アメリカのブルースリバイバルの特徴は、早い段階から電化サウンドを取り入れたイギリスに比して、なによりもまず「アコースティック」なものが称揚されたという点にある。

これはなぜかといえば、第一には、あくまでフォークリバイバルの大きな流れの中で傍流的に盛り上がってきた動きだから、というのが分かりやすい理由だろう。その一方で、ある意味でイギリス以上に、あからさまなまでの純粋主義的志向が働いていたからだともいえる。

白人エリート層によるブルースの発見

こうした力学を理解するためには、フォークリバイバル〜ブルースリバイバルにおいて大きな役割を担ったとされる音楽フェスティバル、「ニューポート・フォーク・フェスティバル」を振り返ってみるのが役立つ。

１９２８年にノース・キャロライナ州アッシュビルで開催された「マウンテン・フォーク&ダンス・フェスティバル」をはじめ、アメリカでは古くからフォークフェスティバルが催されていたが、折からのフォークリバイバルの波を受け、１９６０年前後からフィラデルフィアやカリフォルニア地域でも数々の野外イベントが開かれていった。中でも規模がもっとも大きく話題に事欠かなかったのが、ロード・アイランド州ニューポートで１９５９年から開催される同フェスティバルだった。

主催者は、それ以前から同地で「ニューポート・ジャズ・フェスティバル」を企画していたジョージ・ウェインと、後にボブ・ディランも担当する辣腕《らつわん》マネージャーで、シカゴのフォーククラブ「ゲイト・オブ・ホーン」を経営していたアルバート・グロスマンの2人だ。ピート・シーガーやボブ・ギブソン、キングストン・トリオなど、フォーク界のスターが揃った第1回目は、飛び入り参加したジョーン・バエズがはじめて衆目を集めるなど、大きな話題を提供したが、ブラウニー・マギー&サニー・テリー、レヴァランド・ゲイリー・デイヴィスといったブルース系ミュージシャンも参加していた。

１９６０年の第2回にはジョン・リー・フッカーが出演し、いったんの中断を挟んだのち再開された１９６３年の回では、ブラウニー・マギー&サニー・テリー、ジョン・リー・フッカーに加え、ミシシッピ・ジョン・ハートが大きな人気を博した。その後も、スキップ・ジェイムス、サン・ハウス、ライトニン・ホプキンス、ロバート・ピート・ウィリアムズ、ジェシー・フラー、ブッカ・ホワイトなど、多くのブルースマンが出演し、聴衆を沸かせた。

注目すべきなのは、これらのブルースマンは、もともと戦前から活動している者が多く、1960年代の時点ですでに（少なくともレコード契約という点では）いったんは現役を退いていた者が少なくなかったという事実だ。

そんな彼らがなぜ大勢の聴衆の前で再び演奏することになったかといえば、その頃に彼らの生地や居住先を訪ね歩いた白人愛好家によって「再発見」されたゆえだった。フォークミュージックへの興味の亢進《こうしん》に従い、ついには「本物」のブルースマンが探し求められ、白人エリート層がほとんどを占める聴衆に喝采をもって迎えられたのだった。

黒人文化の「純粋性」に託されたもの

更にここで注目したいのは、そうやって「再発見」されたブルースマンは、主に「カントリーブルース」といわれる、アコースティックギターの弾き語りスタイルで活動していた者が圧倒的に多かったという事実だ。

当時の都市部の黒人コミュニティでは、エレクトリックバンドスタイルのブルース[*9]が定着して久しかったことを考えると、このアコースティック偏重ともいうべき傾向には、なにがしかの作為的な傾向が隠されていると見るべきだろう。

＊9　エレクトリックバンドスタイルのブルース
先出のシカゴブルースや、B・B・キングらによるアーバンブルースをはじめ、戦後都市部の黒人コミュニティで支持されるポップミュージックとしてのブルースは、エレクトリックギターやベース、ドラムなどを伴ったサウンドが一般的だった。

つまり、フォークリバイバルを形作った白人中流階級／インテリ層からすれば、より「簡素」で「原始的」な形態であるカントリーブルースこそが、ブルースの「純粋性」を混じり気なく保存した真正な存在に映っていた、ということだ。もっといえば、そこに自らが期待する図式、つまり前近代的な黒人文化が純粋に保存された形態としてのブルース、という図式と、「真の黒人文化とはそうあるべきである」というステロタイプな規範意識が内在していたと見ることもできる。

このような視点は、前章で見た例と同様、現在まで続く一般的なブルース観の醸成にも大いに関わっている。再びウルリッヒ・アデルトの論文を参照すると、グリニッジビレッジ出身の評論家メアリー・キャサリン・アルディンは、ニューポート・フォーク・フェスティバル以前には、そもそもフォークとブルースを弁別して考えるという発想自体が存在しなかったと述べている。その意見に鑑《かんが》みれば、フォーク／ブルースの分類というのも、この時代のリバイバルにおいて作為的におこなわれた区分けだったといえるかもしれない。

こうした、非当事者による「『純粋な黒人文化』の再現欲求」とも呼ぶべきものは、例えばライトニン・ホプキンスやジョン・リー・フッカーなど、それまで日常的にエレクトリックギターの演奏をおこなっていたブルースマンが白人聴衆を前にした場合はアコースティックギターに持ち替えるよう促されていたというエピソードからも窺えるし、ときにはもっとあからさまに「物語」を強要する、異様な例もあった。アデルトによれば、１９６４年のニューポート・フォーク・フェスティバルでは、出演者

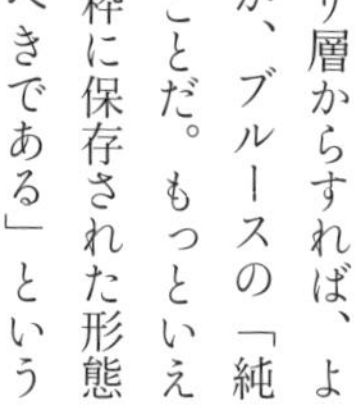

オムニバス
『ザ・ブルース・アット・ニューポート1964 パート1』
（1965）

1964年のコンサートから、フレッド・マクダウェル、スリーピー・ジョン・エスティス、ドック・リース、ロバート・ピート・ウィリアムズの演奏を収録。ミシシッピ・ジョン・ハート、スキップ・ジェイムスらの演奏を収めたパート2も発売された。

のベテランミュージシャン達が、「ブルースハウス」と呼ばれる、家具もほとんどない白い骨組みの建物、つまり、彼らがかつて営んでいたであろうと白人聴衆から想像される「清貧の暮らし」を模した「カントリーブルース風の建物」に滞在させられる場面もあったという。この時代のブルースリバイバルを牽引した著名な音楽史家サミュエル・チャーターズは、アルバム『ザ・ブルース・アット・ニュー・ポート・1964・パート1』のライナーノーツで、こう述べた。

「部屋は裸で、床には敷物もなく、家具のほとんどは演奏者が到着する直前に運び込まれた鉄製の簡易ベッドであった。（中略）多くの男達は、まるでスーキージャンプ[*10]やバックダンス[*11]に興じた青春時代に戻ったかのようで、彼らは何時間もお互いのために演奏した」（拙訳 ※注は著者による）

ブルースリバイバルに潜むこのような偏ったロマンチシズムを現在の視点から断罪するのはたやすい。この時代におけるフォークリバイバルと公民権運動との共振という視点も見逃すことはできないし、数々の連帯を推し進めてきたのも事実だ。

しかし、そこにはときにあからさまなほどの「他者」の理想化と、白人聴衆による自らの興味対象への準宗教的な眼差し、そしてそれに伴う差別意識が密かに伏流《ふくりゅう》していたのかもしれない、と分析を加えておくのは無駄なことではないだろう。

＊10 スーキージャンプ
諸説あるが、一般的には、かつて奴隷制下において黒人たちが主人の家から離れた家屋に集まり興じた踊り、およびそうした文化を受け継いだダンスの形態を指す。レッドベリーのレパートリーに同名の曲がある。

＊11 バックダンス
同じくかつての奴隷制下に生まれた、黒人たちによるフォークダンス。

1965年、なぜボブ・ディランはブーイングをうけたのか

伝承曲の掘り起こしと再解釈を推し進め、インテリ層の左派イデオロギーと蜜月関係を結びながら発展してきたフォークリバイバルだったが、そうした傾向は1964年ころから徐々に変質していく。

フォーク界のプリンスとして人気を広げつつあったボブ・ディランは、1964年、それまでのプロテストソング[*12]路線から、より個人的な題材を掘り下げた内省的なアルバム『アナザー・サイド・オブ・ボブ・ディラン』を発表する。同作は後の1970年代に全盛を迎える「シンガーソングライターミュージック」の萌芽ともいうべき内容で、同様の路線が様々なミュージシャンによって模索されていく。

更に1965年3月、ディランは、それまでのフォーク界では忌避されていたエレクトリック楽器を交えたバンドサウンドを聴かせる『ブリンギング・イット・オール・バック・ホーム』をリリースし、同年7月のニューポート・フォーク・フェスティバルでは、前出のポール・バターフィールド・ブルース・バンドを従え演奏をおこなった。このときの演奏が会場のフォークファンから大きな反感を買ったこと、更にこの瞬間が「フォークロック」誕生の重要な出来事であったことはロック史を扱った本でも度々言及されているので、読者の中にもご存知の方は多いだろう。

なぜエレクトリック楽器を取り入れただけでそれほどまでの騒動を巻き起こしたのか、現在の感覚からすると理解するのが難しく思われるかもしれない。しかし、先に

＊12　**プロテストソング**
政治的抗議のメッセージを伴うフォークソングを指す。ボブ・ディランの初期レパートリーには、公民権運動や反戦運動に関連するプロテストソングが多数存在する。

述べたようなアコースティック偏重の純粋主義がフォーク界に浸透していたことを考えれば当然の反応だった。

つまり、この時期までは、エレクトリック楽器を伴ったアメリカのロックンロールや、ビートルズに代表されるビートバンドは「非インテリが聴くもの」（事実は必ずしもそうではないのだが）という認識がフォークファンの間で強固に共有されており、エレキギターやドラムセットの使用は、彼らからすれば「フォークへの裏切り」にほかならなかったのだ。

現代から振り返れば、１９６５年のディランの革新性とは、「フォーク＝知的」「ロックンロール＝非知的」という固定化された図式を撹乱したという点に求めることができる。事実、彼はフォークシンガーになる前は、リトル・リチャードらに心酔するロックンロール少年であり、そした経歴は若い世代のフォークシンガーには珍しくもなかった。そういう意味でこれは、二つのアートフォームをぶつけ合わせることで試みられた、自らのアイデンティティ探求の一環をなす行為だったとの理解も可能なのではないだろうか。

反資本主義的なイデオロギーと商業主義的な傾向を、矛盾を孕んだままに止揚《しよう》し、個人主義的な主体としてそれを吐き出す。これこそが、後のロックに通底する論理であり、フォークロックの誕生が「ロック」という文化的概念の誕生と重ね合わせて論じられる理由でもあるだろう。

加えて注目すべきは、このロックは、その発火時からして、フォークとロックンロ

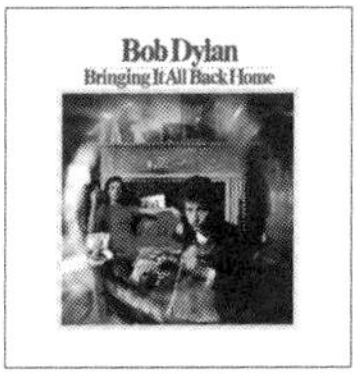

ボブ・ディラン
『ブリンギング・イット・オール・バック・ホーム』
（1965）

「サブタレニアン・ホームシック・ブルース」「シー・ビロングス・トゥ・ミー」などの重要なレパートリーを収める。「ミスター・タンブリン・マン」は、直後にザ・バーズによって取り上げられ大ヒットを記録した。ジャケットには、前出のロバート・ジョンソンの『キング・オブ・ザ・デルタ・ブルース・シンガーズ』など、様々なレコードが登場している。

ールという、すでに存在する形態、つまり過去の音楽を素材として内部に孕んでいた、という点だ。

このフォークロックは、ザ・バーズ、サイモン&ガーファンクル、ラヴィン・スプーンフルらの活躍によってたちまち大流行し、サイケデリックロック[*13]を含め、後に花咲く様々な音楽の種子をまいた。

カントリーとロックの融合

次に、フォークと並んでアメリカ音楽の重要なルーツのひとつとみなされているカントリーミュージックについて見ていこう。一般的に、アメリカのカントリーミュージックは、愛国的かつ保守的で、先進性を旨とするロックの思想とは相容れないものと理解されがちだ。市井の白人労働者達の日常を歌い、実際に白人労働者から支持もされる、アメリカの保守／伝統的な音楽、というイメージだ。

しかし、そもそもこのカントリーミュージックは、フォークと不可分の存在だった。事実、ウディ・ガスリーはその初期にヒルビリー（＝カントリーミュージックの旧い呼び名）をよく歌っていたし、『アンソロジー・オブ・アメリカン・フォーク・ミュージック』には、フォークとヒルビリーが未分化だった時期の録音が多く収められている。

この二つが別のジャンルとして弁別されてしまったのには、第２次世界大戦を経て、後のカントリーミュージックの中心地として知られるナッシュビルの音楽産業がコマ

＊13　**サイケデリックロック**
各種麻薬による意識変容を思わせる幻惑的な要素を持ったロック。極彩色のアートワークやファッションも重要な要素。１９８０年代に流行したイギリスの「ネオサイケ」や、アメリカの「ペイズリーアンダーグラウンド」など、折に触れてリバイバルしている。

ーシャル色を強めていったこと、更には、先に紹介した1950年代初頭のマッカーシズムの影響も大きかった。「フォーク」の呼び名に左翼的なニュアンスが付加するようになると、主要メディアはその名称を避け、「カントリー」という言葉が流通するようになったのだ。以来、カントリーミュージックは反左翼／反インテリ的なニュアンスを含みこむようになり、いつしか「保守的な民衆の音楽」と広く認識されるようになった。

しかし、1960年代後半から、こうしたカントリーミュージックをロックと接合しようとする動きが広がっていく。

こうした試みを実践した音楽を、「カントリーロック」という。フォークリバイバル当時から、オールドタイムミュージック[*14]、ブルーグラス[*15]など、広義のカントリーミュージックの中にあって特に「素朴」で「純粋」な音楽がリバイバルするという現象もあったが、このカントリーロックは、逆方向の（と思われていた）両ベクトルを巧みに止揚した特異な存在だった。

カントリーロックを最初に完成させたアルバム

カントリーロックを最初に完成させた作品は、ロサンゼルスを拠点に活動したバンド、ザ・バーズが1968年8月に発表したアルバム『ロデオの恋人』とされている。フォークロックで成功後、サイケデリックロック路線を推し進めていたバンドが、急転回するようにカントリーミュージックへと接近した本作だが、そのキーパーソンは、

＊14　オールドタイムミュージック
アメリカのフォークダンス文化とともに発展した、フィドルやギター、バンジョーなどによる音楽。ニュー・ロスト・シティ・ランブラーズらの活躍によってフォークリバイバル期に人気を集めた。

＊15　ブルーグラス
オールドタイムミュージックをモダン化した、フィドル、ギター、バンジョー、マンドリン、ベースを基軸とする音楽。1940年代にビル・モンローによって考案された。ニュー・グラス・リバイバル、J・D・クロウ&ザ・ニュー・サウス、セルダム・シーンらの活動によって1970年代にリバイバルした。現在も進化を続け、アメリカ国内では根強い人気を誇る。

新メンバーのグラム・パーソンズだった。

　パーソンズは1946年、フロリダ州ウィンター・ヘイヴンで富豪の家庭に生まれた。ハイスクール時代にはロックンロールに熱中し、エレキギターを手に演奏をおこなった。しかし、1962年頃から折からのリバイバルに触れフォークへと関心を移し、ピーター・ポール&マリーを模したグループを結成、その後1965年ころまでモダンフォーク路線の音楽を演奏した。ボストン／ケンブリッジに移ってからは世のトレンドであるフォークロックの風を感じながらも、よりルーツ志向の強い音楽を志すようになり、ハンク・ウィリアムスやジョージ・ジョーンズなどのレパートリーを取り入れ、徐々にカントリーミュージックへ没頭していった。

　この頃に結成したのがザ・ライクというバンドで、後にインターナショナル・サブマリン・バンドと改名し、ロックンロールのレパートリーに混じって、マール・ハガードやバック・オウエンズなどの曲をカバーするようになった。1966年にはロサンゼルスに移り、念願だったレコード契約を獲得する。1968年春にリリースされたデビューアルバム『セーフ・アット・ホーム』は、ジョニー・キャッシュやマール・ハガードのカバーに加えてパーソンズのオリジナル曲も収録した好作だったが、リリースの時点で彼はもっとビッグなバンドの一員に迎えられていた。それが、ザ・バーズだった。

　ブルーグラスにも精通するザ・バーズのベーシスト、クリス・ヒルマンの強い推薦によってザ・バーズに加入したパーソンズは、バンドの新作『ロデオの恋人』の内容

ザ・バーズ
『ロデオの恋人』
(1968)

本作の原題は『Sweetheart of the Rodeo』。ロック系のメディアから概ね好評をもって迎えられたが、あまりに急激な音楽性の変化のためか、セールス的にはそれまでのキャリアでもっとも苦戦を強いられた。また、ナッシュビルの保守的なポップカントリー界の一部からは、ロック側からの侵略として批判の的となった。

に決定的な影響を及ぼした。インターナショナル・サブマリン・バンド時代の契約の問題でパーソンズのヴォーカル曲は3曲のみとなったが、優れたオリジナル曲を提供したほか、何よりも、ロックとカントリーミュージックの融合というコンセプト面において彼が果たした役割は特に大きかったとされている。パーソンズは、リーダーのロジャー・マッギンにカントリーミュージックを題材としたアルバムを作ることを強く勧め、ナッシュビルのセッションマン[*16]を交えた現地録音も実現させた。この結果生まれたアルバムは、メンバーのオリジナル曲のほか、伝承歌をはじめ、ルーヴィン・ブラザーズ、マール・ハガード、ウディ・ガスリー、ボブ・ディランらの曲を、ホンキートンク[*17]~ベーカーズフィールドサウンド[*18]を思わせるスタイルでカバーするという、あからさまにルーツ志向の内容となった。

この作品が今もなお新鮮な魅力を保ち続けている理由は、ザ・バーズという稀代の才能が揃ったバンドのみずみずしいパフォーマンスが聴けるというのはもちろんのこと、やはり、長きにわたって受け継がれてきたカントリーミュージックの伝統を新たな文脈で捉え直し、真反対の存在と思われていたロックと融合させたことにある。

ここには、フォーク↓フォークロック↓サイケデリックロックという単線的な進化の流れを追うだけでは見えてこない、より重層的な空間が広がっている。共通のルーツを持ちながらも、マーケティングやイデオロギーが介入することで、別の道を歩んできたそれぞれの音楽の根本を見直し、あらためて合流させる。ここにこそ、カントリーロックの先鋭性と豊かな含蓄があるといえる。

＊16 ナッシュビルのセッションマン
ナッシュビルはカントリーミュージックの中心地であり、多数のセッションマンが活動していた。『ロデオの恋人』には、ロイド・グリーン(スティール・ギター)、ロイ・ハスキー(ベース)、ジョン・ハートフォード(バンジョーほか)が参加した。

＊17 ホンキートンク
カントリーミュージックを演奏するバーなどを指すが、転じて、特にリズミカルな演奏を伴ったバンドスタイルのカントリーミュージックをこう呼ぶようになった。

＊18 ベーカーズフィールドサウンド
カリフォルニア州ベーカーズフィールドで発展した、ロックンロールのビートを取り込んだ軽快なカントリーミュージック。

しかも、この作品には、カントリーのスタンダードに限らず、メンフィスのR&Bシンガー／ソングライター、ウィリアム・ベルの名曲「ユー・ドント・ミス・ユア・ウォーター」のカントリー風カバーも収録されている。つまり、R&B〜ソウルという黒人音楽の中にも、ロックやカントリーと根を同じくする豊かな音楽的水脈が流れ込んでいることが示唆されているのだ。

パーソンズは、自らの音楽を「コズミックアメリカンミュージック」と称していた。フライング・ブリトー・ブラザーズの諸作から悲劇の死を迎える直前に制作されたソロ作まで、そのコンセプトの巨大さと彼の音楽が後世に与えた影響力の大きさはほかに比べようがない。彼の音楽およびその思想は、後に見る「オルタナカントリー」や「アメリカーナ」にとっても、もっとも重要な源のひとつとなった。

1968年のルーツミュージック回帰

ザ・バーズが『ロデオの恋人』を発表した1968年というのは、ロック史上初となる大規模な「回帰」が表面化した年として、重要な契機となった。

1966年頃から、ドラックなどによる意識拡張に彩られたサイケデリックロックが台頭し、音楽表現自体が徐々に複雑化、ときに高度の理念化を伴うようになっていた。拡張のスピードは凄まじく、あらゆる表現が極彩色のサイケデリックスに飲み込まれていくかに思われた。ザ・バーズのカントリーミュージックへの接近も、そうしたサイケデリックスのインフレーションに対する個別のカウンター的な反応だったと捉えることも可能だろう。

その上で、何より重要だと思われるのが、ある視点からするとポストモダン社会[19]の元年であったともいえ、一方でパリ5月革命[20]に象徴される学生蜂起の象徴でもあった1968年という年に、こうした「回帰」がロック界で同時多発的に起こった、という事実である。

試しに、1968年にリリースされたほかの「ルーツ回帰」的なロックアルバムをいくつか挙げてみよう。ザ・バンド『ミュージック・フロム・ビッグ・ピンク』、クリーデンス・クリアウォーター・リバイバルの同名作、バッファロー・スプリングフィールド『ラスト・タイム・アラウンド』、ヴァン・ダイク・パークス『ソング・サイクル』、ボー・ブランメルズ『ブラドリーズ・バーン』、ドクター・ジョン『グリ・グリ』。

イギリスに目を向ければ、ビートルズ『ザ・ビートルズ』（通称「ホワイト・アルバム」）、ローリング・ストーンズ『ベガーズ・バンケット』、キンクス『ヴィレッジ・グリーン・プリザヴェイション・ソサエティ』、トラフィックの同名作、ヴァン・モリソン『アストラル・ウィークス』などがある。

これらはすべて、大小あれど後のシーンの動向に影響を与えた名作ばかりだが、共通の特徴として挙げられるのは、どれもサイケデリックロックの狂乱から一歩退き（あるいは別の角度から眺めて）、自らを取り囲む、あるいは自らの音楽に潜んでいるルーツへと自覚的に接近しようとする態度である。

＊19　ポストモダン
モダン＝近代の後に現れる時代。建築、芸術などに関連し様々な解釈がなされてきた語だが、本書では、一般的に理解されている通り、多くの人々が共有する「大きな物語」が崩壊し、各人がそれぞれの価値観のもとに生きる時代状況、あるいはそういった社会を指す語として用いている。

＊20　パリ5月革命
1968年5月にフランス・パリで発生した、シャルル・ド・ゴール大統領の教育政策に反対する左派学生たちによる政治暴動。この事件をきっかけに体制批判が強まっていき、翌年のド・ゴール大統領辞任へつながった。この出来事は、世界同時的に盛り上がりを迎えていた学生たちによる政治運動の象徴的な存在とされ、当時のカウンターカルチャーとも密接な関係にあった。

ルーツ回帰の心性をとく「自己の再帰的プロジェクト」

改めて問うなら、なぜこの激動の年に、こうした「ルーツ回帰」の萌芽が立て続けに起こったのだろうか。

それを理解するための重要なキーワードとして引きたいのが、イギリスの社会学者アンソニー・ギデンズ[*21]が唱えた「自己の再帰的プロジェクト」という概念である。簡単に説明しよう。

伝統的規範が後退し、メディア環境の高度化／多様化の進む「後期近代」[*22]においては、個人は特定の伝統や信仰、社会的役割／風習から切り離されるようになった。つまり、ひとりの個人として様々な社会的役割からの切り離しにさらされることで、自己アイデンティティは準拠するものを外部に失い、いつしか自らがその物語を構成し続ける必要に迫られることになった。そのような時代における、自己アイデンティティ獲得のあり方を「自己の再帰的プロジェクト」と呼ぶ。

先に述べたとおり、1968年は、消費社会／情報社会の成熟とともに個人としての自由を謳歌しようとした先進諸国の戦後生まれ第1世代が、その主体性を声高に主張し、既存の権威に激しく抵抗した絶頂点として鮮烈に記憶されている。裏を返せば、様々な慣習や伝統から遊離した個人が群となって出現したのが1960年代後半であり、既存の権威を否定する抵抗運動の合わせ鏡として、旧来型の自己アイデンティティの準拠点（＝伝統など）の掘り崩しが急速かつ同時に進行していたのがこの時代だ

＊21　アンソニー・ギデンズ（1938－）
ロンドン北部エドモントン生まれの社会学者。2004年、労働党貴族院議員となり、トニー・ブレア政権を理論面から支えた。

＊22　後期近代
ギデンズら非フランス語圏の論者は、（フランス語圏の論者が多用する）ポストモダンという語に託された時代切断的なニュアンスを嫌い、現代を近代の延長線上にあって近代の論理が徹底化された時代＝後期近代であると表現する。この用語運用上の区別には細かな議論があるが、「大きな物語」や「準拠点」の喪失という基本的な理解に目立った違いがあるわけではない。本書においても、参照する論者の用語運用や関連する文脈によって「ポストモダン」と「後期近代」を使い分けているが、同様の時代状況を指す語として理解してもらって差し支えない。

ったと見ることができる。

自らが自らの物語を紡ぐことが自己アイデンティティの準拠点となるこうした社会においては、伝統および「過去」は、かつてのようにアイデンティティの確固とした準拠点としては機能しえない。とすると、伝統や「過去」は自ずと霧消《むしょう》してしまい、自己の再帰的プロジェクトにおいてはなによりも「現在」や「未来」のみが物語の素材となりそうなものだ。しかし、そうした「ポスト伝統社会」においては、むしろ伝統や「過去」はその絶対的な規定力を失っているがゆえに、ある種の嗜癖《しへき》の対象となり、自己の来《こ》し方《かた》と行く末を物語化するプロジェクトのために積極的に援用され、再構成されていく。一度抑圧されたはずの伝統および「過去」が、後期近代においては自己の再帰的プロジェクトのための、いわば「素材」として回帰してくるのだ。

とすると、こうした状況が先進的な音楽シーンを舞台に顕在化したのが、この時代の「ルーツ回帰」であったと捉えることはできないだろうか。「革新」にシンパシーを寄せているロックミュージシャン達が、なぜその足元に繁茂《はんも》する根に注目するようになったのか。それはつまり、時代の先端を歩んできたポスト伝統社会に生きる若者達が、過去の再構成を通じて自らの来し方と行く末を物語化する、まさしく後期近代的な現象だったのかもしれない。

そこには、「反動」とか「回帰」といった一言で済ませてしまうわけにはいかない、1960年代末という時代と強固に結びついた再帰的プロジェクトへの取り組みがあったと見るべきだろう。

なお、本説で提示した再帰的近代におけるアイデンティティの模索という視点は、「過去が新しくなる」メカニズムを理解するにあたってきわめて重要なものであり、本書で紹介する各時代のリバイバル現象へも、（当然程度の差はあるにせよ）適用が可能なキー概念だということを意識しておいてほしい。

「よそ者」ゆえにもとめたルーツミュージック――ザ・バンド

今度は、ザ・バンドとクリーデンス・クリアウォーター・リバイバルという2組を例に挙げてこの時代に萌芽したルーツ志向の音楽の特質に迫ってみよう。

ザ・バンドは、ブルースやカントリー、ロックンロールなど、アメリカンルーツミュージックを深く消化した音楽性を特徴とするバンドだが、メンバーの5人中4人、ドラム担当のレヴォン・ヘルム以外の全員がカナダ出身者だ。ロックンロールミュージシャンのロニー・ホーキンスのバッキングを担当したホークスを前身とする彼らは、1966年にフォークロック期のボブ・ディランのツアーバンドを務めたことで名を上げ、ディランがオートバイ事故で隠遁《いんとん》していた間は、ウッドストックの通称「ビッグ・ピンク」に集い、後に『ベースメント・テープス』として正式発売される伝説的なセッションを繰り広げるなど、デビュー前から謎めいた存在感を放つ特異な集団だった。

『ミュージック・フロム・ビッグ・ピンク』（1968年）をはじめ、続く『ザ・バンド』（1969年）で描かれる世界には、評論家のグリール・マーカスがその音楽

ザ・バンド
『ザ・バンド』
（1969）

アメリカの市井の人々の生活や、田舎の風景、歴史等を多様な側面から描き出そうしたこのアルバムは、当初『アメリカ』というタイトルが与えられるはずだったという。彼らの最高傑作に推すファンも多い。

を「よそ者のブルース」と評したように、生粋のアメリカ南部出身者集団ではないゆえのルーツミュージックへの理知的なアプローチと、空想上のアメリカ南部の物語を自らの視点を通じて語ろうとする、メタ的な方法論が随所に聴かれる。

今はすでに失われているようだが、かつて誰かが見たであろう原初的な風景／聴いたであろう音楽を、厚いヴェールの立ち込めるような不明瞭な音像とともに提示する彼らの演奏は、自己アイデンティティの準拠点＝伝統への同一化がはじめから奪われている者達、つまり「よそ者」であるがゆえに深いレベルまで達することのできた、すぐれて再帰的な音楽と評すべきだろう。

憧れの風景をかなでる――クリーデンス・クリアウォーター・リバイバル

クリーデンス・クリアウォーター・リバイバルは、シングルヒットを矢継ぎ早に連発し一般的な人気も高かったためか、コンセプトアルバム路線のザ・バンドと比較すると微妙に批評的な価値を低く見積もられているバンドだが、「よそ者によるルーツミュージックの再構築」という視点からすると、同じくらい重要な存在といえる。

ジョンとトムのフォガティ兄弟が中心になってサンフランシスコで結成された彼らは、元はザ・ゴリウォッグスという名前でガレージ志向の音楽を演奏していたが、改名後の1968年にデビューしてからは、アメリカ深南部産のブルースやロックンロール、カントリーなどに根ざした音楽を強く志向するようになった。

セカンドアルバム『バイヨー・カントリー』では、ルイジアナ州の小川＝バイヨー

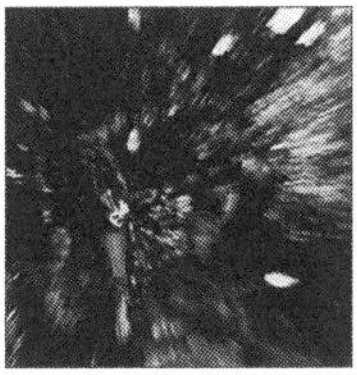

クリーデンス・
クリアウォーター・リバイバル
『バイヨー・カントリー』
（1969）

ビルボードアルバムチャート7位を獲得したヒット作。シングル「プラウド・メアリー」も2位を獲得した。

に題材を求めた内容で、出色の「架空のルーツミュージック」を作り上げた。このアルバムには、ミシシッピ川を航行する蒸気船の名を冠し南部ロマンを如実に反映したヒット曲「プラウド・メアリー」が収められていたが、同作を制作した時点では、メンバー全員アメリカ南部へ実際に訪れた経験がなかったのだという。こうした例もまた、すぐれて後期近代的な、自己アイデンティティ模索の有り様を物語っているのではないだろうか。

ほかにも、ライ・クーダーやタジ・マハール、リトル・フィート、ダン・ヒックスなど、「よそ者」的な視点を経たルーツミュージックの再構築を推し進めたアーティストは数多く、1970年代を通じてそれぞれが独自のアプローチでフォークやカントリー、ブルースなどを解釈していった。

加えて、本章ではここまで、主にアメリカのフォーク～ロックの発展史を見ていくことでルーツ回帰の大きな流れを描き出そうとしてきたが、同様の動きはイギリスのトラディショナルフォーク発掘[*23]、更にはそれをロックと接合したフォークロックにも顕在していた。紙数の都合で詳しく紹介できないが、フェアポート・コンヴェンション、ペンダングル、スティーライ・スパンなどのリバイバル志向のアーティストの作品にあたってみてほしい。

パンク由来の情動を吐き出すオルタナカントリー

フォークロックやカントリーロックをはじめ、ルーツミュージックを積極的に取り

＊23　イギリスのトラディショナルフォーク発掘

リバイバルの歴史は古く、19世紀に遡る。フランシス・ジェームス・チャイルドらを先駆として、20世紀初頭にはセシル・シャープらが採集を手掛けた。第2次世界大戦後には2度目のフォークリバイバルが起き、イアン・マッコールやA・L・ロイドらによって主導された。1960年代末からは、本文で触れた通りロックとの融合が推進され、様々なバンドが活動した。また、1980年代には、ポストパンク～インダストリアルミュージックのシーンから「ネオフォーク」と呼ばれるムーブメントも現れ、2000年代以降は、インディーロック系のアーティストもフォークに接近した。1960年代以降のブリティッシュフォークの中には、後に見るヴァシュティ・バニヤンの作品など、フリーフォークの時代に再評価された例も少なくない。

入れたサウンド（以下、便宜的に、ルーツロックと呼ぶ）は、1970年代前半までに全盛期を迎え、その後折々のトレンドの煽《あお》りを受けながらも、しぶとく生き残り続けた。

1980年代に入ると、いわゆる「オールドウェーブ」[*24]型のルーツロックはシーンの前線からほとんど退いてしまったが、ポストパンク以降にアメリカに現れたオルタナティブロック[*25]やカレッジロック[*26]などといわれるバンドの中には、かつてのフォークロックやカントリーロックの意匠を取り入れるものも少なくなかった。こうした動きを源流として、1990年代半ばに「オルタナカントリー」と呼ばれる新たな動きが起こってきた。

このムーブメントの中心にいたのが、イリノイ州ベルヴィル出身のバンド、アンクル・テュペロだった。1990年、ヒルビリー音楽の始祖の一組カーター・ファミリーの曲名を表題に据えた『ノー・ディプレッション』でデビューした彼らの音楽は、ポップス色の強い同時代の主流カントリーとはあらゆる面で異なっていた。パンク〜オルタナロックを通過したノイジーなサウンドと性急なビートは、当時世の中を席巻していたグランジ[*27]にも通じる切迫感を伴っていた。

その一方で、アコースティックギターはもちろん、フィドルやバンジョー、マンドリンなどを取り入れたアンサンブルはカントリーの伝統を感じさせるもので、ソングライティングの面でも、カントリー音楽の伝統的な手法が盛り込まれていた。

その後、1995年、アンクル・テュペロはサン・ヴォルトとウィルコという二つ

＊24 オールドウェーブ
パンク以降のニューウェーブに対する、それ以前のロックの総称。

＊25 ポストパンク以降にアメリカに現れたオルタナティブロック
X、グリーン・オン・レッド、ミート・パペッツなどが代表的な存在。

＊26 カレッジロック
1980年代初頭から北米で台頭した、大学キャンパスのラジオ局で流れるオルタナロックの総称。代表的な存在であるREMはフォークロック的な要素を取り入れた。また、後に名の出るリプレイスメンツも同シーンを出自とする。同時期にロサンゼルスで活動したバンド、ロング・ライダーズは、もっとも自覚的にカントリーロックへと接近した例のひとつ。

[*28]のバンドへと分裂する。よりカントリー色を強く打ち出した前者、後にはポストロック的な要素も取り入れながら全米を代表するバンドへと上り詰めていった後者ともども、それぞれが成功を収めることとなった。

　同年には、アンクル・テュペロのファンページをもとにしたオルタナカントリー専門誌『ノー・ディプレッション』が創刊され、このあたりから徐々にオーバーグラウンドレベルでもこのジャンルが認知されていき、ジェイホークス、ウィスキータウンといったバンドが人気を博した。各地のローカルなシーンも成熟し、多くのアーティストがレコードデビューを果たす。

　オルタナカントリーは、先行するオルタナロック世代のバンド、例えばリプレイスメンツなどの影響が特に大きかったとされているが、その根底には、「カントリーミュージックの失われてしまった（忘却されてしまった）カウンター性を取り戻す」という姿勢が滲《にじ》んでいた。

　これは、かつて１９６０年代末に現れた初期カントリーロックの理念とも重なり合うものであり、実際にオルタナカントリーのプレイヤー／ファンともども、グラム・パーソンズをその始祖として崇拝する傾向があった。１９９０年代のポップな主流カントリーが「産業にその本質を骨抜きにされたカントリー」であるとすれば、オルタナカントリーはそれへのアンチテーゼであり、かつてカントリーミュージックの生命力をロックという「反権威」と接合することで賦活したパーソンズこそは、直系の先祖ということになる。

アンクル・テュペロ
『ノー・ディプレッション』
（1990）

インディーリリースにもかかわらず、発売後1年で1万5千枚以上のセールスを記録。現在にわたるまでオルタナカントリーの重要作として高く評価されている。

＊**27**　**グランジ**
1980年代末から米シアトルを中心に勃興したオルタナティブロックの一ジャンル。パンクロックとハードロックに影響を受けたノイジーなサウンドが特徴。

主流カントリーの類型的な表現やショービジネス志向に対し、「普通の若者」としての実存とパンク由来の情動を吐き出そうとするオルタナカントリーは、ラディカリズムと伝統の接合という点でも初期カントリーロックの直系の末裔であり、カントリーロックの論理をより純化した形態であったといえるだろう。

また、同時代にフォーク／カントリー志向を強め、サンプリング[*29]の手法を駆使した特異なルーツミュージックを実践したベックの存在も、オルタナカントリーと共振した例として重要だが、彼もまた、グラム・パーソンズを先駆者として敬愛した。

1999年には、そのベックをはじめ、カウボーイ・ジャンキーズやイヴァン・ダンドらのオルタナロック勢、ウィルコやウィスキータウンらのオルタナカントリー勢が集結したトリビュート盤『リターン・オブ・ザ・グリーヴァス・エンジェル：トリビュート・トゥ・グラム・パーソンズ』もリリースされ、新世代からのグラム・パーソンズ再評価は一層盛り上がっていった。

様々なルーツミュージックを包括する「アメリカーナ」

オルタナカントリーの浸透とも連動するように、ある時期から人口に膾炙《かいしゃ》するようになったジャンル用語に「アメリカーナ」がある。1999年に設立された「アメリカーナ音楽協会」によれば、その定義は以下のとおりだ。

「カントリー、ルーツロック、フォーク、ブルーグラス、R&B、ブルースなど、ア

＊28 ポストロック
1990年代半ば以降に多用されるようになった、ギターなど既存の楽器を音響デザイン的に用いる手法を特徴とする音楽や、先鋭的なジャズや電子音楽などエレクトロニカとクロスオーバーするロックを指す用語。ウィルコは、2001年のアルバム『ヤンキー・ホテル・フォックストロット』でジム・オルークをミキサーに迎えポストロック的なサウンドへ接近し、高い評価を得た。

＊29 サンプリング
レコードなどから既存の音楽の一部を引用して新たな音楽を制作する手法。

メリカの様々なルーツミュージックスタイルの要素を取り入れた現代の音楽であり、その結果、元になった各ジャンルの純粋な形態とは別の形で存在している。アコースティック楽器がしばしば登場し重要な役割を果たす一方で、アメリカーナではしばしばフルエレクトリックバンドも使用される」

（The Americana Music Association "What is Americana Music" より拙訳）

もともと「アメリカーナ」とは、いわゆる「古き良きアメリカ」を体現する19世紀末から20世紀初頭にかけての文化遺産を総称するとして使用されてきた概念だった。その後1984年、カリフォルニア州ノーススリッジのラジオ局KCSNで、フォークやカントリー、オールドタイムミュージック、ブルースなどをオンエアする番組のタグ付けとして「アメリカーナ」の語が使用され、更に1990年代なかばから、カレッジラジオの業界紙『ギャヴィン・レポート』が「アメリカーナ」と名づけたチャートを作り、オルタナカントリー系のアーティストを後押ししはじめた。1990年代後半には、レコード業界、メディアの有志が集まりカンファレンスを持ち、それが前出のアメリカーナ音楽協会設立につながった。

ジャンルごとに局所的にマーケティングされ受容されてきた形態を越え、様々なルーツミュージックを「アメリカーナ」という概念のもとに集合させるという理念は、グラム・パーソンズが描いた「コズミックアメリカンミュージック」の発展型と見ることもできる。

オムニバス
『リターン・オブ・ザ・グリーヴァス・エンジェル トリビュート・トゥ・グラム・パーソンズ』(1999)

生前にパーソンズの音楽パートナーを務めたエミルー・ハリスが共同プロデュースを担当した。

この「アメリカーナ」が盛り上がりを迎える中で、オルタナカントリー勢ほどにはロックバンド的ではないが、主流シーンとは異質の反ポップカントリー志向のアーティスト、例えばルシンダ・ウィリアムス、バディー・ミラー、ギリアン・ウェルチ、ジョー・ヘンリーといったアーティスト達が人気を博し、高く評価されていった。

中でも、1967年生まれのシンガーソングライター、ギリアン・ウェルチは、アメリカーナというジャンルの発展に特に大きく寄与した重要人物だ。

1996年、ルーツロック界の名プロデューサー、Tボーン・バーネットが制作した彼女のデビューアルバム、その名も『リバイバル』は、その後のシーンの動向を決定づけた傑作とされている。

また、1997年には、前述したハリー・スミス編纂によるレコードセット『アンソロジー・オブ・アメリカン・フォーク・ミュージック』のCDリイシューが実現し、大きな話題となる。現役アーティストによる同作へのトリビュート企画も発足するなど、いにしえのルーツミュージックへの関心を更に高めることになった。こうした動きも、アメリカーナと過去の音楽のつながりを一層強調していった。

「アメリカンゴシック」を象徴するジョニー・キャッシュ

このアメリカーナはときに、「アメリカンゴシック」というワードと関連して語られることもあった。

固有名詞としての「アメリカンゴシック」の源流をたどると、画家グラント・ウッ

ギリアン・ウェルチ
『リバイバル』
（1996）

音楽パートナーのデヴィッド・ローリングスに加え、ジェームス・バートン、ジム・ケルトナー、バディ・ハーマンらのベテランミュージシャンも参加。1997年グラミー賞「ベスト・コンテンポラリー・フォーク・アルバム」にノミネートされた。

ドによる同名絵画に遡る。アイオワ州の農民夫婦（父娘？）を描いた同作は、後にそのタイトルが孕むインスピレーションをもとに、ゴシックホラー的な世界観と結びつけられ、「アメリカンゴシック」の語も、アメリカ南部の田舎町の朴訥と、そこに隠れたノワール的かつ怪奇的な世界を表すようになっていった。

こうした連想は、かつてのアメリカに伝承歌として存在していたマーダーバラッド[*30]などの再解釈とも結びつき、そういった色彩を取り入れる新世代のアーティストが登場した。代表的なアーティストに、コーデリアス・ダッド、クリスティン・ハーシュ、ジョニー・ダウドなどが挙げられる。

アメリカーナ〜アメリカンゴシックの隆盛は、ベテランアーティストの再評価にもつながっていった。もっとも象徴的な存在は、ジョニー・キャッシュだろう。

１９３２年アーカンソー州生まれのジョニー・キャッシュは、１９５５年にメンフィスの〈ＳＵＮ〉からデビューした後、１９５８年から大手〈Columbia〉に所属し、長いキャリアを通じて数多のレコードを発表してきた重鎮だ。孤独や苦悩、ときに殺人をテーマにしたダークなモチーフの曲も多く、カントリー界でも特に個性的な活動をおこなってきたひとりだ。

１９８０年代後半以降、加速度的にポップ化が進む主流カントリー界では「異端の人」として徐々に脇に追いやられていったキャッシュだが、１９９４年に転機が訪れる。プロデューサーのリック・ルービンの誘いを受け、彼のレーベル〈American〉から、アルバム『アメリカン・レコーディングス』をリリースした。オリジナル曲に

＊30　マーダーバラッド
殺人を題材とした物語歌。

ジョニー・キャッシュ
『アメリカン・レコーディングス』
（1994）

通算81枚目のアルバム。アルバムの大半がジョニー・キャッシュ所有のテネシー州の小屋とリック・ルービンの自宅で録音された。

加え、コンテンポラリーフォークソングのカバーを装飾的なバッキングを排したシンプルなギター伴奏で歌い綴る本作は、グラミー賞最優秀コンテンポラリーフォークアルバム賞を受賞した。同作はシリーズ化され、それぞれがキャッシュのキャリア晩年における代表作として高く評価されている。

ここまで見てきたような「アメリカーナ」の動きは、カントリーやフォークミュージックが過剰に商業化する前の（と1990年代現在から想像される）「本当の姿」の復古運動であるとともに、グローバリゼーションと高度情報化の大波の中で、改めてナショナルアイデンティティを模索する動きでもあったと考えられる。「アメリカーナ」という音楽／文化概念の中には、前世紀初頭から脈々と続くナショナルアイデンティティ定立への物語が、何層ものレイヤーを纏《まと》いながら堆積しているのだ。

異形の進化系、フリーフォーク

2000年代に入ると、アメリカーナの正統的な流れとはまた別の場所から、かつてのフォークミュージックの要素をいびつに取り入れた音楽が出現してきた。「フリーフォーク」と呼ばれるその音楽の興隆は、イギリスの音楽雑誌『Wire』の2003年8月号に作家デヴィッド・キーナンが寄せたレポート「Welcome to The New Weird America」[*31]が発火点だったとされている。

この記事でキーナンは、ヴァーモント州の音楽フェスティバル「ブラトルボロ・フ

＊31 **Welcome to The New Weird America**
このタイトルは、評論家のグリール・マーカスが、かつて『アンソロジー・オブ・アメリカン・フォーク・ミュージック』の音楽世界を評したフレーズ「The Old, Weird America」がもとになっている。

リー・フォーク・フェスティバル」にフォーカスしながら、サンバーンド・ハンド・オブ・ザ・マン、シックス・オーガンズ・オブ・アドミッタンスなどの中心的なアーティストを紹介した。これらのアーティストの音楽を聴くと、これまで論じてきたアメリカーナ寄りのサウンドとは相当にかけ離れていることが分かるだろう。

オールドタイムミュージック、カントリー、フォークなどの伝統も歪んだ形で流れ込んでいるとはいえ、その楽曲は、むしろ、ドローン[*32]、ミニマルミュージック[*33]、フリーインプロビゼーション[*34]、更に挙げるならテクノ[*35]の要素を感じさせるものだった。不安定に律動し、よれよれと反復するリズム、整然としたハーモニーを拒否する混沌は、ある種の反近代的なスピリチュアルズムやオカルティズムとの共振すら感じさせるものだ。

この「フリーフォーク」がより一般的なレベルへと広まっていったのには、後にシーンの立役者として評価されるデヴェンドラ・バンハートやジョアンナ・ニューサム、ココロージーらが果たした役割が大きかった。

また、バンハートが2004年にコンパイルした『ザ・ゴールデン・アップルズ・オブ・ザ・サン』には、右記アーティストらのほか、長く音楽活動を休止していた「幻の」シンガーソングライター、ヴァシュティ・バニヤンが参加していた。彼女が1970年にリリースしたアルバム『ジャスト・アナザー・ダイアモンド・デイ』は、発売当時には全く話題にならず、ごく一部のマニアにのみ知られる作品だった。しかし、ブリティッシュフォークの伝統とコンテンポラリーなアレンジが奇跡的な純度で融合し

＊32 **ドローン**
同一の音高を長く持続させた音、およびそういった音を用いた音楽。

＊33 **ミニマルミュージック**
音の動きを抑制し、一定のパターンを反復させることによって成り立つ音楽。

＊34 **フリーインプロビゼーション**
一般的なルールを排し、主に演奏者の直感によって演奏される即興音楽。

＊35 **テクノ**
米デトロイトを発祥とする、電子楽器を使用して制作されるダンスミュージック。

たその内容の素晴らしさから、フリーフォーク世代の間で熱い再評価を呼んだ。2005年には35年ぶりとなる新作アルバムもリリースされ、そこにはバンハートやニューサムが参加した。

「アシッドフォーク」の再評価

こうした過去の名作、ミュージシャンへの再評価というのも、フリーフォークムーブメントを語る際の重要な要素だ。

フリーフォーク世代の多くが、過去の名作を、新たな感覚のもと掘り起こすレコード探索を当然のものとして楽しんできた、というのも無視できないだろう。

カレン・ダルトン、リンダ・パーハックス、エリカ・ポメランス、デヴィッド・クロスビー、ニック・ドレイク、サイモン・フィン、ブリジット・セント・ジョン、シビル・ベイヤーらによる多くの過去作品が新たな文脈のもとに評価され、発掘されていった。これらは、「アシッドフォーク」といわれるサイケデリックなフォークミュージックを再評価する流れとも交わり、様々なリイシュー企画が活況を呈した。

このフリーフォークの流行は、2010年代を迎える頃にはゆるやかに収束していったが、それだけに、2000年代の時代的な空気感と密接に進展したムーブメントだったともいえる。

初期のフリーフォークシーンは、音楽的なムーブメントというよりも、小さなサークルに発したひとつの社会的なコミュニティだったとする見方もある。かつてヒッピ

ヴァシュティ・バニヤン
『ジャスト・アナザー・ダイアモンド・デイ』
（1970）

ブリティッシュフォーク界の名プロデューサー、ジョー・ボイドが制作を手掛けた。数百枚がプレスされるにとどまり、プロモーションもほぼ皆無だった。その後評価が高まり、2000年にCD再発された。

ーの聖地でもあった小さな街ブラトルボロが前出のフェスティバルの舞台となったことからも連想されるとおり、そうした反近代的なコミュニティ志向は、自然への回帰が称賛された2000年代のムードとも重なり合うものだ。

例えばニューヨークで活動したアニマル・コレクティヴは、フリーフォークの進化形としても注目を集めたバンドだが、その名からも分かるとおり、当初は、反人間理性的でプリミティブな共同体志向を湛えていた。彼らに限らず、フリーフォーク系アーティストにまま見られる素性の謎めきや非記名性も、そのような文脈においてみると理解しやすい。こうして考えてみると、フリーフォークの遺伝子は、近年のニューエイジリバイバル（第7章）にも少なからず受け継がれているといえそうだ。

ジョン・フェイヒーのアメリカンプリミティブギター

1990年代以降、アメリカーナやフリーフォークへの関心の高まりとも関連しながら大々的な「再発見」に浴したアーティストに、ジョン・フェイヒーがいる。

1939年、メリーランド州タコマ・パークに生まれた彼は、10代のうちからブルーグラスやオールドタイムミュージック、ブルースに惹かれレコードを収集しアコースティックギター演奏に励む一方、チャールズ・アイヴズやジョン・ケージなどの現代音楽にも影響を受けるなど、特異な遍歴を歩んできた。

フォークリバイバル期の1959年に自主制作盤でデビューして以来数多の作品を発表してきたフェイヒーだったが、1980年代以降は自身の健康問題もあって音楽

カレン・ダルトン
『イン・マイ・オウン・タイム』
（1971）

グリニッジビレッジのフォークシーンで活動し、ボブ・ディランらとも交流のあったシンガー、カレン・ダルトンのセカンドアルバム。

ジョン・フェイヒー
『ウームライフ』
（1997）

フェイヒーの音楽に多大な影響を受けたジム・オルークと共同制作した1997年作。ループやサンプリングを伴った実験的な内容。

活動から退き、半引退状態となっていた。しかし、1990年代になるとソニック・ユースやジム・オルークといったオルタナ世代のミュージシャン達がフェイヒーが過去に残した音楽に賛辞を送るようになり、1997年にカル・デ・サックと組んだアルバム『ザ・エピファニー・オブ・グレン・ジョーンズ』でキャリアを再始動させた。特に、晩年におけるジム・オルークとの共同作業は彼を再びヒップな存在へと押し上げ、多くの新世代リスナーが彼の音楽に耳を傾けた。

フェイヒーによるギター演奏スタイルは、批評家によって「アメリカンプリミティブギター」と名づけられたが、その衣鉢《いはつ》を継いだ者達も、にわかに新世代からの注目を集めた。松尾芭蕉から名をとったロビー・バショー、フェイヒーの音楽をよりポップに発展させたレオ・コッケなどがその代表的な存在だろう。このアメリカンプリミティブギターの流れは、現在も脈々と受け継がれており、アンダーグラウンドなレベルながら、様々な若手ギタリストが活躍している。

ルーツ志向の新世代ロック／フォークの充実

2000年代後半以降、よりコンテンポラリーなロックやフォークのシーンにも、ルーツ志向を打ち出したアーティストが多く活躍している。

2006年に米シアトルで結成されたフリート・フォクシーズは、2000年代末から興隆したルーツ志向のUSインディーロックを代表する存在だ。ほかにも、ボン・イヴェール、ザ・ナショナルらがルーツ色の強い作品を発表し、高い評価をえてきた。

また、スフィアン・スティーヴンス、サム・アミドン、ケヴィン・モービー、アンディ・シャーフ、シャロン・ヴァン・エッテン、ローラ・マーリングなど、インディー系のシンガーソングライター達もルーツ志向の優れた作品を続々とリリースした。

近年、特に熱い注目を集めているインディーロックバンドが、エイドリアン・レンカーを中心とするブルックリン出身のビッグ・シーフだ。フォークやカントリーはもちろん、ときにアンビエント的なサウンドも取り込み、旧来のルーツロックから大きく前進した音楽を聴かせている。既存のアメリカーナ風のアプローチにこだわらないビッグ・シーフの音楽は、ルーツミュージック再構築の系譜が新たな局面に入ったことを告げている。

こうした、伝統的な「縛り」を感じさせない自由さこそが、現在のルーツ系アーティストの特徴だろう。ディス・イズ・ザ・キットは、パリを拠点に活動するイギリス人ケイト・ステイブルズを中心とするバンドで、フランスのアーティストと交流を持ち、その音楽にも、イギリスとアメリカのフォーク、ひいてはアフリカの音楽まで視野に収め、それらの垣根を積極的に超えていくようなコスモポリタンな味わいがある。

また、フォーク＝白人の音楽という固定的な図式が共有されがちな中にあって、リアノン・ギデンズやドン・フレモンズなど、そうした図式を相対化するようなアフロアメリカンの血を引くアーティストの活躍が目立つのも昨今のシーンの特徴といえる。

オルタナティブ系アーティストの活動に刺激されたかのように、主流カントリーポップ最大のスターであるテイラー・スウィフトが、インディロック／フォークへと接

ビッグ・シーフ
『ドラゴン・ニュー・ウォーム・マウンテン・アイ・ビリーヴ・イン・ユー』(2022)

5枚目のアルバム。ドラマーのジェームズ・クリヴチェニアによってプロデュースされ、第65回グラミー賞「最優秀オルタナティブミュージックアルバム」賞にノミネートされた。

近したアルバム『フォークロア』（2020年）をリリースしたのも大きな出来事だった。ザ・ナショナルのアーロン・デスナーがプロデュースに参加し、ボン・イヴェールもフィーチャーされたこのアルバムは大ヒットを記録し、第63回グラミー賞で自身3度目となる最優秀アルバム賞を獲得した。『フォークロア』というそのものズバリのタイトルを含めて、同作の圧倒的な成功は、2020年代に何度目かのフォークリバイバルが起きつつあることを示している。

コミュニティをつくる音楽

元来フォークやカントリーというのは、ある社会集団の中でゆるやかに共有され伝承されてきた文化として、非常な蓄積力と許容力を持つものだ。ブルースと同じく、演奏への参画のしやすさという点でも、きわめて高い公共性を持つものでもある。

それゆえ、グローバル化や高度情報化による伝統文化やコミュニティの霧散が喧伝されればされるほど、「人々をつなぎ直す」音楽としていつなんどきでも復権しうるだろう。

伝統や歴史など、自己アイデンティティの外部的準拠点の掘り崩しが一層加速していくであろうこの先の未来においては、フォークミュージックおよびカントリーミュージックは、より鋭い社会的な意義を伴って我々の耳を刺激し、自らを再構築し続けていくはずだ。

テイラー・スウィフト
『フォークロア』
（2020）

コロナ禍の隔離生活の中で制作され、事前の予告なくサプライズリリースされた。複数の登場人物を通じて描かれるその世界は、ザ・バンドの諸作に通じる感触も。

ROCK'N'ROLL & OLDIES

第 3 章

ロックンロールとオールディーズ

繰り返される「若さ」のサウンド

1970年代前半、「ロックやポップスがいまだ無垢だった頃」の音楽＝ロックンロールやオールディーズが英米を中心にリバイバルした。そこにはロック世代の懐古志向が確かに投影されていたが、一方で、複雑化／高踏化するロックへのアンチテーゼとしても機能した。現在の否定と過去のデフォルメ。そうしたエネルギーは、グラムロックのキャンプな実践を経由してパンクロックへと接続され、その後も繰り返し召還され続ける。

1954年　ビル・ヘイリー&ヒズ・コメッツ「ロック・アラウンド・ザ・クロック」▽ロックンロールがブームに
1968年　NBCのスペシャル番組「エルヴィス」放映▽「キング」の復活をアピール
1969年　ビートルズ「ゲット・バック・セッション」開始▽ロックンロールバンドへの回帰
シャ・ナ・ナ活動開始▽50年代のイメージを「発明」
「トロント・ロックンロール・リバイバル」開催▽チャック・ベリー、ジョン・レノンなどが参加
1972年　ゲイリー・グリッター「ロックンロール（パート1&2）」ヒット▽「B級」グラムロックのブーム
チャック・ベリー「マイ・ディンガリン」▽初の全米ナンバーワンヒット
コンピ『ナゲッツ』▽60年代全米各地のガレージバンド音源に注目集まる
1973年　映画『マイウェイ・マイラブ』公開▽テディボーイズのリバイバルが加速
映画『アメリカン・グラフィティ』公開▽オールディーズを多数収録したサントラがヒット
1976年　セックス・ピストルズがデビュー▽ロックンロール回帰志向が刻まれたサウンドが熱狂を巻き起こす
1980年　ストレイ・キャッツがデビュー▽「ネオロカビリー」のブームへ
1980年代～　ネオガレージの勃興▽世界各地でガレージパンク志向のバンドが活動
2001年　ザ・ストロークスがデビュー▽ガレージロックリバイバルの盛り上がり

「1962年の夏、あなたはどこにいましたか？」

“Where were you in ‘62?”（「1962年の夏、あなたはどこにいましたか？」）。これは、1973年8月に公開（日本公開は翌1974年12月）されたジョージ・ルーカス監督映画『アメリカン・グラフィティ』の予告編やポスターに使用されたキャッチフレーズだ。

ベトナム戦争の泥沼化やジョン・F・ケネディ大統領暗殺事件以前、アメリカのティーンエイジ文化がいまだ楽観的なムードに包まれていた最後の時代とされる1962年を舞台にした本作品は、ロックンロール、ラジオ、ホットロッド[*1]など、当時の若者を魅了した様々な風俗を取り上げ、多くの観客を魅了した。

劇中で次々にかかるロックンロール～オールディーズ曲の印象は特に鮮烈で、通常の劇伴音楽の働きを超えた効果を映画にもたらした。1962年への「タイムスリップ」を担う重要な要素として、ビル・ヘイリー&ヒズ・コメッツ、バディー・ホリー、チャック・ベリーらのロックンロール曲、フラミンゴス、ファイブ・サテンズらのドゥーワップ[*2]曲をはじめとする数多くの楽曲が重要な役割を担った。

映画の好評に乗じて、41曲ものオールディーズ曲を収録したオリジナルサウンドトラック盤もトリプルプラチナ（75万枚）を獲得する大ヒットを記録した。

同様の動きはほかのエンタテインメント界でも起こっていた。ミュージカルの世界では、1950年代の学園生活を題材とした『グリース』（作詞・作曲・脚本：ジム・

＊1　**ホットロッド**
加速性能を大幅に向上させた改造車。若年層を中心に支持され、1960年代には同文化を題材としたホットロッドミュージックが人気を博した。

＊2　**ドゥーワップ**
1950初頭から1960年代初頭にかけて流行したコーラスグループによる音楽のこと。独特の掛け合いやスキャットが特徴で、ジャンル名自体もそのフレーズからきている。

オムニバス
『アメリカン・グラフィティ
オリジナル・サウンドトラック』
（1973）

ビルボード200アルバムチャートで最高10位を記録した。

ジェイコブス&ウォーレン・ケイシー）が、1972年にニューヨークのブロードウェイで、翌1973年にはロンドンのウェストエンドで大好評を博し、更には1978年の映画化も大成功を収めた（その後も幾度となくリバイバル公演がおこなわれた）。

1973年ロンドンで初演された『ロッキー・ホラー・ショー』（作詞・作曲・脚本：リチャード・オブライエン）も、1950年代のB級SF映画やホラー映画、そしてロックンロール的モチーフを取り入れ好評を博し、1975年公開の映画版もヒットを記録した。

1974年からABCネットワークで放映されたテレビドラマ『ハッピーデイズ』も1950年代から1960年代初頭にかけてのアメリカ中西部を舞台にした（やはりロックンロールが重要な演出装置として頻出した）シットコム[*3]で、1984年までに全11シーズンが制作される国民的番組となった。

もちろん、ポピュラー音楽シーンにおけるロックンロール～オールディーズリバイバルも盛んだった。目立った例を挙げるだけでも、エルトン・ジョンによる一連のロックンロール調シングル「クロコダイルロック」（1972年）、「土曜の夜は僕の生きがい」（1973年）がヒットしたのをはじめ、オールディーズ回顧をコンセプトとしたカーペンターズのアルバム『ナウ・アンド・ゼン』（1973年）の大成功がある。ほかにも、ドン・マクリーンの「アメリカン・パイ」（1971年）、ハリー・ニルソンの『シュミルソン2世』（1972年）、エルトン・ジョンやハリー・ニルソンとも交友関係にあったジョン・レノンが全編でロックンロール曲を取り上げたアル

＊3　シットコム
シチュエーションコメディの略。1話完結形式の、固定された登場人物たちによるコメディドラマ。

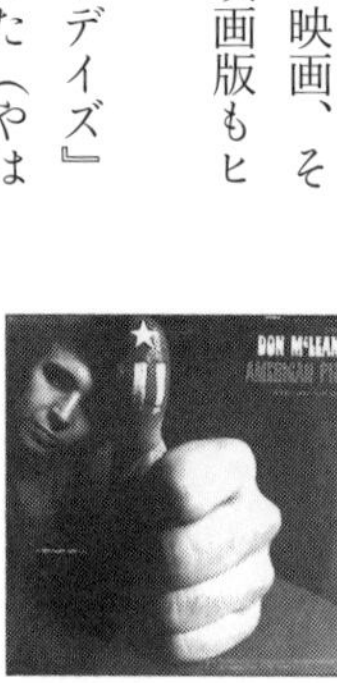

ドン・マクリーン
「アメリカン・パイ」
（1971）

ビルボード1972年年間ランキング第3位を獲得。曲中に登場する「音楽が死んだ日（The Day the Music Died）」というフレーズは、バディ・ホリー、リッチー・ヴァレンス、ザ・ビッグ・ボッパーが飛行機の墜落事故で死亡した日＝1959年2月3日を指すと解釈されている。

バム『ロックンロール』（1975年発売。録音は1973年から1974年）を制作するといった動きもあった。更には、1970年代半ばからは、フィル・スペクターとロイ・オービソンをはじめ、様々なロックンロール／オールディーズアーティストへ深い敬意を捧げる新世代のロックンロール＝ブルース・スプリングスティーンが破竹の快進撃を開始した。より広範囲に目を向けていけば、同様の例は枚挙にいとまがないだろう。

エルヴィス・プレスリーの復活

では、なぜ1970年代を通じてこうしたリバイバルが巻き起こったのだろうか。

ここでも端緒となった年として浮かび上がってくるのが1968年である。この年、伝説的なロックンロールスター＝エルヴィス・プレスリーがみごとな「復活」を果たしたのだ。1954年のデビュー以来、ロックンロールの絶対的なアイコンとして多くのティーンエイジャーから支持されてきた彼だったが、1960年代に入ると映画出演に活動の重点がシフトしていった。コンサートもおこなわず、リリースする曲もポピュラー色の強いものが多くなっていき、劇的な発展を遂げていたロックシーンの傍《かたわ》ら、現役ミュージシャンとしての存在感は急速に小さくなっていった。

そんな中、1968年12月にNBCテレビのスペシャル番組「エルヴィス」が放映される。これは、それまでコンサート活動を封印していた彼のステージ復帰への第一歩となったスタジオライブを軸としたプログラムで、レパートリー／演奏ともに、往

エルヴィス・プレスリー
『エルヴィス』
（1968）

1968年12月にリリースされた同名テレビ特番のサウンドトラックアルバム。スタジオ録音とライブ録音を混合した内容。ビルボード200最高8位獲得。

年のロックンロール時代の生命力を感じさせる鮮烈なものだった。この番組は、全米で42％という驚異的な視聴率を叩き出し、「キング復活」を強く印象づけるとともに、すでに過去のものとしてみなされつつあったロックンロールへ再び大きな注目を向けさせるきっかけにもなった。エルヴィス自身も翌年から精力的なコンサート活動を再開し、音楽ビジネスの第一線に返り咲いた。

ビートルズのロックンロール回帰

　エルヴィスよりひと世代下のロック界の覇者＝ビートルズも、エルヴィスが復活を遂げた直後、1969年年初頭から、「ロックンロール回帰」的なプロジェクト＝「ゲット・バック・セッション」[*4]に取り掛かった。

　まずトゥイッケナムの映画撮影用スタジオでリハーサルセッションがおこなわれ、後にアップルスタジオへ移動し、中期以降の作品で多用したオーバーダビングを排したシンプルなレコーディングセッションが敢行された。

　更には、1月30日、アップルビルの屋上で通称「ルーフトップ・セッション」と呼ばれるライブ録音が敢行された。これらの成果は、エンジニアのグリン・ジョンズの手によってアルバムにまとめられる予定だったが、ミックスの出来栄えに不満を抱いたメンバーによってフィル・スペクターに再依頼され、1970年5月にアルバム『レット・イット・ビー』としてリリースされた。スペクターの手によって装飾的なアレンジが加わり、音像面でもライブ感を活かしきっているとはいい難いが、その楽曲や

＊4　ゲット・バック・セッション
このセッションの模様は、マイケル・リンゼイ＝ホッグ監督によって映画『レット・イット・ビー』にまとめられた（後述する同名レコードは同映画のサウンドトラックアルバムとしてリリースされた）。2021年11月には、同素材をもとにしたピーター・ジャクソン監督による長編ドキュメンタリー『ザ・ビートルズ Get Back』が配信公開された。

演奏には「原点回帰」というコンセプトがしっかりと刻まれていた。

ビートルズもまた、エルヴィスと同じく長くライブ演奏の機会から遠ざかっていたというのは忘れてはならない点だろう。ここからは、当時の彼ら（あるいは彼らのリスナー）にとって、本来のロックンロールというものは、複雑さを排した、なるべくライブに近い、過度のテクノロジーを介在させない「シンプル」なものであると考える、ある種の規範的な意識が垣間見える。

こうした単純性や純粋性への回帰という視点は、ロックンロールのリバイバルの一側面を理解するにおいて、特に重要なものだろう。

サイケデリックロックが成熟し、プログレッシブロックなどが登場してサウンドの更なる複雑化／芸術化が推し進められていく中にあって、より肉体的で享楽的なダンスミュージックとしてのロックンロールのダイナミズムを賦活《ふかつ》する。その上でビートルズは、そういうシンプルなロックンロールへの回帰を共通の目的とすることで、再びメンバー間の有機的なコミュニケーションを取り戻そうとしたのだった。

ロックンロールリバイバルコンサートの隆盛

1969年9月、カナダのオンタリオ州のトロントにて音楽フェスティバル「トロント・ロックンロール・リバイバル」が開催された。チャック・ベリー、ボ・ディドリー、リトル・リチャード、ジェリー・リー・ルイス、ジーン・ヴィンセントらのオリジナルロックンロール世代をはじめ、（ジョン・レノン率いる）プラスチック・オノ・バンド、アリス・クーパー、ドアーズ、シカゴらロック世代のミュージシャンが集い、約2万人の観衆を沸かせた。

同年10月には、プロモーターのリチャード・ネイダーが、ニューヨークのマジソンスクエアガーデンのフェルトフォーラム（4500人収容）でロックンロールリバイバルショーを開催した。ビル・ヘイリー&ヒズ・コメッツ、チャック・ベリー、シュレルズ、コースターズといった往年のスターが集ったこの公演はコンサート業界の大方の予想を裏切って大好評を博し、1年後には2万人収容のマジソンスクエアガーデンの大ホールで開催するまでの人気シリーズへと成長した。観客の大半は昔を懐かしむ往年のファンだったが、当時を知らない若い世代のファンも少なくなかったという。リバイバルショーは1970年代前半にかけて更に勢いづき、全米各地で開催されるようになった。1973年にはショーを撮影した映画『Let the Good Times Roll』（共同監督：シド・レヴィン、ロバート・エイブル）が公開され、2枚組のサウンドトラック盤も発売された。

懐古主義的なセットリストを嫌ったリック・ネルソン

ロックンロールリバイバルショーを支持したのがどんなファン層だったのかを理解するために、あるエピソードを紹介しよう。

1960年代にポップアイドルとして人気を博したリック・ネルソンが1971年のショーに出演した際、彼はほかの出演者と違って懐古主義的なセットリストを嫌い、

ザ・プラスチック・オノ・バンド『平和の祈りをこめて』（1969）

原題は「Live Peace in Toronto 1969」。「トロント・ロックンロール・リバイバル」におけるザ・プラスチック・オノ・バンドの演奏を収めたライブ盤。ロックンロールのカバーのほかオリジナル曲を収録。エリック・クラプトンがギターで参加。

当時の新譜作品で推し進めていたカントリーロック路線の曲を演奏した。更には、現役ロックシーンの最前線を走るローリング・ストーンズの「ホンキー・トンク・ウィメン」のカバーを披露した。この間、往年のヒット曲の再演を望む観客からのブーイングが止まず、リック・ネルソンはすっかり気を落とし、その後12年間にわたってリバイバルショーから遠ざかることになったという。ネイダーは、後年のインタビューでこう述べている。

「マジソンスクエアガーデンにいた2万人の観客は、現代の音楽を聴きに来ていたわけではなかったのです。ベトナム戦争や1970年代という時代から逃れるために来ていたのです。オールディーズのロックンロールの幸福感や心地よさに戻りたかったんです。……彼（引用者註：リック・ネルソン）が『ホンキー・トンク・ウィメン』を歌い始めると、その夜の雰囲気は一変してしまいました。1950年代から1970年代、そして現実に戻らせるような今現在の歌のせいで、会場に漂っていた多幸感のようなものが乱れてしまったのです」

（ClassicBands.com., "Gary James' Interview With Promoter Richard Nader" 拙訳）

こうしたリバイバルコンサートの興隆は、そこに出演していた往年のスター達のレコード業界への返り咲きも後押しした。

チャック・ベリーは、イギリスでのライブ録音「マイ・ディンガリン」（1972

年）で自身初の全米ナンバーワンヒットを獲得した。ライチャス・ブラザーズは、シングル「ロックンロール天国」（1974年）で8年ぶりのトップ10チャート復帰を果たした。ほかにも、元ジェイ&ジ・アメリカンズのジェイ・ブラック、トリニ・ロペス、ファイブ・サテンズ、チャビー・チェッカー、パット・ブーン、ジャック・スコット、ボヴィー・ヴィントン、ラル・ドナー、ポール・アンカ、ニール・セダカら大勢の「元スター」が復活作をリリースした。同時期には、ニューヨークのオールディーズ専門ラジオ局WCBSが独自のチャートを発表するなど、メディアもリバイバルを煽った。

異端のドゥーワッププロジェクト、ルーベン・アンド・ザ・ジェッツ

一方で、1960年代末のヒッピーカルチャー全盛期において、ロックンロールやオールディーズにアプローチするというのは、単に懐古的な心情のみに回収されえない、反時代的であるがゆえにある意味では皮肉めいた行為でもあった。そうした自覚的かつ戦略的なロックンロール〜オールディーズ回顧の例として、その実践時期の早さも含めて特に異様な存在感を放っているのが、フランク・ザッパ率いるマザーズ・オブ・インヴェンションが1968年に発売した（録音は1967年）アルバム『クルージング・ウィズ・ルーベン&ザ・ジェッツ』だ。

現代音楽にも通じるアバンギャルドなロックミュージシャンとして知られるフランク・ザッパだが、デビュー前の青年時代にはドゥーワップを熱心に愛好していた。架

マザーズ・オブ・インヴェンション『クルージング・ウィズ・ルーベン＆ザ・ジェッツ』（1968）

裏ジャケットには、10代の頃のザッパの写真とともに、架空のバンド史が記されていた。後に別のミュージシャン達によって同名のバンドが現実に発足し、ザッパはアルバムのプロデュースも務めた（1973年作『フォー・リアル!!』）。

空のグループ「ルーベン&ザ・ジェッツ」のアルバムとして制作された同作は、全編がドゥーワップやロックンロールへのオマージュとなっている。その一方で、歌詞の内容は往年のオールディーズナンバーをカリカチュアしたような諧謔《かいぎゃく》性の強いもので、アレンジ面でも、風変わりなコードチェンジを聴かせたり、ストラヴィンスキーの『春の祭典』を引用したりするなど、実験的な要素が盛り込まれていた。

シャ・ナ・ナと「夢のフィフティーズ」

ヒッピー時代のロックンロールリバイバリストとしてもっとも広く人気を集めたバンド、シャ・ナ・ナも、自覚的かつ戦略的なコンセプトのもとに結成されたバンドだ。シャ・ナ・ナといえば、映画『ウッドストック/愛と平和と音楽の3日間』(1970年公開)における奇抜なパフォーマンスを思い出す読者も多いだろう。極端にカリカチュアされた時代遅れの1950年代的ルックス、ロックンロールやドゥーワップのカバーを高速テンポで繰り出すステージは、ヒッピーカルチャーを体現する出演者が大勢を占める同フェスティバルの中にあって、明らかに場違いな印象を与えるものだった。

しかし、彼らの「戦略」こそが、後のオールディーズリバイバルに引き継がれたあるモード=幻想としての「フィフティーズ」志向の核心を形作ったともいえるのだ。グループのコンセプトメイカー兼振付師のジョージ・レナード、および初代シンガーのひとりロバート・A・レナードが、ニューヨークのコロンビア大学の同窓会紙『Columbia

College Today』2008年9／10月号へ寄せた論考「Sha Na Na and the Invention of the Fifties」を参照しながら、その特異なキャラクターに迫ってみよう。

シャ・ナ・ナは、1969年、コロンビア大学のアカペラコーラスグループを母体に活動を開始したグループである。そのステロタイプな「不良風」の相貌には似合わないインテリ学生達によって組織されたという事実はきわめて重要だ。ジョージ・レナードは、シャ・ナ・ナ結成当時、コロンビア大学に在籍する大学院生だったという。そして彼は、批評家スーザン・ソンタグ[*5]のエッセイ「《キャンプ》についてのノート」の愛読者でもあった。

同エッセイのタイトルにある「キャンプ」とは、高踏的な芸術に対する過度に装飾的で芝居がかった、不自然な人工美を誇張する様式、およびそのような審美的態度のことである。こうした様式／審美性を1950年代のロックンロールの意匠を借りて徹底させたのが、シャ・ナ・ナという集団だった。ここには、大量生産商品に包囲された類型的なライフスタイルを、アンディー・ウォーホルらの「ポップアート[*6]」的な視点を通じて再現するという意図も見え隠れしている。

興味深いエピソードを紹介しよう。全米各地のキャンパスがそうだったように、1968年のパリ5月革命などを受け、1969年のコロンビア大学では、左派学生による反当局闘争が隆盛していた。そういった動きへの反動として、主に体育会系学生達によるバックラッシュ的な暴力沙汰も頻発し、両派による乱闘騒ぎが常態化していたのだという。ジョージ・レナードとシャ・ナ・ナの面々が学内で開催したデビュ

＊5　スーザン・ソンタグ（1933-2004）
アメリカの批評家、作家、映画監督、演出家。「《キャンプ》についてのノート」収録の批評集『反解釈』（1966年）をはじめ、多くの話題作を世に出した。

＊6　ポップアート
大量生産／大量消費社会に流通する身近な商品やイメージをモチーフとする現代美術の形態。

ーコンサートは、双方の陣営が政治意識に目覚める以前＝1950年代の少年時代に親しんでいた共通の遺産であるロックンロールやオールディーズ曲をともに楽しむことで学内紛争の休戦を狙ったものだった、というのだ。

「古き良き1950年代」という発明

その後、シャ・ナ・ナは、ウッドストック・フェスティバルへの出演を経て広い人気を獲得し、1970年代初頭から、本格的なロックンロールリバイバルの気運に乗ってリリースとコンサート活動を軌道にのせていく。

1977年には自身がホストを務めるバラエティショーをスタートさせ、翌年には映画『グリース』へ出演するなど、ロックンロール〜オールディーズリバイバルの中核として活動を続け、フラッシュ・キャデラック＆ザ・コンチネンタル・キッズや、ビッグ・ダディなどのフォロワーもコアな支持を集めた。シャ・ナ・ナの成し遂げた功績のうち特に強調すべきは、単にロックンロールやオールディーズといった1950年代の音楽を復権させたというだけでなく、1950年という「時代性」とそのイメージを遡及的に編集し、もっといえば「発明」したということだ。

グリースまみれのリーゼント頭でド派手なコスチュームをまとい群れをなして青春を謳歌するという、彼らが体現した1950年代のロックンロールの誇張されたイメージは、そのキャンプ性の貫徹による劇的な効果によって、それまでに共有されていた1950年代観を大きく刷新するものでもあった。

シャ・ナ・ナ
『シャ・ナ・ナ』
（1971）

1971年リリースのセカンドアルバム。A面にはコロンビア大学におけるコンサートを収めている。代表的なレパートリー「ロックンロール・イズ・ヒア・トゥ・ステイ」では、その後定番となる前口上「We've got just one thing to say to you, fucking hippies! That is that rock'n'roll is here to stay!」が聴ける。

マッカーシズムの強権政治が暗い影を落とし、核の脅威に怯え、ビートニクが跋扈《ばっこ》した時代としての1950年代が、シャ・ナ・ナによる編集と「発明」をきっかけに、希望に満ちた無垢の時代としてイメージされるようになっていく。「若者のユートピア」としての1950年代像が、左右両陣営が激しくぶつかりあった1960年代末の「政治の季節」に発明されたというこの逆説には、更に時代を下った1980年代、ときの保守政権下によって立ち返るべき「古き良きアメリカ」として1950年代が理想化されていくことを思うと、強烈な皮肉とともにある種の必然性を感じざるをえない。

イギリスのロックンロール受容

イギリスも、かねてよりオールディーズ人気が高い土地で、その関心のマニアック度合いという面では、ある意味でアメリカ以上の活況を呈したといってもいい。

元来1950年代から労働者階級の若者を中心とする「テディボーイズ（テッズ）」[*7]と呼ばれる集団が割拠していた同地では、ロックンロールやオールディーズをユースカルチャーとして受容する豊かな下地が存在していた。このテディボーイズは、その後に続くイギリスの族文化の大きな発火点として重要な存在であり、ロックンロールの熱心な顧客でもあった。あのビートルズも元はテディボーイズの文化と密接な関係にあったといえば、その重要性を理解してもらえるだろう。

また1950年代後半から1960年代半ばにかけて、革ジャンを身に着けモータ

＊7　テディボーイズ　エドワード7世時代を彷彿させるジャケットなど、特有のスタイルを有する若者集団。元は第2次世界大戦後に上流階級向けに売り出されたファッションが郊外の労働者階級の若者たちに広まったことで誕生した。小集団同士での争いなど、反社会的な行動を取ることでしばしば問題となり、移民に対する差別／暴力でも悪評を広めた。

ーバイクを駆るロッカーズと呼ばれる若者集団も現れ、彼らもまたアメリカ産のロックンロールをこよなく愛した。こうした下地において、ジーン・ヴィンセントやエディ・コクラン、バディー・ホリーらを筆頭に、アメリカ産のロックンロールが大きな人気を博し、トミー・スティールやクリフ・リチャードなど、イギリス国内からもロックンロールスターが登場した。

イギリスでは、1970年代に入りテディボーイズのリバイバルが発生した。オリジナル世代のテディボーイズのライフスタイルを描いた映画『マイウェイ・マイラブ』（1973年公開、監督：クロード・ホワッタム）が人気を博すとこの勢いは更に増していき、クレイジー・キャバン&ザ・リズム・ロッカーズ、マッチボックス、フライング・ソーサーズらリバイバルバンドも支持を集めた。1976年には、BBCでのロックンロール曲のオンエア機会増大を訴える「テディボーイマーチ」なるデモ行進がおこなわれるまでに至った。

また、アメリカと同じくリバイバルショーの影響も大きかった。1972年8月にロンドンのウェンブリースタジアムで開催された大規模なコンサート「ロンドン・ロックンロール・ショー」がそれで、ビル・ヘイリー&ヒズ・コメッツを筆頭に、ボ・ディドリー、ジェリー・リー・ルイス、リトル・リチャードら往年のスターが顔を揃え、熱狂的に迎えられた。連動するように、往年のロックンロール〜オールディーズ曲への関心も高まっていき、様々なコンピレーション盤が流通した。

シンプルなサウンドと鮮烈な衣装をまとうグラムロック

こうした時代背景の中で、イギリスのヒットチャートを賑わすようになっていくのが、いわゆる「グラムロック」である。

ここで断っておくべきことがある。旧来の日本のロックジャーナリズムにおいては、グラムロックの二大巨頭としてデヴィッド・ボウイとT・Rexの2組をムーブメントの象徴的存在として論じる風潮が大勢を占めてきた。しかし、これから見ていくように、彼らはその際立った音楽的個性はもちろん、自らの表現へのメタ的な自覚性を持ち続けたという意味において、グラムロックムーブメントの中でも特例的な存在として考えたほうがよい。

では、どんなアーティストを中心として振り返るべきか。「ロックンロールリバイバル」という視点を置く場合、なによりもまずは、より「B級」色の強い一群に照準を定めてみるのがいいだろう。

1944年生まれのゲイリー・グリッター＊8ことポール・フランシス・ガッドは、もともと1960年にポール・レイヴンという名でポップシンガーとしてデビューするもパッとせず、ジョージ・マーティンのプロデュースによる再デビューも失敗に終わった「売れないベテラン」だった。1971年、新しいプロデューサーのマイク・リーンダーと組んだ彼は、世に蠢《うごめ》いていたロックンロールリバイバルとグラムロック勃興の気運に乗る。自ら「グリッター」＝「ギラギラ」と名乗り、ド派手な衣装と異様

＊8　ゲイリー・グリッター（1944-）

ゲイリー・グリッターの人気は1970年代後半から急降下を辿るが、彼のその後の半生は汚辱にまみれたものだ。1997年に児童ポルノ画像の大量ダウンロードで逮捕され1999年に有罪が確定し、性犯罪者登録を受けた。その後移住先のベトナムで未成年の少女とわいせつな行為に及んだ疑いで拘束され、2006年には同様の容疑で裁判にかけられ、懲役刑をいい渡された。更に、イギリスへの帰国後の2014年には、1977年から1980年の間に12歳と14歳の2人の少女に対して犯した性犯罪で告発され、レイプ未遂、強制わいせつ、未成年との淫行により有罪判決を受け、懲役16年の実刑が確定した。これら一連の犯罪により彼への信用は失墜し、当然、音楽キャリアへの復帰も完全に閉ざされている。イギリスでは、ゲイリー・グリッターの楽曲や

な髪型がトレードマークのグラマラスなロックンローラーとして再起を図ったのだ。

そうしてリリースされた何度目かの再デビュー曲が「ロックンロール（パート１＆２）」（１９７２年）だった。この曲は全英２位、全米７位という起死回生のヒット曲となった。「グリッタービート」と呼ばれることになるフットストンプやハンドクラップを交えたシャッフルビートと、あまりに単純な楽曲構成、無内容な歌詞、野卑な歌唱、１９５０年代ロックンロール風のエフェクトは、グリッター自身と彼のバンドメンバーの異様な出で立ちとともに当時のティーンエイジャーへ強烈なインパクトを与えた。

「裏方」が仕掛けたグラムロック

装飾過多とシンプルさの融合、そして単純なリズム構造からくる強烈な身体性をいびつな形で兼ね備えたこのグリッタービートの成功は、様々なバンドを同傾向のスタイルへと走らせることになった。１９６８年デビューのスウィートもその一組で、ニッキー・チン＆マイク・チャップマン作／フィル・ウェインマンのプロデュースによるポップな楽曲を矢継ぎ早にヒットチャートへ送り込んだ。チン＆チャップマンのソングライターチームは、裏方ながらこの時代の立役者といいえる存在で、スージー・クアトロ、マッド、スモーキーなど、ミッキー・モストのＲＡＫレーベル発のアーティストに提供した曲で多くのヒットをものにした。

ほかにも、チャス・チャンドラーと組んだスレイド、前出のマーク・リーンダーが

映像を放送することは強固なタブーとなっているが、２０２１年公開のアメリカ映画『ジョーカー』で「ロックンロール・パート２」が使用されると、国内外で物議を醸した。社会的弱者として抑圧されてきたジョーカーがダークヒーローとしての自己に目覚めダンスを踊るシーンでこの曲が使用されるわけだが、これには、「ペルソナ」や「擬装」への志向が公共性から切断され恣意的に援用された場合には、ときにそれが非人間的な所業の隠れ蓑にもなりうるという痛烈な批評が潜んでいると見るのも可能だ。また、こうした視点は、後の終章で見る多元的アイデンティティのあり方と「ペルソナ」「擬装」という概念の微妙な表裏関係も浮かび上がらせる。

グリッターについで送り出したハロー、マイケル・リーヴァイイとピーター・シェリーの手によってグラム路線で再デビューしたアルヴィン・スターダスト、マイク・ハーストが手掛けたあからさまに1950年代志向のショワディワディらがチャートを賑わせた。日本では一般的にグラムロックにカテゴライズするのは稀だが、ビル・マーティン&フィル・コールターの手掛けたベイ・シティ・ローラーズも、こうした存在の一つに数えることも可能だ。これらの中には、一聴するとバンド／アーティストごとの個性がほとんど消し去られているように感じられるのも多く、いかにもプロデューサー主導で制作されたヒット狙いの泡沫的な音楽、という感は拭えない。だが、後述するように、それこそが特質だともいえる。

素朴なキャンプと意図的なキャンプ

グラムロックは、明らかに巷に溢れていたロックンロールリバイバルの大きな流れを前提として発展し、それと共振したムーブメントだった。

シャ・ナ・ナについての節でも参照したスーザン・ソンタグのいう「キャンプ」という概念と再び照らし合わせるなら、これらの泡沫的なグラムロックこそが、ごく純度の高い「キャンプ」の一例といえるのではないだろうか。

おそらくこれらは、グラムロック界の「正統的」なスター、デヴィッド・ボウイやT・Rexよりも、あるいは、先に挙げたアメリカ発のシニカルなリバイバルバンドであるシャ・ナ・ナよりも一層キャンプ的であるはずだ。ソンタグは「《キャンプ》についてのノート」の中で、次のように述べている。

「素朴なキャンプと意図的なキャンプとは区別せねばならない。純粋なキャンプは必ず素朴である。自らがキャンプであることを知っているキャンプ(〈キャンプ〉ごっこ)は、普通は純粋なキャンプほど面白くない」(スーザン・ソンタグ『反解釈』)

最後の節の価値判断の是非は措くとしても、これは、ロックンロールリバイバルと隣り合うムーブメントとしてのグラムロックの特質を理解する上でも重要な視点を与えてくれる。知的かつメタ的な戦略にのっとったボウイやT・Rexなどの音楽が、そのアーティスティックな自覚性と深く刻まれた記名性ゆえに「自らがキャンプであることを知っているキャンプ」だとするなら、なによりも音楽業界での商業的成功を追い求め、プロデューサーの指針にそって非記名的／類型的な音楽を次々に送り出した「B級」グラムロック勢の「素朴さ」には、より純粋なキャンプ性に満ちている、とも理解できる。

ある意味で、ボウイ以上に知性的な戦略のもとに活動したグラムロックバンド、ロキシー・ミュージックに「リメイク／リモデル」(1972年)という曲がある。この「リメイク／リモデル」の論理を、メタ的な回路を介さず「素朴」に、シンプルなビートに貫かれた身体的なリアリティとともに鮮烈な型で表象していたのが、それらの一群だったとはいえないだろうか。ここでは、装飾と俗悪が絡み合い、それらの過剰によってシリアスな審美性が溶解する。「B級」グラムロックには、そういう逆転的なダイナミズムが宿っていた。

ロックンロール回帰とパンクロックへの予感

ロックンロールリバイバルと手を携えたレトロ志向がSF的イメージといびつな合一を見せるとき、マチズモと（ソンタグのいう）「両性具有的」な表象が拮抗し、更にそれらが刻まれたサウンド／ヴィジュアルが判を押したようなヒット曲として大量に流布する（当人達の自覚性の多寡に関わらず）。結果としてグラムロックは、旧来のジェンダー観を撹乱し、記名的な作家性に基づいて遠大化／芸術化する同時代のロックの特権性を、内側から解体しようとしたのだった。そして、こうしたラジカルな性質は、後のパンクロックやニューウェーブにも確実に流れ込んでいった。

グラムロックは、同時代に隆盛してきた大作志向のハードロックやプログレッシブロックなど、複雑化と芸術志向を極めつつあった文字どおり「前進的」なロックへのカウンターとして登場してきた、ある種の原点回帰運動であった。一方でこの原点回帰運動は、キッチュな装いのもとに新たな時代への飛翔の予感を秘めていたのだ。ソンタグのテキストを再び引こう。

「「誠実さ」だけでは充分でないことに気づいたとき、ひとはキャンプにひかれる」「キャンプ——大衆文化時代のダンディイズム——は、珍しいものと大量生産で作ら

れたものとを区別しない。キャンプ趣味は、複製に対する嫌悪感を超越する」（同前）

『ナゲッツ』の衝撃

本章ではここまで、主にメインストリーム寄りのロック史をたどりながらロックンロール〜オールディーズリバイバルに迫ってきた。ここからはよりアンダーグラウンドな、具体的にいえば、ガレージパンクやパンクロックの流れのうちに観察できるロックンロールリバイバルを見ていこう。

もちろん前述したとおり、グラムロックも、パンクロック、特にロンドンパンクの誕生に大きな影響を与えた。加えて、パンクの大きなインスピレーション源となった音楽としては、1960年代のアメリカのティーンエイジャー達によるアマチュアリズムに溢れたDIY的なロックンロール＝ガレージパンクの存在も非常に重要だ。

1972年、〈Elektra〉レコードのプロデューサー、ジャック・ホルツマンの企画の元、ニューヨークのロックジャーナリスト、レニー・ケイが編纂した画期的な2枚組コンピレーション盤がリリースされた。『ナゲッツ』と呼ばれるそのコンピレーションアルバムには、1960年代半ばから後半にかけて全米各地のガレージ／サイケ系のバンド（エレクトリック・プルーンズ、スタンデルズ、ニッカーボッカーズ、シャドウズ・オブ・ナイト、ザ・シーズ、リメインズ、13thフロア・エレベーターズ、カウント・ファイブ、ブルース・マグース、チョコレート・ウォッチ・バンド等）がリリースした忘れられたヒットおよびマイナーヒットが全27曲収められていた。

オムニバス
『ナゲッツ』
（1972）

正式タイトルは、『Nuggets (Original Artyfacts From The First Psychedelic Era 1965-1968)』。現在の感覚からすると、せいぜい4〜7年前の音源がすでに回顧の対象となっていることに驚きを覚える。編纂者のレニー・ケイは、パティ・スミス・グループのギタリストとしても活動した。

この『ナゲッツ』は、発売当時こそ大きなセールスを達成することはなかったが、そこに収められた音楽が一部のマニア達を刺激し、全米に残された同様のバンドによるニッチなシングル／アルバムを追い求める気運が高まっていった。その後『ナゲッツ』は、１９７６年に当時のニューヨークパンクシーンともつながりの深いレーベル〈Sire〉からスリーブデザインを替えて再発され、パンクシーンの盛り上がりとともにカルト的な人気を高めていった。

「泡沫」バンドの発見

なぜこの時期、『ナゲッツ』の収録曲および収録バンド、そしてまた類似の楽曲／バンドへの注目が高まっていったのだろうか。

これもまた本章の各箇所で見てきた様々な事例と同じく、１９７０年代前半から半ばにかけて複雑化／高踏化していった主流ロックシーンへのカウンターとして解釈するのが適当だろう。

そこから遡って、１９６０年代半ばから後半にかけてのアメリカ国内ロックシーンを振り返ってみよう。当時、ブリティッシュ・インヴェイジョン[*9]といわれたように、ビートルズやローリング・ストーンズ、アニマルズをはじめとしたイギリス発のビートバンドの音楽は、またたく間にアメリカのヒットチャートを席巻し多くの若者達から熱狂的に支持され、全米各地に彼らを範とするバンドが大量に発生した。そのほとんどはプロフェッショナルな音楽キャリアとは無縁のアマチュア達であり、幸運にもメ

＊９　**ブリティッシュ・インヴェイジョン**
ビートルズのアメリカでの大成功以降をはじめ、多くのバンドが米チャートを席巻していった様が、ブリティッシュ・インヴェイジョン＝英国の侵略と表現された。この現象を境に、アメリカのティーンエイジャーが憧れる音楽が一気にイギリス寄りに変化していった。

ジャーレーベルと契約し、しかも成功を収めたものはごく一部だった。ほとんどのバンドが小レーベルと契約して数枚のレコードを出すのがやっとか、そもそも録音の機会を持てずに終わるものも多かった。コンサートの機会も、一部の成功者がブリティッシュビートバンドの前座に抜擢《ばってき》されたり単独のギグを催すことができたりしたことを除けば、地元のパーティーや学校での催しがほとんどで、練習場所もメンバーの自宅ガレージという例が多かった（そのため、これらのバンドの音楽は「ガレージロック」と呼称された。一部では「ろくでもない」というニュアンスを込めてすでに「パンク」の語が冠されることもあった）。

　辛うじて録音物として残されているこれらのバンドの楽曲群は、若さゆえの演奏技術の稚拙さと曲解ゆえ、ロックンロールの原初的な暴力性を半ば無意識的に宿していた。その後１９６６年頃からサイケデリックムーブメントの足音が聴こえ出すと、従来のビート路線からサイケ路線にシフトするバンドが続出し、これらは主に「サイケデリックロリポップ」などと呼ばれたが、その後のシーンの目まぐるしい動向の中で当然のように忘れ去られ、過去のものとなっていった。

『ナゲッツ』は、まさにこれらの「泡沫的」な音楽をはじめてコンパイルした画期的なコンピレーションだった。１９７０年代のリスナー達は、これらの音楽に、ロックが高踏化、あるいは過度に商業化されてしまう以前の原初的な姿を見出したのだ。このセットは、１９７０年代当時、リアルタイムの主流ロック／ポップスに辟易していた者達を大いに刺激した。彼らは、１９６０年代のオリジナルパンクやガレージサイケを参照しながら、自らの追い求めるべき音楽を見定めていった。

『ペブルズ』と『バック・フロム・ザ・グレイヴ』

１９７６年に『ナゲッツ』の再発を実現させたグレッグ・ショウは、パンクマガジン『ＢＯＭＰ！』を主宰したシーンの最重要人物で、１９７９年には『ナゲッツ』の世界観を更に深く推し進めたコンピレーション、『ペブルス』シリーズをスタートさせた。

このあたりから現在でも使用される「ガレージパンク」という語が出現し、現在進行形のパンクに対するレトロニム[*10]として用いられるようになっていく。この『ペブルス』シリーズは、長きにわたって総計40枚以上がリリースされ、膨大な曲が発掘されていった。

更に１９８３年には、〈Crypt〉からティム・ウォーレン編集によるコンピレーションシリーズ『バック・フロム・ザ・グレイヴ』の第1弾がリリースされ、同じく人気シリーズとなっていった。このシリーズは、それまでのコンピレーションがどちらかといえばガレージサイケ寄りの曲を扱っていたのに対して、明確に当時のティーンエイジャーによる早すぎたパンク曲を対象としており、後のガレージファンの嗜好に大きな影響を与えた。ウォーレンによるライナーノーツも、アマチュアリズムと反ヒロイズムを称揚しながら、あくまで同時代的な感性とのつながりを示唆していた。

１９８０年代以降、同様のコンピレーション盤が次々とリリースされ、世界中にマ

オムニバス
『ペブルス vol.1』
（1979）

記念すべきシリーズ第1作。1978年に極少数が限定リリースされていたものをジャケットを新装して一般発売したもの（とはいえアンオフィシャル盤）。ザ・リッター、ザ・プリーチャーズ、ザ・スープ・グリーンズ、ザ・ホーンテッドら16組の楽曲を収録し、現在ではその全てがガレージパンククラシックスとして評価されている。

＊10　レトロニム
もとからあった概念や事物を、テクノロジーの発展などによって後に出現した類似のものと峻別するために生まれた表現のこと。カラーテレビ普及後にそれまでのテレビが「白黒テレビ」と呼ばれる例な

ニアを生み出しながらガレージパンクリバイバルは深化していった。

パンクロックが内蔵する「過去」

パンクといえば、既存のロックを徹底的にこき下ろし、過去を大胆に否定してみせた運動だった、と大雑把に理解されることも多い。実際、セックス・ピストルズのジョニー・ロットンはデビュー前に「I Hate Pink Floyd」と書かれたTシャツを着ていたというし、ロンドンパンクのもう一方の主役クラッシュは「1977」の中で、エルヴィス・プレスリー、ビートルズ、ローリング・ストーンズといった旧世代のヒーロー達の名を否定的に取り上げてみせた。

しかし、こうした、既存のスターシステムやレコード業界の欺瞞《ぎまん》を撃つというパンクの態度の裏には、実のところ過去の音楽とのつながりが太く存在していたこともよく知られている。

スティーヴ・ジョーンズ、ポール・クックら、後のセックス・ピストルズのメンバーが、テディボーイズファッションを扱うキングスロードのブティック「レット・イット・ロック」[*11]の常連だったのは有名だし、デビュー前のリハーサルでは、ガレージパンクバンド、カウント・ファイブの「サイコティック・リアクション」を演奏し、後にはエディ・コクランの「サムシング・エルス」やストゥージズの「ノー・ファン」もカバーした。

マネージャーのマルコム・マクラーレン[*12]主導のセンセーショナルなイメージ作りの

どがこれにあたる。これまで取り上げてきた「トラディショナルジャズ」「ルーツロック」をはじめ、「ピュアロカビリー」「オーセンティックスカ」など、ポップミュージックの名称にはこうしたレトロニムが溢れている。

＊11 レット・イット・ロック
前出の「ロンドン・ロックンロール・ショー」にも出店。後にパンクファッションを扱う「セックス」へと発展。デビュー当時のセックス・ピストルズの衣装にも、テディボーイズ風の要素が垣間見える。

＊12 マルコム・マクラーレン（1946-2010）
ロンドン生まれの音楽マネージャー／起業家。マクラーレンは、セックス・ピストルズを手掛ける以前、ニューヨークで後期ニューヨーク・ドールズのマネージメントをおこなっていた。そのときの経験やリチャード・ヘルのファッシ

せいもあって放縦《ほうしょう》な言動の印象が先行する彼らだが、楽曲自体には過去のロックンロールやガレージパンクからの影響が如実に聴き取れる。

そのマクラーレンにしても、元は右の「レット・イット・ロック」のオーナーをヴィヴィアン・ウエストウッドとともに務めていた人物だ。彼はかつてフランスのシチュアシオニスト運動[*13]への参加も目指した左派シンパであり、そういった状況主義的な方法論こそが、過去の意匠を継《つ》ぎ接《は》ぎ／編集しながら様々な文脈を撹乱するセックス・ピストルズの活動を支えていたともいえる。

クラッシュの場合はもっと分かりやすい。フロントマンのジョー・ストラマーはもともと101'ersというロックンロール系のパブロックバンドで活動していたし、ギターのミック・ジョーンズはグラムロックバンド、モット・ザ・フープルの熱心なファンだった。彼らは後に触れるネオロカビリーシーンにも接近し、ストレイ・キャッツと共演したほか、自らもロカビリー[*14]調のレパートリーを演奏した（前出の「1977」の歌詞にも、旧来のロックンロールを乗り越えようとしつつ惹かれてしまうメンバーのアンビバレントな気持ちが反映されていたと見るべきだろう）。

ほかにも、ザ・ダムドのメンバーを中心とするプロジェクトバンド＝ナズ・ノーマッド&ザ・ナイトメアズがガレージパンク名曲のカバーを収めたアルバムを録音していたり、オーストラリアから現れたレディオ・バードマンやセインツをはじめ、ガレージパンクとパンクロックの中間ともいうべき音楽性のバンドも少なくなかった。

アメリカのシーンに目を向けても、パティ・スミス・グループは、シャドウズ・オ

ョンから受けたインスピレーションがセックス・ピストルズの売出しにあたって大いに活用された。

＊13　シチュアシオニスト運動
フランスの思想家／映画作家ギー・ドゥボールを中心人物とするシチュアシオニスト・インターナショナルによる芸術／政治運動。マスメディアが作り出す表象＝スペクタクルに対し、それを逆転的に利用していくことで批判し、破壊することを旨とする。1968年のパリ5月革命にも大きな影響を与えた。

＊14　ロカビリー
ヒルビリー、ウェスタンスウィング、カントリーブギ、R&Bなどが融合した、ロックンロールの初期形態。ギター、ウッドベース、ドラムスを基本編成とする。

ブ・ナイトのカバーバージョンを下敷きにしたゼムの名曲「グロリア」をレパートリーとしていたし、ラモーンズは如実に1950年代から1960年代前半のロックンロールやオールディーズをモチーフとした曲を演奏し、後にはフィル・スペクターをプロデューサーに迎えたアルバムも制作した。

こう考えてみると、パンクロックというのは、反権威／反過去の形態を借りた「純ロックンロール」的なものへのラジカルな回帰運動だったと捉えることもできる。1960年代末から続くヒッピー思想の形骸化／産業への吸収を揶揄してみせながら、更にそれ以前に息づいていた（と彼らから想像される）DIYなロックンロール～ガレージパンクの純粋性を賦活しようとする。

このような、過去を否定しながら援用するというパンクロックのアンビバレントな論理と、そこに宿命的に付随する緊張感は、その後のオルタナティブロックやインディーロックにも引き継がれていく。

ロックンロールは再び呼び出される

イギリスでは、テディボーイズらを中心としたロックンロールシーンにも徐々に変容が起こっていった。

1970年代後半から、ロカビリーを専門に志向する集団が現れ、独自のシーンが形成されていく。そうした活況へと飛び込むように1980年にアメリカ西海岸からロンドンへ渡ってきたバンド、ストレイ・キャッツが大ブレイクすると、彼らに前後

ナズ・ノーマッド・アンド・ザ・ナイトメアズ『ギヴ・ダディ・ザ・ナイフ・シンディ』(1984)

1967年に公開された映画のサントラという設定。ヒューマン・ビーンズ、ザ・シーズ、ロッキン・ラムロッズなどの曲をカバー。バンド名（Naz Nomad）は、「DAMNED」を一部アナグラムしたもの。

して活動を開始していたポールキャッツやロカッツなど、多くのバンドが人気を博した。これらは「ネオロカビリー」[*15]と呼ばれ、以後様々なサブジャンルを生み、現在に至るまでそれぞれが根強いファンを持つ。

ガレージパンクシーンに目を向けても、パンク以降も様々なバンドが活動した。中でも、ホラー／ロカビリー的な要素を取り入れてカルト的な人気を博したクランプスはもっとも重要な存在だ。1980年代以降は、彼らの後を受けてライアーズ、チェスターフィールド・キングス、ファズトーンズ、パンドラズなどのネオガレージが興隆し、サーフロック[*16]など周辺ジャンルの再評価とも交わりながら、アメリカ国内に限らず世界各地にシーンが形成された。こうした流れは、1990年代初頭に盛り上がりを迎えたグランジの中にも流れ込み、マッドハニーなど、ガレージ色強い演奏を聴かせたものがいた。

2000年代初頭には、ストロークス、ホワイト・ストライプス、リバティーンズ、ハイヴス、マンドゥ・ディアオ、ジェット、ヴァインズ、ヤー・ヤー・ヤーズなど多くのバンドの音楽がジャーナリズムから「ガレージロックリバイバル」[*17]にくくられ、大きな人気を博した。この流行は、それまではどちらかといえばマニアックな存在に押しとどまっていた「ガレージ」という概念を一気にオーバーグラウンドへ引き上げることにもなった。

また、2000年代終わり頃からは、北米のよりインディーなシーンからタイ・セガール、ダム・ダム・ガールズなどガレージパンク路線のバンドが現れ、コアな支持

＊15　ネオロカビリー
旧来のロカビリーをもとにパンクロックのスピード感やアグレッシブさを加えた音楽のスタイルを指す。一般的には1980年代以降に人気を得たアーティストを指す。イギリス国内の前史的存在としてパブロックシーン出身のデイヴ・エドモンズがいた。同時期、アメリカのパンクシーンでもロバート・ゴードンやブラスターズらが活躍した。

＊16　サーフロック
「サーフミュージック」および「サーフギター」とも。1950年代末から1960年代にかけてサーフィン文化と連動して流行したジャンルで、ギターを中心としたインストゥルメンタルのものと、ヴォーカルを交えたものがあった。ガレージファンからの人気が高いのは主に前者で、ザ・トラッシュメンやディック・デイル&アンド・ザ・デル・トーンズなどが代表的な存

を集めた。

　こうして見てくると、もはや「ロックンロール（的なもの）が〇〇年にリバイバルした」、と指摘してみるよりも、ロックンロール的なサウンドは常に根強く存在し続け、なにかのきっかけでオーバーグラウンドへと間欠的に噴き出してきた、と理解する方が適当だろう。パンクがはじめに「ロックの死」を宣告して以来すでに40数年が経過しているわけだが、その「死」が強調される度、死の以前＝それが若々しくも破れかぶれなエネルギーを蔵《ぞう》していた頃の姿が魅惑的なものとして都度復活してきた、ということなのかもしれない。何より、シンプルな音楽構造やファッションとの密接な関係からしても、その「タグ」としての汎用性はきわめて高い。

　ロックンロール（的なもの）は、産業化どころかすでにユースカルチャーの最前線から退いて久しいからこそ、それが若さや無垢さと無条件に結びついていた頃の姿が余計に憧憬の対象となる。これから先も、「若者」という世代概念が社会に継承され続ける限り、いつでもどこでもロックンロールは呼び出されるだろう。なぜならロックンロールは、若者という世代概念と、社会史上もっとも早くに、もっとも大規模な形で結託したものだからだ。良かれ悪しかれ、ロックンロールという過去には、「新しさ」と「若さ」の亡霊がこれからも憑いて離れることはないだろう。

在。関連して、必ずしもサーフ系に限らないインストゥルメンタルロックンロールも同じくガレージパンク目線で再評価された。

＊17　ガレージロックリバイバル
ロックンロールリバイバルとも。２０００年代前半にロックの主流を占めていたニューメタル的なマキシマリズムへのアンチテーゼとして流行したという説が有力。一般的に、ストロークスの登場がその起点とされるが、実際は、それ以前から活動していたバンドも多く、シーンをまたいで各地のバンドがジャーナリズムによって恣意的にそうくくられたため、かなり定義のゆるい呼び名だった。近接したムーブメントとして、同時期から勃興したポストパンク／ニューウェーブリバイバルが挙げられる。その名の通り、１９８０年前後のポストパンクやニューウェーブ的な要素をガレージロックリバイバル通過後のソリッドな感覚で消化し

たバンド＝ザ・ラプチャー、フランツ・フェルディナンド、キラーズ、アークティック・モンキーズらが登場し、人気を博した。こうした流れは、次第にロックとクラブミュージックの境界を侵食し（１９９０年前後のレイブ文化の復権を示唆する）「ニューレイヴ」というムーブメントへと発展し、２００７年頃にブームを迎えた。

RARE GROOVE & HIPHOP

第 4 章

レアグルーヴとヒップホップ

リスナーによる音楽革命

ノーザンソウル、ジャズダンス、アシッドジャズ、レアグルーヴ……。既存の楽曲を脱文脈化しダンスミュージックとして再解釈するそれらの実践は、音楽の聴き方と創作のありようを大きく刷新した。ユーザーとクリエイターが重なりあうDJカルチャーにあって、過去の音楽は、その「聴き方」によって新たな命を吹き込まれていった。後半では、そうしたダイナミズムをもっとも鮮やかに体現した初期ヒップホップの実践にフォーカスする。

1962年　『タウン』誌で特集「スタンフォードの顔役（フェイス）達」▽英「モッズ」の浸透

1966年　モッズ達の聖地の一つ「ザ・シーン」が閉店▽シーンの流れがサイケデリック寄りに変化

1973年　英ヴィガンの「カジノ」開店▽「ノーザンソウル」の人気本格化へ

クール・ハークがNYのブロンクスにてブロックパーティーをひらく▽「ブレイクビーツ」の興隆

1982年　アフリカ・バンバータ「プラネット・ロック」▽「エレクトロ」の興隆

1980年代半ば　「ジャズダンス」ムーブメントが大きく盛り上がる▽ポール・マーフィーらのＤＪがスターに

1985年　ノーマン・ジェイのラジオ番組「オリジナル・レア・グルーヴ・ショー」開始▽レアグルーヴの浸透

1986年　コンピ『アルティミット・ブレイクス&ビーツ』シリーズ始動▽ブレイクビーツのネタ元が定番化

パーティー「Talkin' Loud And Sayin' Something」スタート▽ジャイルス・ピーターソンらがプレイ

1987年　コンピ『アーバン・クラシックス』▽レアグルーヴ曲／レコードの再発隆盛

レーベル〈Acid Jazz〉が発足▽アシッドジャズムーブメントの隆盛

エリック・B&ラキム『ペイド・イン・フル』▽サンプリングを駆使したトラック制作が浸透

1990年　レーベル〈Talkin' Loud〉が発足▽インコグニートなどの作品をリリース

1994年　ケブ・ダージらがイベント「ディープ・ファンク」開始▽レアな7インチファンクレコードが人気に

DJ文化と「過去の読み替え」

ここまでは主に、ロックミュージックとそのルーツとなった音楽の歴史を振り返りながら、様々なリバイバルの様相を見てきた。本章では視点を変えて、主にイギリスのDJカルチャーとアメリカ発のヒップホップが主導した事例を取り扱う。各種エレクトロニックミュージックに限らず、DJ／サンプリングという行為は、ポピュラー音楽の発展においてきわめて重要な位置を占め、シーンの前線を切り開くものとして認識されてきた。その展開をたどっていくと、彼らの行為の中にもまた「過去の音楽の今日的読み替え」が奥深く内在していることに気づく。

現代のクラブカルチャーの祖先としてのモッズ

まずはじめに触れておきたいのが、現代のDJカルチャー／クラブカルチャーの祖先ともいうべき存在、モッズについてである。

第1章でも触れたとおり、第2次世界大戦後の財政難を受け、イギリス経済は長く低迷にあえいでいた。しかし、1950年代半ばから緊縮財政の緩和とともに徐々に復調していき、更に、労働者階級の若者達を含む戦後生まれの世代が分厚い購買層として市場に登場してきたことによって、急速な消費社会化が進んでいった。

モッズは、こうした背景のもとに発生した新しい族文化だった。彼らは、もともと1950年代末に、洗練されたイタリアンファッションに身を包む「モダニスト」と自称したロンドン在住の中流階級出身の若者達を起源としている。当時一世を風靡《ふうび》していたトラッドジャズリバイバルに背を向け、最新のモダンジャズを愛好し、スタイリッシュなライフスタイルを重んじた「モダニスト」文化は、その登場当初こそごく限られた者によって形成されていたにすぎなかった。しかし徐々に影響の範囲を広げ、いつしか労働者階級の若者達の憧れを集め、彼らの中から参入する者も増えていった。

続く1962年、ファッション誌『タウン』が「スタンフォードの顔役（フェイス）達」という特集を組んだことで、「モッズ」は更に認知度を高め、一層大きな族文化へと発展していく。細身のスーツなど流行のファッションを着こなし、イタリア製のスクーターで街中を移動する。パープルハーツと呼ばれるアンフェタミン入りのドラッグを服用し、最新のR&Bやソウルミュージックを聴く。モッズのそうしたライフスタイルは、1960年代半ばにピークを迎え、様々なポップカルチャーを巻き込みながら拡散していった。

現在からこのモッズを振り返るときには、例えばザ・フーやスモール・フェイセズといったロックバンドの姿を思い浮かべるのが一般的かもしれない。しかし、彼らはあくまでシーンと連動して登場したひとつのアイコンであって、モッズ文化の核心はむしろ、そのムーブメントの参与者の側、音楽受容の観点からいえば、「リスナー側」にあったと考えるほうがよい。

新しい音楽とファッションに沸くダンスフロア

彼らは夜な夜なロンドンのクラブ「フラミンゴ」「ザ・シーン」「ラ・ディスコティーク」などに出入りして、DJがプレイする最新のR&Bやソウルミュージック、そしてイギリスでは主にブルービート[*1]と呼ばれたジャマイカ発のスカに合わせてダンスに興じた。つまりモッズは、こと音楽の面でいえば、演奏者の文化というよりあくまでユーザー主体の文化であり、同時に、現在まで続くクラブカルチャーの始祖的な存在でもあった。

ファッションと同じく、音楽のトレンドも1週間もすれば微妙に移り変わっていき、その嗜好を先導する者は「フェイス」と呼ばれ、多くの者から尊敬を受けた。ファッションや音楽を中心に、他者の嗜好との差異を推し量り、その「差異」こそが共同体内における競争原理の賭け金となる。これは、その後に続くクラブカルチャー／DJカルチャーの論理の祖型《そけい》としても非常に重要な意味を持つ。加えて、クラブのフロアでリスナー同士が入り乱れながら次々とプレイされる音楽に乗ってダンスするという身体先行型の音楽受容のありようは、モッズと隣接する場で勃興していたブルースブームにおいて、各演奏者が模倣の対象となる音楽の精神性をストイックに追い求めた態度とも好対照を描いている。

「差異」の論理の徹底、一方で、レコードとレコードの間にある様々な隔たりを越えそれらを同一空間の中で受容するという論理。モッズは、これら二つの面で後に続く

＊1　ブルービート
イギリスにおけるスカなどのジャマイカ音楽の呼び名。同名レーベルがスカなどのレコードを多くリリースしたことからこう呼ばれた。カリブ海移民コミュニティに限らず、モッズからも支持された。その後、1960年代後半には主に労働者階級のモッズ達から「スキンヘッズ」といわれる集団が分出し、ジャマイカ産のロックステディなどを愛好した。このスキンヘッズは1970年代後半にリバイバルを迎え、パンクムーブメントとも関連しながら独自の発展を遂げていった（後に見る2トーンムーブメントもこうした動きと連動していた）。更に、一部のスキンヘッズは極右的な政治思想と結びつくなどして先鋭化し、社会問題化した。

DJ文化を準備したといえるのだ。

くりかえすモッズムーブメント

モッズから派生したな重要なムーブメント＝ノーザンソウル＊2へと話を進める前に、このモッズ自体のリバイバルにも触れておこう。

オリジナルモッズ文化は1960年代後半から徐々に衰微《すいび》していくが、1977年のロンドンパンクの爆発以降、1979年からの数年間をピークとして、リバイバル版のモッズ＝「ネオモッズ」が流行した。1960年代のユースカルチャーに「過度にコマーシャル化する以前の純粋な若者文化」の姿を見出そうとしたという点では、広い意味でパンクムーブメントの一環と考えることもできそうだ。ザ・ジャムを筆頭に、シークレット・アフェアー、ザ・コーズなど、パンクロックに通じるソリッドな演奏を聴かせるバンドが人気を集めた。

一方で、オリジナルモッズが好んだスカやロックステディなどのジャマイカ原産のダンスミュージックを、パンク～ネオモッズ的な感覚でリバイバルさせたザ・スペシャルズやセレクター、マッドネスなどの「2トーン」勢も活躍した。ジャマイカ移民の多く住むコヴェントリーから登場したザ・スペシャルズに象徴されるように、人種混合的な共同体を体現し政治的なスタンスを貫くなど、その後のイギリスのカウンターカルチャーの展開にも影響を与えた。

1982年には、シーンのトップランナーであったザ・ジャムのポール・ウェラー

＊2　**ノーザンソウル**　この用語は、シカゴやデトロイト等アメリカ北部の都市で制作されたソウルミュージックを指す場合もある。本書では、イギリス北部で興隆したDJ／ダンスカルチャーを指す用語として使用する。

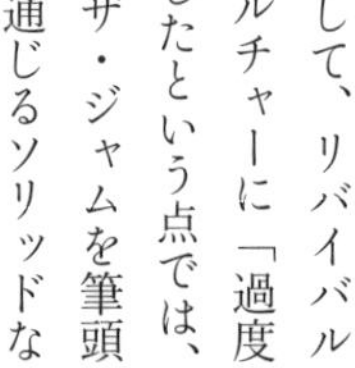

ザ・ジャム
『オール・モッド・コンズ』
（1978）

1978年11月リリースのサードアルバム。ポール・ウェラーによるオリジナル曲のほか、キンクス「デヴィッド・ワッツ」のカバーを収録。英アルバムチャート最高6位を獲得し、その人気を決定づけた。

がミック・タルボットとともにスタイル・カウンシルを立ち上げ、ビートバンド形態を離れてジャズやソウル、ハウスなど、より広範な音楽を取り入れていった。

また、後に名前の出るDJのエディ・ピラーのようにクラブシーンに根ざして活動した者も多く、1980年代を通じて様々なモッズクラブが盛況を博した。こうした動きは、他ジャンルのDJカルチャーとも密接に関係しており、後に見るアシッドジャズシーンとも連動を見せた。

また、1990年代に入ると、ブラーやオーシャン・カラー・シーン、メンズウェアなどのロックバンドが新時代のモッズとしてメディアに取り上げられ、にわかに再々ブームの様相を呈した。

ノーザンソウルの熱狂

1960年代後半以降、オリジナルモッズの衰退と入れ替わるように、ロンドンでは、サイケデリックロックやヒッピーカルチャーが興隆する。1966年にはモッズ達の聖地のひとつ「ザ・シーン」が閉店し、「UFO」などのサイケデリック系のクラブが台頭するなど、クラブシーンも移行期に突入していった。

片や、イギリス北部の都市部、例えばマンチェスターのモッズクラブでは、ロンドンのアンダーグラウンドシーンの影響を受けずに相変わらずR&Bやソウルが人気を集めていた。

1963年にオープンしたマンチェスターのオールナイト営業のクラブ「ツイステ

ッド・ホイール」は、当初R&Bやソウル、ブルービートなどがプレイされるモッズクラブだったが、1960年代後半になってでも最新のロックシーンの動向とは無関係にそれらのレパートリーを中心に営業を続け、次第に、スピード系ドラッグでハイになった客の好みに合わせてテンポの早いソウル曲をメインにかけるようになっていった。「ノーザンソウル」の名は、このツイステッド・ホイールでの熱狂的な光景に触れたロンドン出身のレコード・ディーラー／ライターのデイヴ・ゴディンが1970年に『ブルース・アンド・ソウル』誌に寄せた記事が起源となっている。

ロンドンのトレンドからは数年遅れの、何年も前に作られたソウル曲で踊るこのノーザンソウルのムーブメントは、ツイステッド・ホイールを拠点として、イギリス北部の多くのクラブで活況を呈した。ツイステッド・ホイールはドラッグ絡みの悪評から当局にマークされ1971年に閉店してしまうが、ウルヴァーハンプトンの「カタコームズ」、ストーク・オン・トレントの「トーチ」などがその火を継ぎ、よりマニアックで熱狂的なシーンを形成していった。

ノーザンソウルの黄金時代を象徴する二大クラブが、ブラックプールの「メッカ」と、ヴィガンの「カジノ」だ。特に後者は、圧倒的な集客力に加え、そこに集ったファン達の独特なファッションもあいまって、今もなお「聖地」として語り継がれている伝説的なクラブである。

1973年9月にオープンした「カジノ」は、待望の本格的なオールナイタークラブであり、毎週多くの客を集め、最盛期には10万人の会員を抱えていたという。同時期に盛り上がりを迎えていたニューヨークの並み居るディスコを抑え、『ビルボード』誌で「世界一のディスコ」に選出されるまでになった。

「カジノ」の主な客層は、イギリス北部各地から集まった労働者階級の若い白人達だった。労使紛争の多発や経済不振にあえぐ1970年代当時のイギリス社会で、日々重労働に従事する彼らは、毎週末におこなわれるノーザンソウルのパーティーで思い切りその鬱憤《うっぷん》を晴らした。

極端に幅広のバギーパンツにボウリングシャツ、白のソックス、レザーソールのフラットシューズという、元となったモッズとは似ても似つかない（お世辞にもスタイリッシュとはいえない）ファッションに身を固め、ドラッグを勢いよく飲み込み、DJのプレイするレコードにあわせてバックドロップやスピンを交えた激しいダンスを繰り広げた。

より踊れる、よりレアな7インチレコードを

ノーザンソウルシーンで支持される音楽は、1960年代半ばから後半にかけてアメリカで制作されたソウルミュージックが主なものだった。

一般にその時代のソウルというと、モータウンやアトランティックなどの大レーベルからのヒット曲を思い浮かべるかもしれないが、ノーザンソウルシーンで支持されていたのは、モータウン産のヒット曲[*3]とは似て非なるもので、ほとんどがアルバムを作ることなく表舞台から消えていったシンガー達によるごくレアな7インチ盤[*4]だった。

＊3　モータウン産のヒット曲
ここでは、1960年代に米デトロイトの〈Motown〉からリリースされたヒット曲を指す。ダンサブルなビート、きらびやかなストリングスなどが特徴。そのサウンドはノーザンソウルシーンで支持されるレアな楽曲と似た特徴を持っていたが、後述の通り、誰もが知るような有名なヒット曲は避けられる傾向にあった。

＊4　7インチ盤
7インチサイズの45回転シングルレコード。

そもそも1960年代のオリジナルモッズシーンが盛り上がっていた当時、アメリカから直輸入でイギリスへ流れ込んでくる、あるいはイギリス国内のレーベルがライセンス発売するレコードというのはごく限られたものでしかなかった。

しかしこの時代のノーザンソウルDJは、実際にアメリカ現地まで足を運び、埋もれていた7インチ盤を大量に仕入れるようになった。クラブに足を運ぶ客達も、すでに発掘済の曲でなく、誰もが存在を知らない「新発見」の曲を支持するようになっていき、その曲を聴くためだけに数百マイル先からやってくる者も多く現れた。

また、それらのレコードを「発見」したDJはスーパースターのような扱いを受け、崇拝された。「カジノ」のリチャード・サーリングをはじめ、コリン・カーティス、イアン・レイヴァン、ケブ・ロバーツらは特に著名な面々だろう。こうした、レア曲発掘の過当競争状況は、人気の高いレア曲を著作権者に無断で再発するブートレグ業者が跋扈したりと、ときに弊害を生むこともあった。また、ほかのDJやブートレグ業者に曲名が知られないよう、プレイ中にレーベル面を隠す「カバーアップ」という手法も登場し、一部のDJの選曲は、ある種の神秘性をまとうようになった。

「より踊れる、よりレアな」レコードを追い求めるノーザンソウルの熱狂は、後の様々なDJシーンにおける「ディグ」[*5]の論理を先取りしたものとしてきわめて重要だった。ノーザンソウルの活況は、シーン内部のテイストの分化などによって1970年代末から1980年代初頭にかけて沈静化してしまうが、同シーンで活躍したDJの多くがUKハウスなどの後のシーンの勃興にも関わっているという事実からも分かるとお

＊5　ディグ
様々なレコード盤の中から、DJプレイやサンプリングのために利用価値の高いものを発見する行為を指す。「掘る」とも。元々は中古レコード漁りを対象とした言葉だったが、現在ではオンライン上での同様の行為に対しても使用されている。

り、その潜在的な影響は想像以上に大きく、広い。それまで顧みられることのなかったレコードが、DJ、フロア空間、ダンスという各要素が絡み合うことで生命力溢れる音楽として復権するという、その後幾度となくDJカルチャーの中で繰り返される展開のもっとも先駆的でダイナミックな例として、ノーザンソウルの重要性はことのほか大きい。

なお、このノーザンソウル文化自体も、1980年代半ばからDJのケブ・ダージやガイ・ヘニガンによって復興し、その後も根強く受け継がれていった。

「踊れるジャズ」の発見

もうひとつ、後のUKクラブシーンに大きな影響を及ぼしたダンス/DJカルチャーがある。それが「ジャズダンス」と呼ばれるものだ。これは、主にステージダンスの世界でいうところのフォーマルな「ジャズダンス」とは違い、あくまでイギリスのアンダーグラウンドなクラブシーンから発生してきた文化である。

その発祥は1972年まで遡る。イギリス南東部エセックス州キャンベイ・アイランドのクラブ「ザ・ゴールド・マイン」にて、DJのクリス・ヒルが、自身のソウルナイトでグローバー・ワシントンJr.やドナルド・バード、ジョニー・ハモンド、ハービー・ハンコックらによる同時代のファンキーなクロスオーバー[*6]曲を織り交ぜてプレイしたのがことの起りとされている。

その後数年のうちに、こうした曲は徐々に支持を広げていき、1974年には『ブ

フランク・ウィルソン「ドゥー・アイ・ラブ・ユー(インディード・アイ・ドゥ)」(1965)

1965年にモータウン傘下の〈SOUL〉レーベルから発売が予定されていたが、諸事情によりお蔵入りしプレス済のデモ盤もほとんどが廃棄された。しかし、辛うじて残っていた現物が後にイギリスへ渡り、ノーザンソウルの聖杯となった。1977年には同曲のブートレグ盤が出回ったが、1979年にモータウンから正式発売された。

＊6 クロスオーバー
1970年代前半に流行した、ロックなどの異ジャンルと融合したジャズのこと。後にフュージョンという呼び名に代わられた。

ルース・アンド・ソウル』誌が取り上げるまでに拡大していった。この傾向を決定づけたのが、1975年にリリースされたロニー・リストン・スミスの「エクスパンションズ」の人気だった。

早いテンポのダンスビートが組み合わされたクロスオーバー／ジャズフュージョン曲である同曲が支持をえると、ロイ・エアーズ、ミロスラフ・ヴィトウス、ジョン・クレマー、チック・コリアらによる同傾向の曲が次々とダンサー達から人気を集めた。ほかにも、同じエセックスのチェルムスフォードでDJとして活躍していたボブ・ジョーンズ、北部ブラックプールの「メッカ」出身で、ノーザンソウルDJから鞍替えしたコリン・カーティスらがジャズフュージョン曲をクラブに持ち込み、ダンサーを沸かしていた。

1970年代の末頃には、イギリス各地にジャズファンク／ジャズフュージョンをプレイするDJとそれに合わせて踊るダンサーが出現し、一大ブームの様相を呈した。その点で特筆しておくべきはダンサーのほとんどが若い黒人だったということだろう。その点でも、白人中心に受容されていたノーザンソウルとは一線を画すムーブメントだった。

また、このような流れと連動するように、フリーズ、ライト・オブ・ザ・ワールド、リンクスなど、実際にジャズファンクやフュージョンを演奏するバンド達も現れ、「ブリットファンク」のシーンが形成されていった。

ロニー・リストン・スミス&ザ・コズミック・エコーズ『エクスパンションズ』（1975）

同名曲収録のアルバム。そのグループ名通り、全編でコズミックな浮遊感を湛えたサウンドが聴ける。

ジャズファンクからハードバップ、ファンキージャズへ

UKジャズダンスシーン最大の影響力を誇ったDJを挙げるとすれば、ポール・マーフィーを置いてほかにはいないだろう。

1978年、エセックス州ホーンチャーチのクラブ「キングスウッド」でプロモーターを務めていた彼は、レジデントDJのボブ・ジョーンズが大雪のためにパーティーに出演できなくなってしまったある日、急遽代打としてDJを務めることになった。それ以降、みるみるうちに人気DJへと成長していき、2年後にはロンドンのクラブ「ホースシュー」の名イベント「ジャファアス」でプレイするまでになっていた。1981年には「エレクトリック・ボールルーム」へと移籍し、ジャズフロアのDJを務めた。また、レジデントDJを務めていた「ワグ」では、シャーデーやマット・ビアンコ、エヴリシング・バット・ザ・ガールらポップ系のアーティストと共演し、大きな話題を提供した。

彼の功績のもっとも刮目《かつもく》すべき点は、ジャズファンク以前の1950年代から1960年代にかけて録音されたハードバップ*7やファンキージャズなど往年の楽曲をジャズダンスシーンに浸透させたということだろう。一般に「モダンジャズ」*8と呼ばれるそうした音楽は、あくまでリスニングのためのものと理解されており、それにあわせて激しいダンスをするというのは、旧来のモダンジャズファンにはおよそ想像もつかない、まさに価値観の転倒というべき行為だった。フュージョン系よりも更にへ

オムニバス
『ジャズ・クラブ』
(1984)

ポール・マーフィー選曲のコンピレーション。ディジー・ガレスピー、アート・ブレイキー、ジミー・スミス、サラ・ヴォーンらが1950年代後半から1960年代前半にかけて録音した音源が集められている。翌1985年発売の第2集もある。

＊7 ハードバップ
クールジャズや柔和なウェストコーストジャズから脱却し、パワフルなアドリブとダイナミックなフレーズを駆使するジャズ。1950年代後半に隆盛を迎えた。

ヴィなサウンドを求めるダンサー達の求めに応じてジャズダンスパーティーの選曲も先鋭化していき、往年のモダンジャズ曲が次々とプレイされていった。

4ビートを主体としつつも微妙に変化するモダンジャズのリズムは、ダンサーの高いスキルを要求するもので、次々にアクロバティックなステップが編み出されていった。様々なダンスチームが腕を競い合い、時には暴力沙汰にまで発展することもあったというからその過熱ぶりが窺える。

ロンドンのI.D.J.や北部出身のブラザーズ・イン・ジャズ、後に音楽ユニットへと発展するジャズ・ディフェクターズが代表的なチームで、中でもI.D.J.は、ファンキージャズを代表するドラマーのアート・ブレイキーとも共演し話題となった。また、1950年代末におけるモッズ前夜のロンドンを舞台とした映画『アブソリュート・ビギナーズ』（1986年作 監督：ジュリアン・テンプル）へI.D.J.やジャズ・ディフェクターズなどのダンスチームが出演するといった華々しい話題もあった。

ジャズダンスムーブメントは、1980年代半ばにピークを迎え、その後北部のクラブでの暴力沙汰への悪評やアシッドハウス[*9]の隆盛を受け沈静化していくが、ダンスカルチャーの現場では根強い人気を継続しており、今もなおその様式は脈々と受け継がれている。

「これはアシッドジャズだ！」

1980年代後半以降、ジャズダンスに次いでクラブシーンにおけるジャズ再定義

＊8　ファンキージャズ
ハードバップの傍流として発生した、ゴスペルなどのメロディーを多用してファンキーさを強調するジャズ。

＊9　アシッドハウス
1980年代半ばにシカゴで誕生した、シンセサイザーの変調効果を強調したハウスミュージック。ほどなくイギリスに輸入され、レイブ（野外パーティー）カルチャーの発展によって爆発的に広まっていった。その名の通り、ドラッグとも密接な関係にある。

を推し進めていったのが、より柔軟性と同時代性を増したジャズ復興／再解釈のムーブメント、「アシッドジャズ」だ。

一方でこのアシッドジャズは、そのネーミングのインパクトもあって、ともするとある日突然爆発したムーブメントだと思われがちだが、その前史としてジャズダンスシーンの豊かな蓄積があるのを忘れてはならない。というよりも、当初の段階では実質的にジャズダンスシーンの一部の動きがアシッドジャズと名称変更されただけ、と捉えることも可能だ。

アシッドジャズ誕生のキーパーソン、ジャイルス・ピーターソンは、もともと10代の頃からジャズファンクのかかるクラブに出入りしていた早熟の少年だった。

転機が訪れたのは１９８４年4月のこと。前出のポール・マーフィーがＤＪを務めていたエレクトリック・ボールルームのジャズルームでおこなわれていた金曜夜のセッションを、マーフィーの後釜として引き継ぐことになった。歴戦のダンサー達を前に当初は苦戦したピーターソンだったが、巧みな選曲を連発し、ジャズダンスシーンの人気ＤＪとして厚い支持を獲得していく。

その後彼はフロア受けするキラーな曲をまとめたコンピレーションシリーズ「ジャズ・ジュース」をプロデュースしたり、ＢＢＣラジオロンドンで自身の番組「マッド・オン・ジャズ」を持つなど順調に活動を続けていく。１９８６年には、ＤＪのパトリック・フォージとともに、ロンドン北部カムデンロックのクラブ「ディングウォールズ」でレギュラーイベント「Talkin' Loud And Sayin' Something」を旗揚げし、とき

オムニバス
『ジャズ・ジュース』
（1985）

キャリア開始間もないジャイルス・ピーターソンが選曲した同名コンピレーションシリーズ第1弾。マイルス・デイヴィスやアート・ブレイキーらに加え、アイアート・モレイラやジルベルト・ジル、セルジオ・メンデス＆ブラジル'66といったブラジル勢による曲も収録されている。

にヒップホップも交えながらジャズファンクやフュージョンをプレイした。

「アシッドハウス」という名が生まれたのは、1988年2月、DJのクリス・バングスとともにミドルセックス州ブレントフォードのウォーターマンズ・アーツ・センターでおこなわれたイベントに出演した際のことだった。ときはアシッドハウス全盛、国中のクラブシーンがそのトリッピーなサウンドに席巻されている折だった。

彼らのDJセットの後ろにも「ACID」の文字が大写しされ、プレイしていたジャズのレコードとの異様なマッチングに、バングスが「これはアシッドジャズだ！」と諧謔《かいぎゃく》気味にコメントし、2人は大笑いした。それを受けてピーターソンはすぐにマイクを取って「アシッドジャズ！」の叫び声とともにジャズファンクのレコードをかけた。イベントは深夜を迎え、バングスは更にレアグルーヴ系のレコードを（サイケデリックな効果を狙って）激しくピッチフェーダーを動かしながらプレイしたという。

クロスオーバーしていく、アシッドジャズ

はじめはジョークとして始まった「アシッドジャズ」という新語だったが、仲間内のDJの間にすぐさま広がり、アシッドジャズを標榜するイベントが開催された。更に、1987年5月にはモッズDJでレーベルプロデューサーとしても活動していたエディ・ピラーが加わり、ピーターソンとともに〈Acid Jazz〉レーベルを発足させる。

第1弾リリースは、ピーターソンの友人である詩人のロバート・ギャラガーが所属するバンド、ガリアーノによる「フレデリック・ライズ・スティル」だった。これは、

プーチョ&ザ・ラテン・ソウル・ブラザーズ版の「フレディーズ・デッド」（1972年）をサンプリングしたトラックにラップとナレーションをかぶせたものだった。

1988年には、有力なファッションカルチャー誌『I.D.』がアシッドジャズを取り上げ、全英に同シーンを紹介した。加えて、新たに創刊されたジャズ専門誌『ストレート・ノー・チェイサー』もシーンの動向をリアルタイムに伝えていき、ジャーナリズムの立場からムーブメントを支えた。

〈Acid Jazz〉レーベルは、それ以前のジャズダンスシーンの枠組みにとどまらない活動を積極的におこなっていった。1989年にはレーベルサンプラー的なコンピレーションアルバム『トータリー・ワイアード』シリーズも登場し、幅広い音楽性をアピールしていく。同時代のエレクトロニックミュージックをも境なく飲み込んでいくそうした柔軟性こそが、アシッドハウス全盛の時代にあって、〈Acid Jazz〉というレーベルおよび同名のコンセプトが同時代性を獲得できた最も大きな要因だろう。

1989年には、レーベル運営がエディ・ピラー主導の方向性に傾いていると感じたジャイルス・ピーターソンが離脱するという出来事もあったが、〈Acid Jazz〉はその後もブラン・ニュー・ヘヴィーズやジャミロクワイ、マザーアース、コーデュロイなど、ジャズファンク路線からモッズ／ロック系まで、多彩なアーティストの作品をリリースしていった。

また、エディ・ピラーがマネージメントを務めていたネオモッズ系グループ、プリズナーズのオルガン奏者ジェイムス・テイラーによるジェイムス・テイラー・カルテ

オムニバス
『トータリー・ワイヤード』
（1989）

ア・マン・コールド・アダム、ザ・ジャズ・レネゲイズ、ガリアーノら11組のトラックを収める。その後も次々と続編がリリースされ、レーベルを代表する名物コンピに。

ットも〈Acid Jazz〉と契約し、1995年にリリースした彼らの『イン・ザ・ハンド・オブ・ジ・インエビタブル』はレーベル最大のヒットを記録した。1960年代から1970年代のオルガンジャズコンボのスタイルをもとにその音楽をアップデートした彼らの活躍は、多くのファンの注目を集めた。

歴史主義的、教条主義的なジャズ観をくつがえす

片やピーターソンは、並行して〈ACE〉傘下の〈BGP〉レコードでジャズファンク系作品の再発などを手掛けていたが、〈Acid Jazz〉離脱後に新たなレーベル〈Talkin' Loud〉を設立し、引き続きシーンのキーマンとして活躍していく。

ここからは、インコグニートやヤング・ディサイプルズなどが作品をリリースし、往年のソウルミュージックを1990年代風にアップデートしたサウンドを送り出した。

このアシッドジャズムーブメントは、オランダ、アメリカ、そして日本など、イギリス国外のシーンにも様々な影響を及ぼした。今となっては、「アシッドジャズ以降」の音楽観はある種の前提的な「空気」となってしまっているために、改めてその意義の大きさを意識するのは難しいかもしれない。しかし、クラブシーンの外側では強固なものとして存在していた歴史主義的かつ教条主義的なジャズ観を、DJカルチャーの視点を持って根本から覆し相対化したという意味では、やはり大変重要な現象だったといえる。

アシッドジャズはその後1990年代末頃から沈静化していくが、「クラブミュージ

ックの視点から再解釈するジャズ」の流れは様々な形で広がりを見せていく。アシッドジャズに入れ替わるように、打ち込みを中心としたヨーロッパ発のフューチャージャズ[*10]が人気を博し、それへの反動のように、ラウンジミュージック（第5章参照）に端を発する生音志向のヨーロピアンニュージャズ[*11]なども登場した。こうした刷新の動きは現在に至るまで途絶えることなく続いており、並行して「クラブジャズ」という名称も浸透していった。第8章で触れる現在のUKのジャズシーンの活況も、ジャズダンスやアシッドジャズに端を発するDJカルチャーの長い歴史なしにはありえなかったはずだ。

「忘れられたレコード」で踊る

次に、アシッドジャズにも大きな影響を与え、ほとんど不可分の存在ともいえるDJ主導のムーブメント＝「レアグルーヴ」を取り上げる。

この「レアグルーヴ」は、1980年代半ばのロンドンのクラブ／レコードショップ界隈から発生した。中心人物には、「シェイク&フィンガーポップ」というイベントを開催していたノーマン・ジェイ、アフリカンセンターで「ソウルⅡソウル」というイベントを開催し後に同名のユニットでヒットを飛ばすジャジー・B、その共作者のネリー・フーパー、ブラン・ニュー・ヘヴィーズの創立メンバーでもあるラスセルズ・ゴードン、ヤング・ディサイプルズのフェミ・ウィリアムズとマルコ・ネルソン、バリー・K・シャープ、ジャッジ・ジュールス、レコード・バイヤーのロイ・マージュ

＊10 **フューチャージャズ**
エレクトロニック／クラブミュージック色の強いジャズ。

＊11 **ヨーロピアンニュージャズ**
1950年代から1960年代のオーセンティックなサウンドをクラブミュージック視点から再構築した生音志向のジャズ。右記のフューチャージャズとの境界線は曖昧で、両方を指して単に「ニュージャズ」ということもある。

らが挙げられる。

レアグルーヴの名が知られるようになったのは、ノーマン・ジェイが海賊ラジオ局時代のKISS FMで1985年にスタートした番組「オリジナル・レア・グルーヴ・ショー」の人気が高まっていったためとされている。

クラブ現場やその番組でプレイされていたのは、主に1960年代末から1970年代半ばにかけてアメリカで制作されたソウルやファンク、ジャズファンクなどで、1980年代当時の一般的なリスナーからはほとんど振り返られることのない、いわば「忘れられたレコード」が主であった。

また、これらのレコード／楽曲は、1980年代半ばに世を席巻していた、ドラムマシンやシンセサイザーを多用した打ち込みサウンドと異なり、主に生楽器を用いたものがほとんどを占めていた。つまり、レアグルーヴには、画一化の進む電子音を多用した主流ダンスポップへのアンチテーゼという面もあったのだ。

後にメディアが盛んに喧伝したせいもあって、入手の困難な、レアで高価なレコードを対象とするムーブメントと誤解されることもあるが、当初のコンセプトは、あくまで「忘れられた過去の音楽」をダンスミュージックの視点からプレイし、再評価する、という点にあった。また、ノーマン・ジェイのプレイからも分かるように、必ずしも埋もれてしまった過去のレコードのみを対象としていたわけではなく、ときに新譜作品も紹介された。

「ディグ」の深化

早くも1987年には、それまでに発掘された主なレアグルーヴ曲をコンパイルしたレコード『アーバン・クラシックス』が英ポリドール傘下の〈Urban〉からリリースされる。

ジェイムス・ブラウンやThe J.B.'s関連の楽曲をはじめ、ジャクソン・シスターズ、ジョニー・ブリストル、ロイ・エアーズなど、ここに集められた曲はその後レアグルーヴのクラシックとして人気を不動のものにしていった。

リイシュー専門レーベル〈Charly〉よる「ガット・トゥ・ゲット・ユア・オウンサム・レア・グルーヴズ」シリーズや、〈RCA〉の「レア（ア・レア・コレクション・オブ・グルーヴズ）」シリーズなど、同様のコンピレーションが次々とリリースされ、多くのリスナーへレアグルーヴ探訪の門戸を開いた。

レアグルーヴムーブメントによって発掘／紹介されたレコードは非常に多岐にわたっており、ここで逐一紹介するのは難しいが、ほとんどが1980年代には熱心なソウルマニア以外には知られていないものであり、そうした志向にはノーザンソウルのシーンとの連動性も感じさせる。

また、レアグルーヴはジャズダンスシーンとも隣り合った関係にあり（実際、レアグルーヴシーンで支持されたレコードには、もともとジャズダンスシーンでも人気があったジャズファンク系のものが少なくない）、ジャイルス・ピーターソンやクリス・

オムニバス
『アーバン・クラシックス』
（1987）

ジェイムス・ブラウン、メイシオ&ザ・マックス、ボビー・バード、フレッド・ウェズリーらジェイムス・ブラウン一派から、ジャクソン・シスターズ、ジョニー・ブリストル、ロイ・エアーズ・ユビキティなどの全11トラックを収録。

バングスのようにジャズ系のパーティーでレアグルーヴ系の曲をセットに取り入れるDJもいた。また、前述のとおり1980年代末にはアシッドジャズシーンと合流することでレアグルーヴというコンセプトは更に広く浸透していく。

「ディグ」の探索範囲もどんどん広がっていった。ソウルやファンクに加え、ラテンジャズ[*12]、ブラジル音楽[*13]にはじまり、アフロビート[*14]、ブラックスプロイテーション映画[*15]のサウンドトラック、スピリチュアルジャズ[*16]などの埋もれたレコードが次々と発掘され、DJやバイヤーが立ち上げた気鋭のレーベルから相次いでリイシューされるようになる。アーカイブ化の進行とともに、本来「忘れられたレコードの再評価」であったはずのレアグルーヴが、それ自体ある種の権威として固定化されるという逆説的な動きも少なからず起こっていく。高価なレコードのハント／トレード合戦が加熱し、多くのマニアが「聖杯」とされるレコードを求める姿が常態化していったのだ。

レアグルーヴ的実践の拡散

その一方で、先鋭的なディガーは常にレアグルーヴ的な実践のあり方を更新してきた。代表的な例が、ノーザンソウルの頁でも名前を挙げたDJ、ケブ・ダージの提唱した「ディープファンク」という概念だろう。

1994年にスタートした同名のパーティーをその名の由来とする「ディープファンク」は、それまでのレアグルーヴシーンがどちらかといえばLP作品を扱っていたのとは異なり、7インチのシングル盤レコードを対象とした。1960年代後半から

＊12　**ラテンジャズ**
ラテンのリズムを伴ったジャズ。レアグルーヴシーンでは、1960年代から1970年代にかけてリリースされたモンゴ・サンタマリアやプーチョ&ザ・ラテン・ソウル・ブラザーズらのレコードが特に高い人気を集めた。

＊13　**ブラジル音楽**
ここでは主にブラジル産フュージョンやファンク系のレコードを指す。

＊14　**アフロビート**
325頁参照。

＊15　**ブラックスプロイテーション映画**
1970年代前半のアメリカで制作された、反権力的なアフロアメリカンを主人公にした映画。黒人の地位向上や人種差別への問題意識を反映した内容を特徴とする。主にソウル〜ジャズ系ミュージシ

1970年代前半にかけて、全米各地のインディーレーベルからリリースされたごく小ロットの7インチシングルに眠る荒々しいファンク曲が次々と発掘され、人気を博していったのだ。

ディープファンクは、ジェイムス・ブラウンやスライ&ザ・ファミリー・ストーン、Pファンク一派といった成功を収めた巨人達の影に、彼らに憧れながらも商業的には敗れ去ってしまったローカルなアーティスト達が数え切れないほどに存在していたという事実を知らしめたという意味で、著名アーティストのみにフォーカスしてジャンル全体の歴史を語りがちな音楽ジャーナリズムのあり方を批判的に照らし出す機能もあった。

2000年代前半に大きな盛り上がりを迎えたこのムーブメントは、クラブ現場での旧譜のプレイやリイシューなどに加え、ニュー・マスターサウンズやスピードメーターなど独自のディープファンクを演奏する新鋭バンドの登場も促し、DJシーンに限らない広範な展開をみせていった。

あらゆる音源のレアグルーヴ化

こうした、「ポストレアグルーヴ」的なレコード発掘の動きは、ソウルミュージックやその周辺の様々なサブジャンルでも起こってきた。現在に至るまで、ライブラリーミュージック[*17]、ディスコ／ブギー[*18]、イタロディスコ[*19]、モダンソウル[*20]、スウィートソウル[*21]、チカーノソウル[*22]、ゴスペル[*23]などが次々と再評価を受けている。

ャンがサントラを担当した。代表的作品は『スウィート・スウィートバック』(1971年 監督：メルヴィン・ヴァン・ピーブルズ 音楽：アース・ウィンド・アンド・ファイアー)、『黒いジャガー』(1971年 監督：ゴードン・パークス 音楽：アイザック・ヘイズ)、『スーパーフライ』(1972年 監督：ゴードン・パークス・ジュニア 音楽：カーティス・メイフィールド)など。

＊16 スピリチュアルジャズ
主にジョン・コルトレーンの影響を受けたジャズミュージシャン達が1960年代後半以降に演奏した、精神主義的な瞑想性を湛えたジャズを指す。モードジャズやフリージャズからの影響をもとに、ときにアフリカ音楽や東洋的な要素が取り入れられた。1990年代以降、クラブミュージックの視点からファラオ・サンダースらが大々的に再評価された。

当然、再評価を牽引してきたＤＪやコレクターが拠点とするのは、レアグルーヴが発祥したイギリスに限られない。インターネット上での情報流通の増大／プラットフォームの整備[*24]にも後押しされる形で、今では世界のマニアがレアグルーヴ文化に参加し、日々活発なコミュニケーションがおこなわれている。

また、レアグルーヴ誕生期から、様々なアーティストがムーブメントと共振する活動をおこなっていた。ヒップホップとの連動はこの後詳しく見るとして、例えば１９９０年代に勃興したネオソウル[*25]、２０００年代以降の現代版ブギー[*26]、２０１０年代のネオビンテージソウル[*27]、近年のチカーノソウル[*28]などにカテゴライズされる諸アーティストの活動にも、レアグルーヴが推進してきた過去の音楽の再クール化の波が少なからず影響を与えてきたはずだ。

ポップミュージック受容の転換点

レアグルーヴが示したのは、各ジャンルのマニアが内在化しがちな体系的な知識を前提とするエリート主義的な音楽鑑賞のあり方を乗り越え、あくまで、各楽曲それ自体に対するＤＪ／聴き手／踊り手の感覚を肯定する新しい音楽受容の形だった。それはまた、本章で見てきたとおり、モッズ、ノーザンソウル、ジャズダンスなどのイギリス発のクラブカルチャーが脈々と受け継いできたものだった。そして、この価値転倒こそが、現代のポップミュージック受容における大きな転換点だったといえる。

一連のムーブメントは、それまで、音楽産業のゲートキーパーや批評家達が上段か

オムニバス
『ケブ・ダージズ・レジェンダリー・ディープファンク Vol.1』（1997）

「ディープファンク」をタイトルに冠したケブ・ダージ編纂によるコンピレーションアルバム。続編もリリースされた。

＊**17**　**ライブラリーミュージック**
主に１９６０年代以降に制作された放送用の音楽を収録した非売品レコード。

＊**18**　**ディスコ／ブギー**
１９８０年代前半に制作された、ビートの強調されたポストディスコサウンドを指す。

＊**19**　**イタロディスコ**
１９８０年代前半にイタリアで制作された電子楽器を多用したディ

ら規定してきた音楽の聴き方の類型を、受容側が主体的に奪い返し、撹乱した運動だったと見ることもできるだろう。DJという「音楽の2次生産」[*29]者が、異なる時系列上で録音された複数のレコードを、並列的な存在としてミックスし、クラブという空間に解き放つ。そしてまた、その音楽を受け取ったユーザー自身もまた、自らの聴き方で楽しむ。これはまさに、「音楽鑑賞の民主化」というべき事態ではないか。自らの聴く音楽の価値は、自らの感覚によって、自らが判断する。現在ではあまりに当然と思われるそうした音楽の受容の仕方は、DJカルチャーの蓄積がなければおそらく存在していないはずだ。

これはまた、ポストモダン社会に特有の「歴史性の溶解」[*30]の端的な例だともいえる。様々な角度からポストモダン社会を分析したフレドリック・ジェイムソンの議論に沿っていえば、レアグルーヴやそれに連なる様々なDJカルチャーを、多様な歴史性を持つ様式をひとつの空間に並列的に同居させる現象の一例として理解するのはさして難しくないだろう。あらゆる時代のレコードをDJがミックスしてクラブで鳴らすとき、そしてそのプレイに私達が身体を揺らすとき、それぞれの曲に刻まれていた固有の歴史性は、クラブというひとつの空間の中へ溶け出し、混ざりあっていく。そこでは、旧来の進歩史観的な意味における「新しい」か「古い」とかいった尺度自体も溶け出し、混ざりあっていくのだ。

スコミュージック。

＊20 モダンソウル
元々ノーザンソウルシーンでは、非１９６０年代産の同時代のソウルを指していたが、アメリカのレコードファンコミュニティでは、１９８０年代の洗練されたソウルのことをこう呼ぶ場合が多い。

＊21 スウィートソウル
男性のコーラスグループによる流麗なソウルを指すが、ここでは主に次のチカーノソウルの中の無名グループや、黒人グループによるレアなレコードのこと。

＊22 チカーノソウル
主にメキシコ系アメリカ人によるソウルミュージックを指す。

＊23 ゴスペル
ここでいうゴスペルとは、伝統的なスタイルのそれではなく、１９７０年代〜１９８０年代のソ

イギリス移民によるブラックミュージック再定義？

レアグルーヴを振り返るとき、加えて示唆に富んでいるのが、ノーマン・ジェイやジャジーBをはじめ、初期レアグルーヴシーンにおいて黒人DJの存在が目立っていたということだろう。彼らの多くはジャマイカなど西インド諸島からの移民を親に持つ世代であり、ジャジーBのソウルⅡソウルはもともとサウンドシステム[*31]として発足したものだ（彼らの音楽にもレゲエなどの影響は顕著だ）。こうした視点からすると、初期のレアグルーヴとは、イギリスへの移民達が中心となって旧来のアメリカ産ブラックミュージック受容のあり方を刷新する、グローバル化時代におけるディアスポラ[*32]文化実践の一例だった、という見方も成り立ちそうだ。

　アフロアメリカン達（や、一部アフリカ黒人、アフロブラジリアンら）が過去に作ったレコードを、カリブ海からの移民が中心となって発掘し、ホスト国であるイギリスの地下シーンでプレイしていく。世界各地に離散し偏在しているブラックミュージックの記憶を、自らの発掘眼とターンテーブルという再生装置を通して新たなダンスミュージックとして蘇らせるレアグルーヴの実践は、自ずと国の境を超え、ブラックミュージックに宿命的に備わっている脱国家的な越境性をも蘇らせる……。

　こうした理解は、あまりにナイーブに思われるかもしれない。しかし、レアグルーヴの論理とも密接な関係を結びながら発展していったヒップホップの歴史をたどっていくと、ディアスポラ文化実践としてのそれらの共通性がより鮮やかな形で浮かび上

ウルからの影響を受けたコンテンポラリーなものを指す。

＊24　プラットフォームの整備
ebayやDiscogsなどのマーケットプレイスの整備によって、マニア同士の取引が飛躍的に簡便化した。

＊25　ネオソウル
1970年代ソウルの生音志向をアップデートさせたサウンドを特徴とする。1990年代半ばからディアンジェロ、エリカ・バドゥらが主導した。

＊26　現代版ブギー
ディスコ／ブギーのリバイバルと並行して、2000年代末頃から明確にそういったサウンドを志向するデイム・ファンクらが支持を拡げていった。

＊27　ネオビンテージソウル
2000年代から2010年代に

がってくるはずだ。

ヒップホップの誕生とブレイクビーツ

アメリカにおけるヒップホップの誕生にもやはりDJの存在が大きく関わっている。1973年のニューヨークは、フランシス・グラッソやデヴィッド・マンキューソなど先駆的なDJの活動によってディスコ文化[*33]が黎明期を迎えていた。一方で、ダウンタウンのブロンクス地区では、ジャマイカからの移民であるディスコ好きのクライブ・キャンベルという青年が、地元ジャマイカ式のサウンドシステムを用いてパーティーを開催していた。

今ではクール・ハークとして知られるその青年のパーティーは徐々に同地区で話題となり、屋外に繰り出してブロックパーティー[*34]を催すようになった。自らのDJ中、集まった客がもっとも盛り上がっているのが曲中のドラム間奏部分（ブレイク）であるのに気づいたハークは、その間奏部分をオリジナルよりも長い時間聴かせることができるように、同じレコードを2枚用意し、それぞれのブレイクを連続してプレイした。

これがヒップホップ文化における「ブレイクビーツ」の始まりだ。DJがプレイするこの「ブレイクビーツ」に合わせてダンサーが技を競い、MCがリズムに合わせてラップを載せ、観客を沸かせるようになる。このヒップホップ文化の黎明期にハークがプレイしたレコードは、ジェイムス・ブラウンの関連作をはじめ、ハニードリッパーズ、インクレディブル・ボンゴ・バンドなどリアルタイムのファンク〜ソウル系楽

かけて隆盛した、1960年代から1970年代のヴィンテージな録音を思わせる新録ファンク／ソウル作品。

＊28 近年のチカーノソウル
前出のチカーノソウルをネオヴィンテージソウル通過後の視点で再現した新録作品。

＊29 ミックス
異なるレコードのテンポなどを調節し、途切れなく連続して聴こえるように再生すること。

＊30 フレドリック・ジェイムソン（1934-）
アメリカ・オハイオ州生まれの思想家／評論家。マルクス主義文学批評の立場から、後期資本主義社会におけるポストモダニズムを論じた。

曲が多かったという。

こうしたブロックパーティーは地元の若者達に大きな刺激を与え、同じようなＤＪプレイを志す者が増えていく。中でも重要な存在が、ハークと同じく西インド諸島にルーツを持つ青年、「アフリカ・バンバータ」ことランス・テイラーだ。

バンバータは、ハークの手法を受け継ぎながらもより広範なレコードから多彩なブレイクを探し出し、プレイした。その範囲はソウル／ファンク系を超えて、白人のロック、例えばエアロスミスやスティーヴ・ミラー・バンド、マウンテンなどにまでおよび、ときにはビートルズやモンキーズのレコードをもターンテーブル上に載せたという。こうした行為にほかのＤＪ達も参加していくことで、中古盤屋で二束三文で売りに出されているレコードからブレイクとして「使える」ネタ元を探すという、ヒップホップ特有の「ディグ」文化が形成されていった。また、彼が発足した「ユニバーサル・ズールー・ネイション」[*35]は、ＤＪ、ラップ、ダンス、グラフィティといったヒップホップを構成する各カルチャーのクルーを集結させた新たなゲットー共同体として様々な活動を繰り広げていった。

作り手への冒涜？

ブレイクビーツにおける音楽受容のあり方は、（特にロックを中心に）それまでの音楽鑑賞のスタイルがあくまで曲全体を通して味わうのを想定していたことからすると、ほとんど作り手への冒涜とすらいえそうだ。

＊31　サウンドシステム
ジャマイカ発祥のダンスパーティーのための移動式音響装置、およびそのセレクターやＭＣなどからなる集団のこと。

＊32　ディアスポラ
自らの生地あるいは祖先の生まれた国家／地域を離れて暮らす移民集団とそのコミュニティを指す用語。ここでは、イギリスで暮らす移民集団／コミュニティのこと。文化研究者のポール・ギルロイは、イギリスやアメリカ、カリブ海諸地域など大西洋岸各地に四散したアフロディアスポラとその文化を「ブラックアトランティック」という語のもとに論じた。

＊33　ディスコ文化
ニューヨークのゲイクラブに発するディスコおよびディスコカルチャーは、現代ＤＪ／リミックス文化の源泉という意味においても非常に重要な存在だ。例えばウォル

しかし、ここで重要なのは、旧来不可侵の「創作物」であったはずのレコードを、2台のターンテーブルというテクノロジーとリアルタイムの編集技術によってその価値を定義し直してしまった点にある。

つまり、レコードというのは（当然のことながら）あくまで「複製物」であり、そうである限りはDJやダンサーなど、それを受容する側の読み替え行為を避けることはできないし、むしろその読み替えを積極的に促しうるメディアでもあるということを、「ブレイクビーツ」は白日のもとに晒したともいえる。

更に、DJのグランドマスター・フラッシュ（彼もまたバルバドスからの移民の子である）は、ヘッドホンやミキサーを駆使してブレイクを際限なくプレイすることが可能になる「クイックミックスセオリー」を発案した。彼はまた、ターンテーブル上でレコードを後へ前へに動かすことでえられるサウンドを音楽的な効果として用いる「スクラッチ」の技法も深化させた。こうして、ヒップホップ文化においてターンテーブルとレコードは、単なる再生装置と録音物という役割を離れ、ひとつの「楽器」として独自の発展を遂げていく。

2次創作としてのブレイクビーツ

ヒップホップ黎明期にDJ達に発掘されたブレイクの数々は、1979年から1984年にわたって地元ニューヨークの〈Paul Winley Records〉からリリースされた非公式コンピレーションシリーズ「スーパー・ディスコ・ブレイクス」にまとめ

ター・ギボンズは、ドラムブレイクをつないだり同じレコード2枚を使ってループを作るなど、同時代のヒップホップDJたちと同じくモダンDJの先駆けとなるプレイをおこなった。またプロデューサーのトム・モールトンは、12インチフォーマットを用いてフロア向けのエクステンデッドミックスを制作し、「リミックス」概念を確立した。また、マンキューソや〈パラダイス・ガラージ〉のラリー・レヴァンをはじめ、ディスコ系のサウンドにかかわらずあらゆるジャンルをダンスミュージックとしてプレイする彼らの選曲は、後のDJカルチャー全般における脱ジャンル／脱文脈的な志向の重要なルーツといえる。

＊34 **ブロックパーティー**
ある区画（ブロック）のコミュニティ内で行われる、音楽を伴ったパーティー。

られ、同様のコンピレーションも散発的にリリースされた。また、1986年には、決定的なコンピレーションシリーズ「アルティメット・ブレイクス&ビーツ」が始動し、ブレイクビーツのネタ元であるソウル／ファンク／ロックなど過去の様々な楽曲が「定番」として広まっていった。

こうした流れは、1980年代のイギリスのレアグルーヴムーブメントとも共時性を感じさせるものだ。実際に、イギリスのDJ達が掘り起こしたレコードとブレイクビーツの元ネタはかなりの部分で重なっているし、レアグルーヴ勃興当時、ノーマン・ジェイは古いレコードに加えて最新のヒップホップも織り交ぜてプレイしていたという。そして、先に触れたとおり、歴史的文脈を離れて過去の楽曲を並列的に扱う「音楽の2次創作」を推し進めたという意味では、両者は、実質的に同一のポストモダン的性質を共有していたともいえる。

バンバータはなぜ、クラフトワークを引用したのか？

ブレイクビーツの発展と並行して、1970年代末から既存音楽業界を巻き込んだラップミュージックのブームが起こる。

多くのMCやDJが参入する中、アフリカ・バンバータも生バンドの演奏をバックにいくつかのレコードを作った。しかし1982年にリリースされた「プラネット・ロック」では、リズムマシンやシンセサイザーを大幅に取り入れ、全く新しいサウンドを創り上げた。

＊35　ユニバーサル・ズールー・ネイション
地元ブロンクスで10代のうちからギャング団を率いて縄張り争いに明け暮れていたバンバータは、映画『ズール戦争』（1964年サイ・エンドフィールド監督）に描かれたズール族のコミュニティのあり方などに触発され、1973年にギャング団「ブラックスペード」を再編し「ユニバーサル・ズールー・ネイション」を組織した。本文の通り、バンバータはヒップホップ文化の発展に大きく寄与し、同団体の運営を通じて友愛や団結を訴えるなど、社会的な活動もおこなった。しかし、重要な注釈として述べておかねばならないことがある。2016年4月、バンバータは、1980年当時ズールー・ネイション構成員であった当時未成年のロナルド・サヴェージへの性加害で本人から告発され、更に3名からの告発を受けたのだ。彼自身はこの疑惑を全面的に否認し、

今では「エレクトロ」[*36]の元祖として知られるこのレコードだが、本書のテーマに照らした際になによりも興味深いのは、ドイツの電子音楽グループ、クラフトワーク[*37]の「ヨーロッパ特急」（1977年）と、「ナンバーズ」（1981年）のフレーズを引用しているという点だ。

緻密な工業製品を思わせる規則的な反復ビートと機械的な冷たさを伴ったクラフトワークの音楽と、ニューヨークのストリート生まれの猥雑な音楽である（と理解されがちな）ラップミュージックは、一見正反対に位置する存在[*38]のように思われる。しかし、バンバータはクラフトワークの音楽にソウルやファンクに通じる律動感とグルーヴを見出し、自らの音楽に援用したのだ。

これもまた、ブレイクビーツ文化を経由した「脱歴史」「脱文脈」の論理を敷衍《ふえん》したものと考えられるかもしれないが、ここで更に掘り下げるべきは、この「プラネット・ロック」およびバンバータのアイデアが、いわゆる「アフロフューチャリズム」の視点からも示唆に富んでいる、ということだろう。

「プラネット・ロック」とアフロフューチャリズム

アフロフューチャリズムとは、1994年に批評家のマーク・デリー[*39]が自身のエッセイの中で提示した概念である。

近現代史の中で長く抑圧を受けてきた黒人が、遠大な時間的パースペクティブを主体的に物語る／表象することで、その歴史的歩みと未来の展望を前向きなものとして

一部ズールー・ネイションのメンバーが告発者を非難するなどした。しかし後にズールー・ネイション側はこれを公式に謝罪し、組織改編とともにバンバータも代表の座を追われた。更に2021年8月、バンバータは、1991年から1995年の間に当時未成年だった男性に繰り返し性的虐待をおこない、また彼をほかの成人男性に斡旋したとして、匿名の男性によって告訴された。バンバータは訴状に対して回答も出頭もせず、匿名男性が欠席判決により勝訴した。一連の告発は、彼の音楽表現と社会活動がその思想とも密接なものであったことに鑑みれば、（一方でその歴史的な功績を評価するのであれば）余計に看過することのできないものだろう。加えて（先に見たゲイリー・グリッターの例と同じく）閉じられた組織環境の中で絶対的な権力者としてカリスマ的な人物が君臨することの弊害がいかに大きいのか、そしてそれを

捉え直そうとするこの概念は、現在の様々な黒人文化を読み解く上でも特に重要な思想となっている。一方で、このアフロフューチャリズムは、その語が誕生する以前の黒人文化にも積極的に見出されていった。代表的なところでは、独自の神話的宇宙観を提示したサン・ラやPファンク一派の音楽、黒人女性SF作家オクテイヴィア・E・バトラーの作品などが挙げられる。

バンバータの「プラネット・ロック」は、電子音を多用したそのサウンドからして如実に「未来的」だ。大和田俊之は、長谷川町蔵との共著『文化系のためのヒップホップ入門』にアフロフューチャリズムについてのコラムを寄せているが、その中で、アメリカ文化研究者トリーシャ・ローズ[*40]による「プラネット・ロック」についての分析を紹介している。曰く、「プラネット・ロック」においてバンバータは、クラフトワークの音楽に聴かれるロボットのイメージを、資本主義体制下における奴隷として「ロボット化」された黒人達の歴史に重ね合わせた、というのだ。

とすれば、「プラネット・ロック」には、そういう非身体的な電子音と身体的（と理解されがち）なファンクのノリをぶつけ合わせることで、非身体的／身体的という、主流社会の側からすれば一見混じり合わないと認識される二項対立を内側から破壊する力が備わっていたと理解することもできる。

更に、電子楽器を大幅に導入した「プラネット・ロック」の例に限らず、ターンテーブルにはじまり、サンプラーやシーケンサー、リズムマシン、シンセサイザーなどヒップップホップとテクノロジーの発展は常に密接な関係にあった。そして、それら

どのようにすれば防止できるのかという重い問いを突きつけている。

＊36　エレクトロ　1980年代前半から半ばにかけて流行した、ファンクと電子音楽を融合したジャンル。本文の記述通り、アフリカ・バンバータを始祖とする。エレクトロファンクとも。

＊37　フレーズを引用　厳密にいうとサンプリングではなくシンセサイザーで再現されている。

＊38　一見正反対に位置する存在　クラフトワークのビートとブラックミュージックのグルーヴを融合させるアイデアがそれ以前に全く存在しなかったわけではない。ブライアン・イーノは1978年に、クラフトワークとパーラメントのコラボレーションを想像し、それが実現すれば興味深い「複合文化の統合体」となるだろうと語って

のテクノロジーはヒップホップ側によってブリコラージュ的に活用され、ときに開発者側の想定していなかったような用法が見出されていった。ブレイクビーツも、もともとはターンテーブルの意図的な「誤用」によって発明されたものだったし、サンプラーやドラムマシンも、開発当初の目的を逸脱した形で「誤用」されていったのだ。

ロボット的非身体性を背負わされてきた黒人の被抑圧者としての歴史を読み直し、想定外の方法でテクノロジーの手綱を引き寄せる。ヒップホップが推し進めたサウンドには、そのような転覆《てんぷく》的なダイナミズムが宿っている。そういった意味でも、ヒップホップはすぐれてアフロフューチャリズム的な文化だといえる。

サンプリングの浸透と音響の前景化

1980年代前半、見習いエンジニアだったマーリー・マールは、いまだ高価だったサンプラーを使ってスタジオ作業をおこなっていた際、あるレコードから意図したパートではなく、誤ってスネアの打音を抜き出してしまった。しかし、それが従来のドラムマシンの打ち込みよりも生々しいサウンドであることに気づいた彼は、この技術を使ってラップのトラックを制作していく。

1986年になると、**E-mu SP-12**という比較的廉価なサンプラーが登場し、ヒップホップの制作現場にも普及していった。その後、後継機種のSP1200やMPCが発売され、サンプリングタイムの向上や優れた操作性の実現によって、既存のレコードを元ネタとするサンプリングループによるトラック制作が一気に花開いた。

いる。

＊39 マーク・デリー（1959-）
米マサチューセッツ州生まれの作家／評論家。シチュアシオニスムをもとにした反消費主義運動である「カルチャー・ジャミング」という用語の浸透にも寄与した。

＊40 トリーシャ・ローズ（1962-）
米ニューヨーク生まれのアフリカ系アメリカ文化研究者。学術書としてはじめてヒップホップカルチャーを扱った1994年刊行の著作『ブラック・ノイズ』などで高い評価を受けている。

この時代の金字塔の一枚として評価されているのが、エリック・B&ラキムの『ペイド・イン・フル』（1987年）だ。同作は、ジェイムス・ブラウン関連曲やバリー・ホワイト、ジャクソン5など、過去の音楽からのサンプリング／引用をふんだんに用いて制作された。サンプリングによるトラックメイクは、その後のヒップホップに欠かせない手法となっていく。著作権侵害の問題もあり、1990年代に入るとあからさまなサンプル使いは減少していくが、DJプレミア、ピート・ロック、DJシャドウ、マッドリブ、J・ディラなどの才気あふれるDJ／プロデューサーによって常に革新的なビートが生み出されていった。

　サンプリングによるトラック制作の革新性は、「脱歴史」「脱文脈」的作業を通じた権威主義的構造の転覆に加え、「唯一絶対的な創作者」という西洋音楽に受け継がれてきた旧来の芸術家像を相対化した、という点にも求められるだろう。

　また、サンプリングの浸透は、レコードに記録された「音響」までもが楽曲制作に取り込まれることを意味していた。単に過去の楽曲のフレーズをコピーしたり、別の楽器で代替して演奏する場合は、あくまで「音符」としての情報が移植されるにすぎない。しかし、レコードという録音物から音の「鳴り」そのものを借用してしまうサンプリングの技法においては、そこに刻まれた音の質感[*41]（マイクが捉えた空気感、イコライジング効果など）すらも新たな楽曲へと移し替えてしまうのだ。レコードからのサンプリングをもとにしたトラックメイキングは、音符の移し替えでは成し遂げられなかった創作のフィールドを開拓することにもなった。

エリック・B&ラキム
『ペイド・イン・フル』
（1987）

巧みなサンプリングに加え、ラキムのラップ、エリック・Bのターンテーブルさばきも高く評価された。1995年にプラチナ認定。

＊41　音の質感
実際は機器のスペックによってレートが異なるため、特にサンプリング技術浸透初期のものは、元のレコードより音質が劣る場合が多い。一方で、そのローファイなサウンドがある時代のヒップホップ特有の「質感」となっているのも事実である。

古くて新しい伝統「シグニファイング」

大和田俊之は、『アメリカ音楽史』の中で、アフロアメリカン文化における「シグニファイング」という伝統について言及し、興味深い議論を展開している。まず大和田は、「シグニファイングの意味も多岐にわたるが、直接的にはアフリカ系アメリカ人特有の『ほのめかし』や『暗示』や『遠回しにいうこと』など間接的、婉曲的な表現のことを指す」とし、厳しい監視体制がひかれた「奴隷制下で白人の主人に気づかれないように悪口をいうことから派生したといわれる」とその由来について説明する。

その上でこの「シグニファイング」概念をより一般化し、元のテキストの書き換え行為として解釈したアフロアメリカ研究の権威ヘンリー・ルイス・ゲイツ・ジュニア[*42]の議論を参照しながら、モダンジャズに見られるテーマ→ソロ→テーマといった反復的な演奏形態や、ラップにおける「言い換え」や「読み替え」の技術、更にはサンプリングによるトラックメイキングにも「シグニファイング」が映し出されていることを指摘するのだ。

反復やダブルミーニング、パロディや婉曲法を用いることによって、ひとつのテキストを固定することなく書き換えていく。アフロアメリカン文化に受け継がれてきたこの「間テクスト」[*43]的な運動は、大和田が論じるとおり、まさしく、これまで見てきたヒップホップにおけるサンプリング、つまり、過去の楽曲を引用しながら固有のテキスト性を解体し新たなトラックを創り上げていくという方法論にも受け継がれてい

＊42　ヘンリー・ルイス・ゲイツ・ジュニア（1950-）
米ウェストバージニア州生まれの文学評論家。19世紀から20世紀にかけてアフロアメリカンによって蓄積された様々な文化を収集／分析し高い評価をえる。

＊43　間テクスト（性）
あるテクストを、自己完結した独立固有のものとして捉えるのではなく、先行するテクストや社会、文化、歴史などの関連において存在するとみなす概念。

る、「古くて新しい」伝統であると考えられるのだ。

ヒップホップ／ラップミュージックは、アフロアメリカンが受け継いできた伝統と最新テクノロジーの融合という意味でも、来たるべき音楽制作方法のスタンダードを萌芽させたという意味でも、そもそもの成り立ちの時点からして、その核心部に過去と未来を含み込む文化だったといえる。

トリーシャ・ローズに倣っていうなら、（主に「同胞」達が創り上げたファンクやソウルなど）過去の膨大な音楽遺産の引用、編集、再構築をおこなうヒップホップ／ラップミュージックにおけるサンプリングという技法は、アフロアメリカンにとっての「共同体の対抗的記憶装置」として機能してきたとも考えられるのだ。

ＤＪカルチャーが映すもの

本章で見てきたとおり、ＤＪという存在は、過去の音楽を読み替え、固定された文脈から解放し新たな創造性へと合流させるという重要な役割を担ってきた。そのダイナミズムは、あらゆるシーン、あらゆるジャンルで展開していく。ＤＪカルチャーは、ただ音楽遺産の再配置行為を推し進めるだけではなく、ある社会集団内外でのコミュニケーションの有り様と、更にはテクノロジー／メディアの発展と強固な相互関係を結んでいるものであるため、必然的に鋭い社会性を帯びもするのだ。

そしてまたその社会性は、ある場面では対抗的な色彩を帯びて現れることもあるし、また別のある場面では、より内閉的な力学を補強する形で発露することもあるだろう。

SOFT ROCK & LOUNGE MUSIC

第5章

ソフトロックとラウンジミュージック

渋谷系の時代と引用と編集の論理

1990年代の日本において、もっとも鮮やかに「過去の音楽の再文脈化」を体現していたのが、「渋谷系」のシーンだ。ソフトロックやラウンジミュージックの復権を辿ることで、この「渋谷系」が、なによりもDJやリスナーたちによって形作られた現象であった様が浮かび上がる。旧来のロック中心主義的な音楽ジャーナリズムからは常に周縁化されてきたそうした音楽は、いかにしてクールなものになったのか。様々な事例を交え、その流れを追う。

1957年　マーティン・デニー『エキゾチカ』▽80年代後半から再評価高まる
1966年　ビーチ・ボーイズ『ペット・サウンズ』▽後に歴史的名盤として神格化
1968年　『ロジャー・ニコルズ&ザ・スモール・サークル・オブ・フレンズ』▽後に渋谷系の定番アイテムへ
1976年　大滝詠一のラジオ番組「ゴー！ゴー！ナイアガラ」でソフトロック系音楽を特集▽ポップスマニアを啓蒙
1981年　ミレニウム『ビギン』など再発▽ソフトロック再評価の胎動
1985年　ピチカート・ファイヴがデビュー▽ポストテクノポップ時代のポップス再解釈を推し進める
1987年　『ロジャー・ニコルズ&ザ・スモール・サークル・オブ・フレンズ』CD再発▽リイシューの流れ加速
1990年　マーティン・デニー『Exotica '90』▽エキゾチカの巨匠が日本独自企画の新作をリリース
1993年　米『RE/Search』誌「Incredibly Strange Music」特集号発売▽日本の一部マニアの間でも話題に
1994年　コンピ「フリーソウル」シリーズ発足▽「感覚」重視型リスニングの浸透
　　　　テイ・トウワ『Future Listening!』▽イージーリスニングをクラブシーン向けに再解釈
1995年　〈トラットリア〉レーベルからフリー・デザイン各作が再発▽渋谷系ファンにアピール
　　　　書籍『モンド・ミュージック』刊行▽エキゾチカ、ＳＡＢＰＭなどを幅広く紹介
1996年　VANDA編『SOFT ROCK A to Z』刊行▽詳細なソフトロック情報の整備

1980年代から1990年代の日本の社会状況と音楽シーン

前章では、主に英米のDJ／リスナーが主導した各種の動きを論じてきた。この章では、視点を変えて、ここ日本のDJやリスナー、ミュージシャン達が大きな役割を担ったリバイバルを見ていこう。主な舞台となるのは、1980年代後半から1990年代の半ばにかけて、いわゆる「渋谷系」の前史から全盛に至るまでの約10年間だ。

まずは、この時代の日本社会と、音楽シーンの状況について簡単に述べておこう。

1980年代後半というのは、よく知られるとおり「バブル景気」へと至る時代だった。為替レート安定化のための協調的なドル安路線を狙う先進5カ国による合意＝「プラザ合意」が発表されたのが1985年9月。それを受け、据え置きから一転、翌1986年に実行された公定歩合の引き下げにより名目金利が低下し、株式や不動産への投機がヒートアップすると、1991年までその過当な状況＝バブル景気が継続していく。

1991年にバブルが崩壊すると、株価の暴落、地価の急落、不良債権の拡大、金融機関破綻などが波状的に広がっていき、景気指数も一転低下を辿った。1990年代後半には失業や就職難問題も噴出し、その後に「失われた20年」[*1]といわれた慢性的不況が日本経済を覆った。また、1988年から翌年にかけて発生した東京・埼玉連続幼女誘拐殺人事件やオウム真理教による一連の事件、更には1995年の阪神淡路大震災まで、日本社会全体が様々な社会不安とともに大きく揺動した時期でもあった。

＊1 **失われた20年**
1990年代初頭のバブル崩壊をきっかけにその後約20年間続いた経済停滞の期間を指す。2010年代に入っても、少子化の進行や一人当たり名目GDPの低下などが続き、現在ではその後の10年間を加えて「失われた30年」として論じる場合も多い。

国内の音楽シーンに目を向けると、１９８０年代半ば以降、「テクノポップ」[*2]「ニューウェーブ」[*3]の流行が沈静し、次なるムーブメントが胎動しはじめていた。後に「バンドブーム」[*4]と名づけられるとおり、アマチュアのバンドが次々と活動を開始し、ビートを強調した歌謡的なロックが大きな人気を博した。その一方で、よりメジャーな音楽業界では、おニャン子クラブをはじめとしたアイドル人気が高まり、お茶の間を巻き込んだブームとなっていった。１９９０年代に入ると「アイドル冬の時代」が到来するが、入れ替わるように、ビーイング系が台頭、１９９０年代半ばには「小室ファミリー」がミリオンヒットを連発し、「Ｊ－ＰＯＰ」の黄金時代が訪れる。

メインカルチャーへのアンチテーゼとしての「渋谷系」

「渋谷系」は、このような音楽シーンの流れを背景に、ある意味ではこうした状況へのアンチテーゼとして進展してきたムーブメントだ。実際にこの渋谷系という呼称が浸透していくのは１９９３年頃とされているが、現在では、それ以前の１９８０年代後半から蓄積されてきた様々な個別的動き＝前史も含んだ概念として理解されることも多い。

渋谷系という語はもともと、当時の東京都内を中心に活動し、ＨＭＶ渋谷店など、同地のレコードショップで局地的に高い売上を記録しているアーティスト達をゆるやかにくくる言葉として登場してきたため、そこに明確な音楽的共通項は存在しない。代表的なアーティストは、コーネリアス（小山田圭吾）、小沢健二、彼らによるバンド

＊２　**テクノポップ**　１９７０年代後半から１９８０年代前半にかけて流行した、シンセサイザーやリズムマシンなどの電子楽器を多用するポップミュージック。

＊３　**ニューウェーブ**　パンクムーブメントによる音楽シーンの激変以降１９７０年代後半から１９８０年代前半にかけて現れたロックの総称。

＊４　**バンドブーム**　それ以前のインディーズシーンを母胎として、１９８０年代末期から１９９０年代初頭にかけて個性を競うように国内に多くのロックバンドが出現し人気を博した現象を指す。

／ユニットのフリッパーズ・ギター、ピチカート・ファイヴ、オリジナル・ラブ、カジヒデキ、ラヴ・タンバリンズ、スチャダラパーなどが挙げられるだろう。1990年代前半に東京を発信源として全盛を迎えた、デザインやファッション、各種ストリートカルチャーと結びついた、洋楽志向の強い都会的な洗練を帯びた音楽、とまずは定義できる。

リスナー文化としての渋谷系と、「世界同時渋谷化」

この渋谷系と同時代の周辺文化を振り返るとき、多くの場合右に挙げたアーティスト達の活動とその歴史にフォーカスすることが一般的な方法となっている。しかし、ここではいったん彼らの作った音楽それ自体は脇において、彼らに影響を与えた、あるいは彼らが紹介した音楽、および同時代の多くのリスナーやＤＪが好んで聴き、プレイした音楽の方に迫ってみたい。

これには、当然ながら「過去の音楽の復権」を論じる本書の趣旨に沿ってそうするという事情もあるが、この渋谷系を、むしろリスナーやＤＪが主導した様々な音楽の発掘ムーブメントだったと捉えるほうが、より深くその特質に迫ることができるからでもある。先んじて述べておけば、右のアーティスト達もみな、表現者であると同時に熱心な音楽の消費者／発掘者でもあったし、彼らの「創作」の過程において、音楽の「受容」と「発信」は決して別個のものではなく、かつてないほどの密着度をもって分かち難く結びついていたのだ。

そして、渋谷系をあくまでリスナー文化として捉えようとするこうした視点は、その名称が指し示す固有の地域性を中和し、世界的な流れに連結することも容易にする。

この時代の東京のクラブシーンやレコードショップを舞台に巻き起こっていたのは、東京特有の局地的なムーブメントというよりも、むしろ前章で見てきた英米のＤＪカルチャー、特にレアグルーヴやアシッドジャズの論理が東京固有の状況や社会的な背景と混じり合ってローカライズされたものだった。ライターの川勝正幸は、こうした国内外シーンの共時性／連動性を指して、「世界同時渋谷化」と呼んだ。音楽以外の様々なジャンルを含めて、１９６０年代から１９７０年代という過去に生み出された意匠が、サンプリング的に引用され、編集され、再文脈化されていくさま。これはなにも１９９０年代の渋谷周辺に特有の現象というより、その前後を含めた時間軸の中で生み出された国内外の様々な文化と共振する越境的なものだったといえる。

その一方で、この「リスナー文化としての渋谷系」には、当然ながらここ日本を中心に醸成された様々な現象も含まれており、いうなればそれは、東京ローカルとグローバルが拮抗しながら混じり合うムーブメントだったともいえる。ここで考察の対象として取り上げたいのが、「ソフトロック」や「ラウンジ」、「モンドミュージック」などのリバイバルである。渋谷系研究の第一人者であるライター／ネットワーカーのばるぼらによる詳細なｎｏｔｅ記事「紙とＣＤで見る20世紀のソフトロック再評価」や「SUBURBIA SUITE再入門」など、およびそこに挙げられた資料を主に参照しながら、その流れを概述してみよう。その上で、渋谷系とは、あるいはその周辺文化とはなんだったのかを再び考えることで、最終的には、この時代の日本のサブカルチャー空間に内在する特有の論理の姿が浮かび上がってくるだろう。

「ソフトロック」の原義を探る

「ソフトロック」とはどんな音楽か。読んで字のとおり、柔和なロックミュージック。1960年代半ばから1970年代初頭にかけて制作され、クラシックやジャズの要素を孕んだ管弦楽器やコーラスなどを伴う、洒脱かつウェルメイドな編曲の施されたポップ志向のロックというのが一般的な定義になるだろう。

代表的なアーティストとしては、ロジャー・ニコルズ&ザ・スモール・サークル・オブ・フレンズ、ハーパース・ビザール、アソシエイション、ミレニウム、サジタリアス、スパンキー&アワ・ギャング、フリー・デザインなどが挙げられる。

もともとこの語は、一部例外[*5]を除き海外のロックジャーナリズムで頻繁に使われていたものではなく、日本独自に継承されてきた面が大きい。前出のばるぼらは、国内における「ソフトロック」という語の初出を、『平凡パンチ』1968年3月4日号に掲載された記事「脚光を浴びるソフトロック ヒットパレード上位へ続々進出」ではないかと推測している（「ジャンル名の起源 ソフトロックは誰が最初に言い始めたのか」）。興味深いのが、そこに挙げられているアーティスト名（アソシエイション、スパンキー&アワ・ギャング、サンシャイン・カンパニー、フィフス・ディメンションなど）が、現在のリスナーがイメージするソフトロック像とほぼ完全に一致している

＊5　一部例外
アメリカのラジオ局では、主に1970年代に流行した中道的なポップスや軽いロック曲を指すカテゴリーとしてソフトロックという語が使用された。この用法におけるソフトロックは、日本でいうそれとは別種の音楽を指している。逆に日本で「ソフトロック」と名指される音楽は、海外では主に「サンシャインポップ」などと呼ばれる。

という点だ。その後、同年5月リリースのハーパース・ビザールの日本編集デビュー盤に『ソフト・ロックの王者』と邦題がつけられているのをはじめ、8月リリースのアソシエイション『バースデイ』にも「ソフト・ロックのチャンピオン」と邦題がついており、同作を紹介する『ミュージック・ライフ』誌同年9月号の記事にも「典型的なソフト・ロック」という表現が使われた。

これらの例に鑑みると、当時の日本では、ある程度の認知度をもって現在イメージされるのと同傾向の音楽が「ソフトロック」と名指されていたことが分かる。しかし、この時点では、後年における特有の批評性を帯びた用語運用とは違い、あくまで素朴に「柔和なロック」を指す用語であったと理解すべきだろう。

日本におけるソフトロック受容

当然、こうした音楽を熱心に愛好するリスナーもリバイバル以前から少なからず存在していた。

中でも大きな情報発信元となっていたのが、大滝詠一がパーソナリティを務めるラジオ番組「ゴー！ゴー！ナイアガラ」だ。同番組は、オールディーズや歌謡曲など大滝の嗜好を反映した楽曲を詳細な解説とともにオンエアし、リスナー達を啓蒙した。そんな中、1976年8月24日の放送で、「60年代後半のさわやかサウンド」と題して、アソシエイションやロジャー・ニコルズ&ザ・スモール・サークル・オブ・フレンズやクリッターズなど多くのアーティスト／楽曲を紹介し、翌年と翌々年にも続編が企画された。それ以外にも、国内の一部洋楽マニアにも支持されたイギリスの音楽雑誌『ZIGZAG』が、1974年12月号から3号連続でミレニウム／サジタリアスの中心人物カート・ベッチャーを特集し、詳細な情報を伝えた。また、国内にも『POP-SICLE』というファンジンが存在し、熱心な情報発信の場となっていた。加えて、吉祥寺の「芽瑠璃堂」、原宿の「メロディハウス」、そして南青山の「パイドパイパーハウス」など、個人経営のレコード店も、そうしたソフトサウンディングなポップスを求めるリスナーの集う場所となっていた。

再度確認しておきたいのは、この時期（1970年代から1980年代半ば頃にかけて）、ソフトロック的なサウンドは批評的にも一般の支持という意味でも日陰に追いやられていた、ということだ。重厚長大さを重んじるロックジャーナリズムにも、ミーハー的なロックンロールリバイバルからも、パンク以降の音楽受容からもこぼれ落ちる、相当程度にニッチな存在だったのだ。

活況を呈すソフトロックのリイシューCD

1981年、当時「パイドパイパーハウス」店主の長門芳郎が解説を手掛けたミレニウム『ビギン』（1968年）とサジタリアス『プレゼント・テンス』（同年）が、CBSソニーの再発シリーズ「Rock Maniax Collection」の一連作としてリリースされる。また、翌年には同じく長門解説によるピーター・アンダース&ヴィニ・ポンシア関連作の再発LPが登場した。このあたりから、比較的若い年齢のマニアックなリ

ミレニウム
『ビギン』
(1968)

カート・ベッチャーを中心に結成されたバンド＝ミレニウムによる唯一のアルバム。当時の最新鋭技術である16トラック録音を駆使して作られた作品。1990年代に入り、その先鋭性とクオリティの高さから世界的に大きな再評価を受けた。

スナーの間で徐々にソフトロック的なレコードへ注目が集まり始める。
そうしたソフトロック再評価先駆け世代の代表が、１９８５年に細野晴臣主宰のテイチク傘下〈ノンスタンダード〉レーベルからデビューしたピチカート・ファイヴであり、その主要メンバー小西康陽だろう。小西は、少年期から「ゴー！ゴー！ナイアガラ」を愛聴し、学生時代からパイドパイパーハウスへ熱心に通うポップスマニアだった。小西は、ヴァン・ダイク・パークスなどによるバーバンク周辺の音楽を特集した『レコード・コレクターズ』１９８７年1月号掲載の座談会に、レーベルメイトの鈴木惣一朗とともに参加しているほか、同年9月には、ロジャー・ニコルズ&ザ・スモール・サークル・オブ・フレンズの同名作（１９６８年）の再発ＣＤへライナーノーツを寄せた。同作への執心ぶりが分かる小西の文章を引用しよう。

「……このロジャー・ニコルズのアルバム、僕にとってはまさしく生涯の一枚と言いますか、『無人島に持っていく』という決まり文句を形容したい程、大好きであり思い入れも深い作品であり、大仰に言えば僕の音楽観を決定した一枚と言って良い一枚なのです」

この『ロジャー・ニコルズ&ザ・スモール・サークル・オブ・フレンズ』は、オリジナルリリース当時には国内発売もされず、アメリカ本国でもほとんど話題にならずに終わった、いわば「忘れられたレコード」だった。しかし、後にカーペンターズの

ロジャー・ニコルズ&ザ・スモール・サークル・オブ・フレンズ『S.T.』（1968）

後にポール・ウィリアムスと組んでソングライターとして大成するロジャー・ニコルズが、ザ・パレードのマレイ・マクレオドらとともに制作したアルバム。

楽曲も手掛けることにもなるロジャー・ニコルズの卓越したソングライティング／選曲センス、マーティ・ペイチ、ボブ・トンプソン、ニック・デカロらの優れたアレンジ、いかにも1960年代後半らしい印象的なアートワークなどから、マニアの間で秘宝的な存在として聴き継がれていた。

同CDは発売されるやいなや大きな注目を浴び、再発盤としては異例の好セールスを記録した。もともと、コアなポップスのファンの間では隠れたスタンダードとして親しまれていた作品ではあるが、より広い層までアピールしたのには、当時新しいメディアとして普及期にあったCDフォーマットで再登場したというのがなによりも大きかっただろう。

その後1980年代後半から1990年代初頭にかけて、『ロジャー・ニコルズ&ザ・スモール・サークル・オブ・フレンズ』と同じ〈A&M〉のザ・パレードやクリス・モンテス、クロディーヌ・ロンジェ、ほかにもイノセンス、トレイドウィンズ、ハーパース・ビザールなど多くの再発盤が登場し、「ソフトロック」の呼び名も徐々に浸透していった。ここに至り、かつては一部のマニアが嗜好してしたソフトロックは、新たなリスナー層に再発見され、更にその新たなリスナー層が貪欲に情報を追い求めるという図式が浮かび上がってきた。

パイドパイパーハウス一派を発信源とする一連のリイシュー攻勢と並行して、よりアンダーグラウンドなレベルからも、ソフトロック再評価の機運が高まっていった。大きな役割を演じたのがファンジンで、中でも佐野邦彦が編集人となって刊行された

『VANDA』は最重要の存在だ。1991年にミニコミ誌『漫画の手帖』から派生し創刊された同誌は、不定期刊ながらマニアックかつ充実した記事を掲載するクオリティの高いファンジンで、号を重ねるにつれ徐々にソフトロック系の情報を多く扱うようになった。1995年6月、満を持して発行されたのが「Soft Rock A to Z大辞典」と題された特集号で、表題どおりソフトロック系アーティストをアルファベット順に紹介する網羅的な内容となった。翌年9月には、同号をもとに大幅な加筆修正が加えられたVANDA編『SOFT ROCK A to Z』が発行され、過去最大規模の、かつもっとも詳細なソフトロックの情報ソースとして重宝されていく。刊行後、この本に掲載されたレコードが次々と再発されていき、1990年代後半には、まさしくブームというべき状況が巻き起こっていった。

　またこの頃から、それまでインディーズ発のハーフオフィシャル盤[*6]がほとんどを占めていたソフトロック関連のコンピレーションアルバム市場に各メジャーレーベルが参入し、次々にオフィシャル盤をリリースしていった。更には、海外の再発レーベルも本格的にリイシューに動きはじめ、〈Rev-Ola〉〈Sundazed〉などがレア作を続々とCD化していった。

ソフトロック受容の世代差

　ところで渋谷系というと、特定の若者世代が主導した都市型ユースカルチャーだったと認識されがちだ。それ以前のニューウェーブ世代や、もっとさかのぼって団塊の

＊6　ハーフオフィシャル盤
1990年前半から半ばにかけて、国内のインディーズレーベルから数々のコンピレーションアルバムがリリースされた。ばるぼらは、note記事『紙とCDで見る20世紀のソフトロック再評価』の中で、このようなリリース活況の背景に当時の日本の著作隣接権の保護期間の短さが絡んでいたと指摘している（オリジナル発売から20年を過ぎた音源は、原盤元の許諾なく著作権使用料の支払いをおこなうだけで合法的にリリースすることが可能だった）。既存レコード業界からすれば面白くない事態であったはずだが、一方で、そうした状況があったがゆえにソフトロックブームが加速していったと見ることもできる。

世代の文化との差異に注目すれば、その理解も間違いではない。しかし、内実を見てみると、代表的なプレイヤーの間にもかなりの年齢差があることが分かる。

象徴的なのが、前出の小西康陽（1959年生まれ）と、フリッパーズ・ギターの中心人物である2人（小沢健二：1968年生まれ、小山田圭吾：1969年生まれ）の年齢差だろう。前者＝テクノポップへのアンチテーゼを内蔵しながら「その後」を志向していたピチカート・ファイヴおよび小西の存在、並びにそのファンコミュニティは、ある意味で旧世代の感覚（ナイアガラ〜パイドパイパーハウス的なもの）とその後の世代のセンスをつなぐ架け橋として機能した部分があったのではないだろうか。

一方でフリッパーズ・ギターは、もともとロリポップ・ソニックという名で活動していたインディー志向のバンドであり、その音楽はなによりもまずイギリスのポストパンク以降に現れたギターポップサウンド（＝日本でいうところのネオアコースティック系）を参照したものだった。すくなくともその活動初期には、過去のポップスを取り入れるよりも、あくまで1980年代の英インディー系へのシンパシーが色濃いものだった。

一方で、1960年代のソフトなサウンドを参照した音楽、例えばペイル・ファウンテンズや〈él〉レーベル発の諸作等を通じて、インディー系のリスナーが「元ネタ」のひとつであるソフトロック系作品に関心を寄せていく、という流れもあった。そんな時期、次々と発掘されるソフトロック作品にフリッパーズ・ギターの面々やそのファン達が親しんでいったであろうことは想像に難くない。事実、フリッパーズ・ギターは、セカンドアルバム『カメラ・トーク』（1990年）の頃からソフトロック的なモチーフを度々引用していくことになった。更に、後の1994年には、小山田圭吾がフリッパーズ・ギター解散後に運営へ参加したレーベル〈トラットリア〉からフリー・デザインの諸作がCD再発されている。

　このような事例からすると、ソフトロックとは、渋谷系内の様々なプレイヤー達の嗜好性をゆるやかに包括し接続するメディアとしての役割を担っていたともいえるのではないだろうか。

「アンチロック」としてのソフトロック

　1980年代後半以降のソフトロック受容史を見ていくと、右のように界隈や世代をまたいだ継承関係が浮かび上がってくるわけだが、いずれの場合でも指摘できるのは、それが過去の音楽の再評価運動であったとともに、あくまで同時代的な意識に駆動された、いわば「アンチロック」的なムーブメントであったということだ。

　先に述べたとおり、ソフトロック的な音楽というのは、長く「真面目な」音楽ジャーナリズム、特にロック系を扱うシリアスなメディアで繰り広げられる言説の中でしばしば軽視されてきたものだった。カウンターカルチャーと結びついたロック言説を経由してハードロックやプログレッシブロックへと発展していく流れを重視する「オールドウェーブ」的な観点からはもちろん、パンク〜ニューウェーブ以後のアンダー

フリー・デザイン
『カイツ・アー・ファン』
（1967）

米ニューヨーク州出身のヴォーカルグループによるファーストアルバム。〈トラットリア〉の再発専門ライン〈トラットリアファミリークラブ〉からリイシューされた。帯には当時同グループを愛聴していたという小山田が推薦コメントを寄せている。

グラウンドな観点からも、ソフトロックのサウンドはいかにも軟弱かつ商業主義的で、古臭いものとして周縁化されてきた。

しかし、1980年代後半には、パンク～ニューウェーブ的なアティテュードや方法論も結局のところ急速に商業化／希薄化し（≒「バンドブーム」）、同時に、旧来のオールドロック的世界像を支えてきた重厚長大な価値観も形骸化するにつれ、むしろその真反対側にあると考えられてきたソフトロック的なものがクールなものとして躍り出てきた。かつては軽視されていた、洗練されつつもイノセントな、作家的な記名性よりもある種の匿名性を帯びたサウンドが、時代の変遷を経て逆転的な批評性を獲得したのだ。

しかも、それを主導したのは、カリスマ的なスターというよりも、アーティストである以前に何よりもレコードを愛するいちリスナーでもあるような人達だった。もちろん先に述べたように、大滝詠一をはじめとした先駆者の地道な啓蒙活動があったことも前史としておさえておきたい。しかし、当時はそれがあくまで一部マニアの受容に留まっていたことからすると、渋谷系の時代に臨んでソフトロックやそれに隣接したサウンドが大々的な再評価に浴したという事実には、確実に、渋谷系の論理とも響き合う、すぐれて同時代的な要因が潜んでいたはずだ。

渋谷系の美意識を先取りしていたソフトロック

ソフトロックが本来的に孕んでいる様々な要素は、1990年代を彩った先端的な音楽観のかなりの部分を先取りしていたと考えることができる。

一つ目に指摘できるのが、録音スタジオをある種の楽器として認識するような、きわめて「音響志向」的なサウンドだ。

1960年代後半というのは、レコード制作において、それまでの原始的な2トラックレコーディングを脱し、多重録音／ミックスが可能なトラック数が増大していく時期だった。それゆえ、以前にもまして緻密なサウンドを高い再現度を持ってレコーディング／ミックスすることが可能になり、音色の多彩さ、様々な空間的効果を実現する技術が飛躍的に高まった。

こうした初期マルチトラックレコーディングの技術と知恵がふんだんに注ぎ込まれた一部のソフトロック作品は、打ち込みやサンプリングが常識化し、自在な多重録音が可能になった1990年代にあって、そのテクノロジーのある種の祖型として黎明期ならではの冒険精神を読み込まれ、称揚されることになった。また、こうした要素は、翻って各アーティスト固有の作家性をも逆転的に浮かび上がらせることになり、それがまた、様々な制約に立ち向かいながら創作活動に打ち込んだ孤高のアーティスト、という物語を紡ぎ出していった。こうした語りに度々召喚される「天才」アーティストとしては、ブライアン・ウィルソン、ヴァン・ダイク・パークス、カート・ベッチャーらが代表的なところだろう。

二つ目には、ソフトロックが孕むジャンル越境的な傾向を挙げられる。

ソフトロックは、その緻密なサウンドを聴けば分かるとおり、プロフェッショナルの作曲家や編曲家、演奏家が関わっている場合が多い。彼らは往々にして、ロックを越えてジャズやクラシック、映画音楽など様々なジャンルに通じた者達であり、おのずと、そのメロディーをはじめとして、施されるアレンジや演奏の細かなニュアンスに至るまで、洗練度が高い。これを、旧来のオールドロック的語法を離れ、ロック以外の様々な要素を取り込むことによってノンジャンル的なサウンドへ向かっていった渋谷系周辺の趨勢に重ね合わせてみるのは難しくないだろう。

　最後の三つ目には、渋谷系が内蔵しているとされる「過去の引用と編集」の方法論が、ソフトロックでも度々用いられていたという点が挙げられる。分かりやすいのは、ハーパース・ビザールや、ヴァン・ダイク・パークスなどによる、いわゆるバーバンクサウンド[*7]といわれる作品だろう。戦前のティンパンアレイ[*8]系音楽やハリウッド映画の音楽、更にはヒルビリー風の要素を引用し、構築的に再配置し、洗練された作品へと昇華していく方法論は、渋谷系のアーティスト達のそれに先んじる部分があったと見ることができる。

「フリーソウル」という発明

　DJ／選曲家の橋本徹が編集を手掛けた『SUBURBIA SUITE』、およびその後に続くリイシューシリーズ「フリー・ソウル」も、渋谷系時代の「過去の音楽の復権」を象徴する存在だ。

　1990年10月に1弾が刊行された『SUBURBIA SUITE』は、当初、アシッドジ

＊7　バーバンクサウンド
1960年代後半にワーナーブラザースが拠点とするカリフォルニア州バーバンクで制作されたノスタルジックでソフトな音楽をこう呼ぶ。

＊8　ティンパンアレイ
19世紀末から米ニューヨーク市マンハッタン西28丁目付近に音楽出版社が集中し騒々しい地域となっていたことからこの名がついた。1920年代から1930年代にかけて全盛を迎え、多くの作詞作曲家がヒット曲を量産した。

ャズなどのイギリスのクラブシーンの話題をはじめ、映画のサウンドトラックやイージーリスニング、ブラジル音楽などをコラム形式で紹介するフリーペーパーとして発足した。その後、ＤＪイベントやラジオ番組を通じて話題を広げていき、１９９２年11月には、レコード紹介に特化したガイドブック『Suburbia suite; especial sweet reprise 19921121』を刊行し、発売後短期間で1万部を売り切るヒットとなった。同じ時期から、サントラ、ラウンジ、フレンチ、ラテン、ブラジル系など、サバービア監修の再発ＣＤやコンピレーションアルバムが次々と発売され、若い世代の人気を博した。サバービアが送り出した一連の刊行物やイベント、再発企画は、この後に本格化していくラウンジブームやサントラブームの先駆というべきものも多く、先端的なセンスで様々な音楽を発掘していった。

これらもやはり、１９９０年代前半当時において一般的には「忘れられた」、かつ批評的な関心の外側に捨て置かれがちだった音楽が多くを占めていた。橋本のライティング／編集／コンパイルには、リアルタイムのリスナー層の受容態度とはまったく違った、「感覚重視」の姿勢が色濃く表れていた。そしてまた、連動してＤＪ／クラブイベントも積極的に展開していったという点もまさに、レアグルーヴやアシッドジャズ以降のセンスを反映していたといえる。

１９９４年4月に刊行されたガイドブック第2弾『Suburbia suite; welcome to free soul generation 19940409』では、それまで同様イージーリスニングやブラジルものなどに加えて、主に１９７０年代のソウルミュージックを、「フリーソウル」というキーワードのもとに紹介した。旧来の日本のソウルファンの間では、サザンソウル／ディープソウルなど、重厚で泥臭いレコードが真正のものとされがちで、また、それらのマニアは歴史主義的な姿勢も強かった。しかし「フリーソウル」は、そういった姿勢とは異なり、メロウで浮遊感のあるサウンドを、歴史観や系譜とは離れてあくまで感覚的に楽しむ、という点に革新性があった。

こうした感覚は、いまでこそ多くの音楽ファンの間にごく当たり前のものとして浸透しているため、その衝撃性を理解するのは難しいかもしれない。しかし、「フリーソウル」という「発明」をきっかけに、それまでソウルミュージックに親しみのなかった若年のリスナーが、（かつてのマニアの世界では）全くの二流とされていたもの、あるいはあまりに有名で逆にマニアからの言及が限られていたもの、更には存在すら知られていなかった作品をこぞって聴くようになったという事実は、ここ日本の音楽リバイバル史において特に重要なものだ。

「フリーソウル」は、１９９４年からメジャーレコード会社各社を巻き込んで様々なコンピレーションやストレートリイシュー企画を実現させていき、旧譜作品の売上としては異例ともいえるヒットを連発した。ソウル以外にも、ロックやポップス、ジャズ、更には歌謡曲などを「フリーソウル」の視点から次々と再提示していき、そのリリースタイトルは、現在までに１２０枚を超えている。

オムニバス
『free soul impressions』
（1994）

1994年4月に〈BMGビクター〉よりリリースされた「フリー・ソウル」シリーズ第1弾作（『Free Soul Visions』と同発）。ブレイクウォーター、エドナ・ライト、リンダ・ルイス、ジョン・ルシアン、ウエルドン・アーヴィン、ジェイムス・メイソンらの全18曲を収録。

エキゾチカ、ムードミュージックを取り入れるアーティスト

古くから、ムードミュージック[*9]やイージーリスニング[*10]などといわれていた音楽は、1960年代にロックが登場して以降、端的にいって若いファンが主体的に聴くには値しない、中年、老年向けの保守的な音楽として（主にロックファンなどから）認識されてきた。

豪奢なストリングス、軽やかなスキャットなどに彩られたそれらは、1950年代から1960年代の全盛期以降長らくレコード店の片隅に（大量の不良在庫として）押しやられ、同時代的な役目を終えた過去の音楽とみなされていたのだ。しかし、これらの中の一部の音楽が、1980年代末頃からクールな存在として急激に再文脈化されていく。そのキーワードとなったのが「ラウンジミュージック」だ。

一方で、かつて日本では、1970年代半ば以降細野晴臣がいわゆる「トロピカル三部作[*11]」からYMO初期にかけて実践した例に聴かれるように、ムードミュージックの中のサブジャンルである「エキゾチックサウンド[*12]」（以下エキゾチカ）が、ポップミュージックの中で引用されるという先駆例があった。

1970年代のアマチュア時代からこうした音楽に親しんでいたという音楽家／スティールパン奏者、ヤン富田も重要な先駆者だ。元プラスチックス～メロンの中西俊夫と組んだウォーター・メロン・グループのアルバム『クール・ミュージック』（1984年）では、テクノポップを通過した軽音楽を披露し、後の1992年のソ

＊9　**ムードミュージック**
主にオーケストラ形態で演奏される情緒を含んだ耳なじみの良い音楽。

＊10　**イージーリスニング**
ムードミュージックとほぼ同意。1961年に『ビルボード』誌が同名チャートを設けたことに始まる。

＊11　**トロピカル三部作**
『トロピカル・ダンディー』（1975年）『泰安洋行』（1976年）『はらいそ』（1978年）の3作品。マーティン・デニーなどの架空的なエキゾチックサウンドを、アメリカンロックを経由した東洋ミュージシャンの目線から再構築するというきわめてハイコンテクストな内容。

＊12　**エキゾチックサウンド**
1957年リリースのマーティン・デニーの同名アルバムをもとにする呼称。ハワイやオセアニア、

ロアルバム『ミュージック・フォー・アストロ・エイジ』以降も、独自の審美眼に貫かれたエキゾチカを究めていった。この間富田は、音楽プロデューサーの井出靖監修のもと、エキゾチカ界の代表的アーティスト、マーティン・デニーのベスト盤『ザ・ベリー・ベスト・オブ・マーティン・デニー』（1988年）の選曲を担当し、更にはその後、日本企画のマーティン・デニーの新録アルバム『Exotica '90』（1990年）のプロデューサーを務めるなど、エキゾチカリバイバルの中心的存在として活動した。

DJとパーカッション2人という特異な編成で活動したラテン音楽ユニット、東京パノラママンボボーイズの存在も重要だ。彼らは1950年代から1960年代のビッグバンドスタイルのラテンミュージックをクラブ世代に届けた。同グループメンバーでDJのコモエスタ八重樫は、1993年のソロアルバム『恋は水色』で、電子楽器を用いてイージーリスニングの名曲をカバーし、ラウンジ人気の先鞭をつけた。

ほかにも、ディー・ライトとしてニューヨークで活動していたテイ・トウワが、イージーリスニングをクラブシーン向けに再解釈したソロアルバム『Future Listening!』を1994年にリリースするなど、先端的なミュージシャンの間で、ラウンジ的な要素が積極的に取り入れられるようになる。

前出のサバービアおよび橋本徹も、1993年にキングレコードと組んで『COOL EXOTIC BREEZE』というCD再発シリーズの監修を務め、レス・バクスターやアーサー・ライマンの作品を新世代のリスナーに届けた。また、同じ1993年には、ク

東南アジア、南米等、欧米から見た「エキゾチック」な地域の音楽を想像して制作された（主に）アメリカ人による作品を指す。

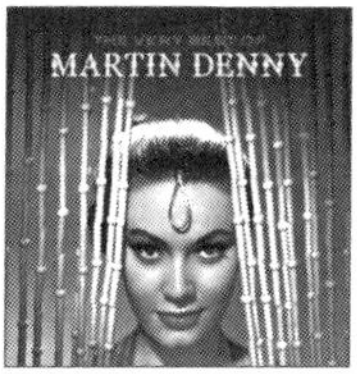

マーティン・デニー
『ザ・ベリー・ベスト・オブ・マーティン・デニー』
（1988）

YMOがカバーした「ファイヤークラッカー」をはじめ、代表曲からレア曲まで全29曲を網羅。

リエイター集団京浜兄弟社[13]を母体とするレコード店「マニュアル・オブ・エラーズ」が東京・高円寺に開店し、ラウンジ、エキゾ系に限らない（後にモンドミュージックとして概念化されるものとも重なる）様々なレコードを取り扱った。

海外から吹きつけるラウンジの温風

日本国内でリスナー文化として成熟しつつあったラウンジ、エキゾ系の復権だが、この時期、同様の志向を持った海外のマニアの存在も顕在化しつつあった。もともと、ガレージパンク周辺のB級趣味的なコミュニティが活発なアメリカには、そうしたレコードを志向する非リアルタイム世代のマニア／コレクターが１９７０年代から存在していた。

１９９３年、そうした蓄積の成果が紙メディア上に結実したのが、サンフランシスコの編集者Vヴェール主宰の雑誌『RE/Search』の「Incredibly Strange Music」特集号だった。１９５０年代から１９６０年代に制作された、「奇妙な」イージーリスニング／ムードミュージック系作品を、ミュージシャンやコレクターの発言とともに紹介する内容で、レコードカタログという性格を超えて、より深くその文化的意義を考察したものだった。同特集号は日本にも輸入され、マニアの間で話題となった。また、同じ時期にはアメリカの有力な週刊誌『Newsweek』に「グランジからラウンジへ」をテーマとした記事が掲載され、グランジ的なヘヴィロックから軽妙洒脱なラウンジミュージックへの流行の変遷を印象づけた。

＊13　**京浜兄弟社**
１９８２年、バンド「東京タワーズ」のファンクラブとして当時高校生だった写真家常盤響によって結成された集団。東京タワーズのメンバー岸野雄一や加藤賢崇等を中心に、ライブラリーレコード等の解読／研究をおこなった。岡村みどりや松前公高、ゲイリー芦屋など実作者も多く参加し、職業作家集団としても知られた。

この「グランジからラウンジへ」というキーフレーズから窺われるのは、アメリカにおいてもラウンジミュージックのブームがひとつのカウンター的な運動と考えられていたという事実だ。日本において既存の音楽シーンに対するアンチテーゼとしてソフトロックが機能したように、ラウンジブームも、ある種の「梯子外し」として、それまでの潮流を塗り替えていった。

宇宙時代の独身ふわふわ音楽？

メキシコ出身の作曲家エスキベルが1950年代から1960年代にかけて録音した楽曲をコンパイルしたCD『スペース・エイジ・バチェラー・パッド・ミュージック』（1994年）も、海外発のラウンジ再評価を振り返るときに外せない作品だろう。

表題に掲げられた“Space-Age Bachelor Pad Music”（以下SABPM）とは、同作のアートワークを手掛けたコレクターのバイロン・ワーナーが提唱した概念で、当初は仲間内に配付するミックステープに付けられた名称だった。直訳すれば、「宇宙時代の独身ふわふわ音楽」。ステレオ効果を存分に活かした音像、未来的なテイストと都会的なラテン音楽のクールさを取り込んだサウンドは、まさにこの当時のリバイバルのど真ん中を突くもので、リイシュー作品ながら本CDは大きな売上を記録した。

本作の登場と前後して、ステレオ効果を強調した音楽や、テルミンなどの電子音を使用したイージーリスニング音楽が、この「SABPM」という語によって再解釈され、

エスキベル
『スペース・エイジ・バチェラー・パッド・ミュージック』
（1994）

音楽ジャーナリスト／ラジオパーソナリティとしてSABPMの啓蒙をおこなっていたアーウィン・チュシドがコンパイルを務めた。リリース元の〈Bar/None Records〉は、ゼイ・マイト・ビー・ジャイアンツなどをリリースするインディーロック系の名門レーベル。

にわかにクールなものとして復権していく。こうした流れは古いレコードの発掘にとどまらず、同時代の現行シーン[*14]とも連動していた。イギリスのバンド、ステレオラブは、そのものずばり『ザ・グループ・プレイド・スペース・エイジ・バチェラー・パッド・ミュージック』（1993年）というタイトルのEPを制作している。

1950年代当時、冷戦下の宇宙開発競争が徐々に加熱していく中、アメリカ大衆文化には、宇宙的で未来的なイメージが大量に流通していった。消費ムードの高まりと新たな郊外文化が共存共栄していく中、当時の白人独身男性達の可処分所得と想像力の行き先は、「宇宙」というまだ見ぬ空間へと向けられることになった。その意味でSABPMは、部屋にいながらにして見知らぬ土地への観光気分を味わわせてくれるエキゾチカの空間意識が宇宙まで到達してしまった音楽、と捉えるのも可能だろう。1960年代半ばにイギリスの若者達が強烈なロックビートを全米へ響かせる以前、ぬるま湯のように滑らかで少しだけ実験的な音楽が、ステレオ装置という新しい「玩具」を手に入れた元少年達の心を捉えたのだ。

それから40年弱、冷戦終結とグローバル化を経た1990年代にあっては、かつてアメリカが抱いた「架空の観光地」への空間的想像力も喪失せざるをえない。そのような時代にあって、エキゾチカやSABPMが、牧歌的なエキゾチシズムがいまだ有効であった1950年代をノスタルジックに夢想させてくれる音楽として復権したのだと見ることも可能だろう。

加えて冷戦終結によって大義を失い、更に、かつて思い描いていたようには順風満

＊14　**同時代の現行シーン**　後述するステレオラブのほかにも、アメリカのザ・カクテルズ、コンバスティブル・エディソン、ラブ・ジョーンズ、イギリスのハイ・ラマズなど、ラウンジリバイバルと共鳴するアーティストが続々と脚光を浴びた。

帆には進行しなかったその後の宇宙開発の歩みに照らすと、「失われた輝かしい未来（宇宙）像」への鎮魂的なノスタルジアもそこに潜んでいるともいえそうだ。こうした図式は、次章で取り上げるヴェイパーウェイヴやそれに関連するリバイバルに潜むテクノロジー躍進時代へのねじれたノスタルジアの先取りと考えることも可能だろう。また、このような類推は、アメリカにおけるラウンジブームを先導した前出の『RE/Search』誌が、パンクやインダストリアルミュージック[*15]、SF文化と深い関係にあったことからしても、ある程度説得性があるように思われる。

モンドミュージック

1994年には、アメリカの評論家ジョゼフ・ランザが、画期的な書籍『エレベーター・ミュージック』[*16]（邦訳1997年）を刊行し、イージーリスニング、ミューザック[*17]、ニューエイジミュージック（第7章）などの歴史を体系的にまとめた。また、翌年にはオムニバス映画『フォー・ルームス』で、クエンティン・タランティーノが自身の監督パートの劇伴にエスキベルの楽曲を使用して話題となる。『レザボア・ドッグス』（1992年）、『パルプ・フィクション』（1993年）といった監督作品で、過去のMOR楽曲やサーフミュージック等を使用しリバイバルヒットへつなげてきたタランティーノが取り上げたことで、更に幅広い層へラウンジブームを印象づけた。『フォー・ルームス』公開から遡ること数カ月前、1995年2月に日本で書籍『モンド・ミュージック』が刊行されたのも、このリバイバルの広がりの象徴的な出来事

*15 **インダストリアルミュージック**
1970年代後期にパンクの影響のもと現れた、電子的なノイズを基軸とした前衛的な音楽。工業社会への批判的な視座、テクノロジーへのアンビバレントな志向を持つ。

*16 **エレベーター・ミュージック**
主に欧米において、エレベーターをはじめとして、ホテルのラウンジやショッピングモールで流れるBGMを総称する語。1990年代以前にはしばしば侮蔑的なニュアンスを伴って使用されていた。

*17 **ミューザック**
アメリカのBGM提供企業「ミューザック」社に由来する語。同社が商用向けにムードミュージック風のBGMを提供したことに端を発し、後にBGM一般を指す語として定着した。

といえるだろう。

エキゾチカ、ラウンジ、SABPM……様々な語とともに進行してきた一連のリバイバルが、同書によって「モンドミュージック」という名のもとに包括的に理解できるようになったのも大きかった。監修者のひとりであるライター／編集者の小柳帝によれば、「モンドミュージック」とは、イタリアの映画監督グァルティエロ・ヤコペッティによる『世界残酷物語』（原題〝Mondo Cane〟1962年公開）に端を発する疑似ドキュメンタリー映画を指すジャンル名「モンドムービー」からヒントをえて命名されたのだという。ヤン富田や細野晴臣といった先駆者や、ヴァン・ダイク・パークスといったレジェンド、更には歴戦のコレクターへのインタビューや、各種コラム、ディスクレビューが詰め込まれた、まさにこの間のリバイバルの集成というべき1冊で、様々なメディアで取り上げられた。1999年には続編の『モンド・ミュージック2』も刊行され、レス・バクスターやエスキベル、『RE/Search』のVヴェール、バイロン・ワーナーへのインタビューのほか、更にマニアック度を増したコラムやレビューが掲載された。

HCFDMと傍流ジャンルのリバイバル

海外でもラウンジ系音源の発掘リリースが本格化していった。1996年には、米〈Capitol Records〉発の「ウルトラ・ラウンジ」や、英〈DERAM〉発の「イン・フライト・エンターテイメント」シリーズが発足し、各種コンピレーションCDがメジャー各社から続けざまにリリースされている。また同年、ドイツのＤＪチーム、ル・ハモンド・インフェルノが主宰するレーベル〈Bungalow〉より、ピチカート・ファイヴやハバナエキゾチカ、コーネリアス、カヒミ・カリィなど日本のアーティストの楽曲をラウンジリバイバル以降の視点からコンパイルしたCD『Suhi 3003』がリリースされるなど、国内外のシーンが積極的に交流する中でよりクラブシーンに密接した動きも表面化してきた。

また、ル・ハモンド・インフェルノやステレオ・トータル、オランダのアーリング&キャメロン、更には日本のピチカート・ファイヴやファンタスティック・プラスチック・マシーンなどによる、ハウスやテクノ、ドラムンベースの要素を交えたラウンジ風のサウンドが、「ハッピー・チャーム・フール・ダンス・ミュージック（以下HCFDM）」[*18]と呼ばれ、1990年代後半に支持された。その名のとおり、底抜けに明るく楽しげなこの音楽は、ロックやジャズなどの既存ジャンルはもちろん、ある意味では、同時代のシリアスなクラブミュージックや主流ヒップホップへのカウンターとしても機能していたと見ることもできる。

加えて、ここまで見てきたラウンジ系音楽のリバイバルは、その関連ジャンルの復権とも連動していた。1980年代後半から、1960年代のイタリア映画の劇伴音楽が注目を集め、マルコ・ヴィカリオ監督作『黄金の七人』（1965年公開）のサントラ盤を代表として、数多のレコードがラウンジ目線で再評価されていった。同サントラ収録のテーマ曲は、フリッパーズ・ギターが「恋とマシンガン」（1990年）

＊18 **HCFDM**
この名称は小西康陽の考案によるもので、1997年6月リリースのピチカート・ファイヴのアルバム『HAPPY END OF THE WORLD』のプロモーションにあたって自らが命名した。

アルマンド・トロヴァヨーリ『黄金の七人オリジナル・サウンドトラック』（1965）

イタリアの作曲家アルマンド・トロヴァヨーリが手掛けた同名映画の音楽集。1992年にLPとCDで国内盤がリイシューされた。

で引用したことでも名をあげ、渋谷系時代の基本アイテムとして定着していった。また、自身が重度のシネフィルでもある小西康陽は、リチャード・レスター監督のイギリス映画『ナック』（１９６５年公開）のリバイバル上映にも関わり、様々なサントラ楽曲を集めたコンピレーションＣＤの編纂も務めた。スタイリッシュなヴィジュアルを含め、デザインやファッションを巻き込んで（かならずしも古参映画ファンからは評判の高くなかったニッチな作品を含めて）主に１９６０年代産のヨーロッパ映画が大きく再注目されることになった。

ほかにも、ヨーロッパの放送用音源を収録したライブラリーミュージックのレコードや、モーグシンセサイザー[*19]など駆使したイージーリスニング風の電子音楽作品、更にはナレーションを主とするハウツーものの実用レコードなどが続々と発掘されていった。

都市のコミュニケーション

ここまで度々触れてきたとおり、ソフトロックやラウンジミュージックは、１９６０年代後半以降の主流音楽ジャーナリズムにおいては、長らく軽んじられてきた日陰の存在だった。それらに被った埃を振り落とし、同時代的な感覚で聴かれるべき存在として再文脈化する論理は、ロンドン発のレアグルーヴの実践とも重なり合うものだ。

ラウンジミュージックのように、かつては「背景（バックグラウンド）」として機能していたものを、価値観の転倒と再文脈化を経て前景へ浮かび上がらせるその運動

＊19　**モーグシンセサイザー**
アメリカの電子工学博士ロバート・モーグによって開発されたアナログシンセサイザー。１９６０年代後半以降、ロックなどの様々なジャンルで活用され、その目新しいサウンドにフォーカスしたイージーリスニング系のレコードも数多く制作された。

は、ポップミュージックの覇権地図における地と図のドラスティックな反転と捉えてみると分かりやすいだろう。既存の前景を形作っていた音楽が供給過多となり画一化していくとき、それまでは見落としていた（背景に馴染んでしまっていた）後景の中の一部が、突如として珍奇なもの／クールなものとして浮き出てくる、という図式だ。

これは、CDの普及によって新旧の様々な音楽が溢れ、情報の飽和ともいうべき状態が一般に浸透し本格化していった1990年代の音楽受容状況と表裏一体の現象だったといえる。そして、その重要な発信源が東京（の渋谷周辺）であったというのは、世界規模で見ても稀なほどに多数のレコード／CD店がひしめき、中小のクラブが集中し、雑誌やフリーペーパーなどを通じて膨大な情報が輻輳《ふくそう》していた当時の東京の性質に鑑みても、納得のいくことだろう。そういった意味では、1990年代の、特にDJ／リスナー文化が発信源となった各種リバイバルは、メディアの発展はもちろん、現代の都市と、そこにおける絶え間ないコミュニケーションのあり方となによりも深く関連したものだった。

「アンチ商業主義」へのカウンター？

また、これも繰り返しになるが、一連のリバイバルは、ある特定のサブカルチャー空間内における強力な作家的記名性を伴う「オリジナリティ」至上主義的傾向が、それへのさらなるアンチテーゼ＝内発的な「オリジナリティ」からの離脱のポーズ＝匿名性への志向へと入れ替わっていく運動だったと捉えられる。

かつての理解では、ソフトロックやラウンジミュージックというのは、商業主義的な要請と折り合いをつけ、時には積極的に寄り添う、はじめから「類型的で匿名的な商品」であることを宿命づけられたものでもあった。アーティストのカリズマティックな姿／思想を前提とした旧来のロック中心主義的観点からは忌避されてきた、ある種の非思想性や親消費文化的なあり方が、ときとともに脱文脈化され、むしろナイーヴな創造性を映した愛でるべき産物として再解釈されていった。それは、非商業主義的な生真面目さを掲げながらも自らが消費社会の強力な牽引役となってしまった旧来のロック中心主義的な価値観をしたたかに相対化することにもつながった。

しかしながら他方で、例えば同時期から非リアルタイムのファン内で急速に醸成されていったビーチ・ボーイズおよびブライアン・ウィルソンへの、特に『ペット・サウンズ』（1966年）などにおけるサウンド作りへの強大な関心、そして、そこにアーティストのオリジナリティを見出そうとする傾向を思い起こすなら、更にねじれた心性も浮かび上がってくる。

つまり、非ロック的な匿名性を肯定し全面的な「価値の転換」を推し進めたかに見える一連のリバイバルの内側には、一部の「天才」による作品を、創作の秘技に満ちたものとして奉じ、そのスタジオワークのあり方にほかとの差異を見出し崇拝するという傾向も、巧みに折りたたまれていたのである。

渋谷系文化に見る匿名性と差異志向の並立

こうした「類型性」や「匿名性」への志向と、作家的主体に発するオリジナリティへの志向の並列、そしてそれがもたらす緊張状態は、当然、自らが熱心なリスナーを兼ねていた渋谷系の時代の作り手の意識にも流れ込んでいたはずだ。

新旧の音楽[*20]からの引用を積極的におこない、それを並列的に編集していく手法それ自体にフォーカスするなら、オリジナリティを一から追求し、「自らの魂」を反映した作品を作り上げようとする意思は蒸発してしまっているかのように見える。

しかしながらその一方で、彼らは自らのまとう／発する「イメージ」には常に敏感であり続け、ときに（自らが積極的に引用しているのにも関わらず）、リスナーやメディアからのあからさまな「元ネタ」の指摘については無条件には歓迎しなかった。また、音作りにおいてはもちろん、アートワークなどのヴィジュアルやときにメディア上での発言に至るまで、綿密なイメージ戦略を実践し、先行する他者への追従を嫌い、自らの美意識を貫徹すべく完璧主義的な姿勢をとったのだった。

なぜそうした相矛盾するように見える論理の並立が可能になったのだろうか。解きほぐして考えれば、両者は相矛盾するどころか、相互に深く絡み合った関係にあるように思われる。

自らの内部に発する「オリジナリティ」から距離を取り（取っているように見え）、新旧の音楽の引用や編集といった「参照のサイクル」を通じておこなわれた「創作」

＊20　新旧の音楽
本章では主に過去の音楽からの影響／引用について見てきたが、当然ながら、同時代の先端的な音楽からも大きな影響を受けていた。例えば、初期には1980年代のギターポップを主に参照していたフリッパーズ・ギターは、サードアルバム『ヘッド博士の世界塔』（1991年）において、アシッドハウス、マンチェスターサウンド、シューゲイザーなどの要素を大幅に取り入れた。ほかにも、ピチカート・ファイヴを筆頭に、同時代のクラブミュージックの先端的サウンドを取り込むアーティストも少なくなかった。ここでの話の核心は、そうした最新の音楽が過去の音楽と並列的に引用され、脱歴史／脱文脈的に編集されていった、という点にある。

においては、参照先がいかにトリビアルなものであるかといったメタ的な審美眼や、参照の仕方それ自体における技術論的な差異こそが、コミュニティ内の他者の「創作」との差異を画し、自らの音楽がアイデンティティを獲得するのための賭け金にならざるをえないだろう。内発性なオリジナリティから距離を取ることによって、メタ的な次元でのオリジナリティへの希求が逆説的に浮かび上がってくるのだ。

この「差異化」の論理は、フランスの哲学者ジャン・ボードリヤール[*21]が『消費社会の神話と構造』（１９７０年）の中で論じた「最小限界差異」、つまり、実体的／現実的差異が無効化してしまった高度消費社会においてせり上がってくる、ごく微細な差異それ自体を個性探求の賭け金とするコミュニケーションのあり方と相似形を描いている。

フリッパーズ・ギターが、中古レコードや輸入レコードを大量に買いあさること自体を制作の一環として捉えていると発言したのはよく知られている。かつて「創作」に刻み込まれていた、内発性を重視する精神主義的ないかめしさから離れ、「創作」と消費の距離が限りなく接近して混じり合う中にあっては、その音楽にどのような思想／意味が内在しているかということではなく、あくまで表層上の、かつ微小な差異こそが、自らの音楽と、自らをほかから分け隔ててアイデンティファイするための有力な通貨となっていった。

＊21　ジャン・ボードリヤール（１９２９－２００７）
フランスの哲学者／批評家。ポストモダン思想の代表的論者で、著書『シミュラークルとシミュレーション』（１９８１年）では、オリジナルとコピーの区分が消滅し、記号化されたコピーが大量消費される現代社会のありようを論じた。

データベース消費としての2次創作？

個別的な情報ソースとして蓄積／整理される、新旧の音楽。そこから引用した要素の再構築。これらを更に別の角度から分析してみよう。

渋谷系の創作論理の中核に、右のような各要素があったのだとすれば、ここには、2000年代はじめに哲学者の東浩紀[*22]が「オタク」について論じる中で提示した概念、「データベース消費」のあり方と共通するものが潜んでいたとも指摘できそうだ。

かつて1980年代においてオタクの消費行動は、アニメやゲームのキャラクターなり個々の要素に拘泥する場合であっても、あくまでその背後に存在する（とされている）作品総体の物語を反映するものとしてそれら個別のものを受容していたという。

しかし東は、1990年代半ばころから、そういった「大きな物語」を前提とした消費のあり方が失効し、データベースとして個別的に集積された情報こそが主な消費財となっていると分析し、こうした状況を「データベース消費」という用語で概念化した。また、こうした消費行動に伴って、個別のキャラクターを用いた2次創作などのファンダム文化が隆盛していることも指摘した。そこでは、それぞれの作品世界総体を貫く物語性よりも、個別のキャラクターにおける微小な差異が情報として前景化され、オタク達はその差異と戯れ、個別のキャラクターの再構築をおこなっていく。

これは、先程来論じている渋谷系のプレイヤー達の消費と（2次）創作の論理とかなりの部分で重なり合う分析に思える。そう考えるならば、一般に新旧のポップミュ

＊22 **東浩紀（1971－）**
東京生まれの哲学者／批評家。「データベース消費」についての詳しい議論は、2001年刊『動物化するポストモダン―オタクから見た日本社会』を参照。

ージックの「引用と編集」という構図のもとに語られ、なおかつ「オシャレ」なものとしてイメージされがちな渋谷系も、大きなフレームの中では、いわゆる「オタク文化」とおもいのほか近接した場所にあったともいえそうだ。

更に思考の射程を延ばしていくなら、これはまた、フランスの哲学者ロラン・バルト[*23]が記号論の知見を用いて論じた、「表徴の帝国」としての日本の文化的特質にも関連してくるだろう。

バルト曰く、伝統的な西洋社会においては、ある文化的記号はあくまでその「意味」と結びついた形で現れる。しかし、日本文化においては反対に、その背景に存在している（いた）はずの「意味」が剥落し、ただ記号的情報として現れてくる表徴がいたるところに存在するのだという。例として彼が挙げているのは、日本料理や伝統芸能から、パチンコ、建築、各種儀礼まで様々なものに及ぶが、こうした視点は、1990年代において「引用と編集」の論理が伸長した日本の渋谷系周辺の音楽のあり方とも重なり合ってくる。

そこにある（あった）「意味」（物語性）が蒸発し、差異化のための記号（表徴）として過去の音楽が機能する空間。日本文化に古くから伏流していたそうした論理が敷衍された先に、渋谷系の時代の音楽観が形作られていったのかもしれない。

渋谷系の（非）社会性？

本章の最後に、これまでの議論を踏まえながら、渋谷系における「（非）社会性」

＊23　**ロラン・バルト（1915-1980）**
フランスの哲学者／批評家。1967年発表の論文「作者の死」において、ある作品は作者の意図や人格に帰属するものではなく、過去／現在の様々なテクストの引用によって成り立つ「織物」であると説き、それを解く存在としての読み手／受容側の創造性について論じた。

というテーマについて考えてみたい。冒頭で「世界同時渋谷化」という概念を紹介したとおり、ことさらにドメスティックな文脈に回収しようとする色眼鏡を通してこの時代のリバイバルを論じようとする誘惑には一定の自制を働かせるべきだろう。しかしながら他方で、例えば、前章で見たアメリカのヒップホップにおける「引用と編集」の論理と渋谷系のそれではなにが異なっていて、どんな隔たりがあったのかということを考えるのも無駄なことではないだろう(予め断っておくが、どちらの方が「美的に優れている」かの価値判断を下したり、この比較を通じて人種本質主義的な差異を見出そうとしたりしているのではない。以下はあくまでその内部の論理に関する分析であり、しかも、これまで見てきたとおり、方法論的な面はもちろん、既存の価値へのカウンターという構造においても重なり合う部分は多分にあるだろう)。

ヒップホップにおける過去の音楽の引用には、渋谷系の論理と同じく、過去の音楽を任意に引用し、別様の形で再生させるという脱歴史的な側面が色濃く反映されていた。

しかし、そのゲーム空間にあっては、被抑圧者の立場から、物語構築の推進力を白人中心の既存の産業構造なり社会体制から奪い取るという政治的なダイナミズムが必然的に帯同していた。これは、ヒップホップの各担い手と受容側がそういった点にどれほど自覚的だったのか(あるいはそうでなかったのか)という問題とは直接に関係なく、アメリカ社会における人種差別問題等の厳しい社会環境が大きな背景に存在する限り発動される集合的なナラティブでもある。

逆側から見れば、こうした側面があったがゆえに、ヒップホップ文化やラップという形態は（いわゆる「発展途上」の地域含め）その後世界各地に広がり受容されてきたのだともいえる。もちろん、その拡散の過程において、そうした物語性が剥落し、引用と編集が自己目的化するような一種の差異化ゲームに転じることもあったろう。が、仮にそうだとしても、その参照法が鋭く大胆であればあるほど、結果的には、既存の支配的な体制へのアンチテーゼとして、なおかつ権威の外側からの問題提起として機能してきたのだった。

前章で述べたことを繰り返せば、ヒップホップにおける参照＝サンプリングの方法論には、「共同体の対抗的記憶装置」として、オルタナティブな歴史意識に根ざした物語書き換えへのエネルギーが奥深くに内蔵されていた、ともいえる。

また、イギリスのノーザンソウル、レアグルーヴ、アシッドジャズにも、そうした志向を見出すことは難しくない。アシッドジャズの前身であるジャズダンスのムーブメントは、イギリスへの移民をルーツとする労働者階級の黒人少年達が主導していたし、レアグルーヴＤＪに西インド諸島をルーツとする者たちが多いことも述べた。ノーザンソウルも、北部の労働者階級の白人の若者達が不況下においてそのエネルギーを爆発させたムーブメントだった。

翻って、渋谷系にもそうした社会的抑圧との対峙構造をもとにした物語書き換えのダイナミズムが存在していたのだろうか。

もちろん、自覚的な音楽リスナーなりファッションに敏感な都市部の中流階級の若者達が占める一定の文化的空間、つまり当時のサブカルチャーエリート達のゲーム空間の中では、旧来の進歩主義的な音楽観や既存音楽産業への痛烈なアンチテーゼとして機能した、相応にインパクトの大きいムーブメントだったろう。しかしながらそれは、東京という中央の「趣味の共同体」内部における卓越化競争を前景化させるものであっても、なにがしかの外部的な権威との対立構造に基づいた社会／政治的な視点をすべからく包含したものであった、とはいいづらいのではないだろうか。データベース消費的なコミュニケーション空間の中で、どのようなレコードを掘り、聴き、引用するかといった各種の仕草がセンスエリート的な卓越化競争へと回収されていく回路は、ある側面から見れば、同時代の社会／政治的な問題から自らを庇護して隔離してしまう役目を担っていたとすらいえるのではないだろうか。

渋谷系の先駆性と、社会への再対峙

こうした視点から渋谷系の時代を検討してみるのは、いかにも後知恵の小言めいてしまうことも認識している。

繰り返すが、ヒップホップや初期UKクラブカルチャーに同様の傾向が全くなかったわけでも当然ないだろう。サイモン・レイノルズは、『Retromania: Pop Culture's Addiction to its Own Past』の「Turning Japanese: the empire of retro and the hipster international」と題した章の中で、レトロ志向の肯定と細部へのこだわりをアイデンティティとする渋谷系の論理を、その後の英米インディー音楽における同様の志向の先取りだったとも指摘している。

更にいえば、後の終章で示唆されるように、データベース消費的なあり方との親和性は、必ずしも社会意識からの遁走とのみ結びつけて語られるべきものではなく、もしかすると、真逆の可能性＝多様な社会関係に開かれた多元的アイデンティティの可能性を予告的に秘めていたとすら評しうるかもしれない（詳しくは379頁〜）。

加えて、渋谷系の論理の背景には、1960年代末から続く日本のユースカルチャー史における政治／社会意識の変質と拡散という、より大きな歴史の流れ[*24]も確かに存在していただろうし、当時の日本社会一般における階級やジェンダー、エスニシティ問題全般への想像力の相対的な貧弱ぶりなども深く関係していたはずだ。それは、先出のオタクカルチャーしかり、バンドブームやその後のJ－POPなど、あらゆる同時代文化に共通の背景でもあるだろう。それゆえ、渋谷系文化のみを取り上げて分析を加えるのにも慎重になるべきだし、センスエリート的な卓越化競争の論理は、ジャンル問わず「自覚的な」音楽リスナーの基調的なトーンとして、現在もなお前提的に共有されていると感じられることもある。そして何よりこれは、渋谷系の時代にギリギリで間に合い、その残り香を吸い込みながらポップミュージックに触れてきた私自身の心性も強固に規定してきたのだった。その意味では、ここでの議論自体が巨大な「ブーメラン」でもある。

しかしながらその一方で、渋谷系文化の当事者である小沢健二が、フリッパーズ・ギター解散以降、作を重ねるごとにあからさまな引用と編集の論理を希薄化し肉体的

＊24　より大きな歴史の流れ
詳しくは、宮台真司・石原英樹・大塚明子『増補 サブカルチャー神話解体―少女・音楽・マンガ・性の変容と現在』、北田暁大『嗤う日本の「ナショナリズム」』などを参照。

＊25　様々なプレイヤー達の「その後」
例えばコーネリアスは、1997年の『FANTASMA』までは極度に圧縮した引用／編集的手法を用いた作品作りをおこなっていたが、2001年の『POINT』から大幅な方向転換を行い、「元ネタ」を前提としないミニマリスティックな作風を推し進めていった。また、2011年からはNHK Eテレの番組『デザインあ』の音楽を手掛けるなど、音楽を通じた教育という視点からも創作活動を展開した。周知の通り、2021年には、過去の障がい者への「いじめ加害」について語った（とされた）1990年代のインタビュー内容が大きな問

な表現へと向かっていったこと、更には、2000年代の「隠遁」以降、社会／政治的問題への関心を隠そうともせず、アクティビストとして積極的に発信を重ねていったことを思えば、前節からの議論も、全く故ないものではないはずだ。彼の歩みや、彼の歩みを支持するファンの姿からは、当時のシーンを牽引した当人の中にも、あの時代に漂っていた空気をその内側から反省的に捉えようとする向きが少なからずあったことを思わせるし、こうした変化（？）は、小沢に限らず渋谷系の時代の（リスナー側も含めた）様々なプレイヤー達の「その後」[*25]に多く見られる傾向だとも感じる。そこには、「引用と編集の時代」を先導しその喧騒をくぐり抜けてきたものならではの社会への静かな再対峙が刻まれていると感じるし、様々な音楽遺産との対峙のあり方もまた、そのような視点から更に深化し、更新されていくと思われる。

本書も全体の半ばを過ぎた。ここで今一度述べておこう。様々なリバイバルや、それに伴なう既存の音楽の引用と編集。それらを丁寧にたどり直してみることで、それぞれの時代の「今」の姿と私達の「今」の姿が、思いの外くっきりと浮かび上がってくるのだ。

題となり、東京オリンピック／パラリンピックの音楽担当から降板する事態へと発展した。その後、活動休止を挟んだ2023年、一連のインフォデミックを経て自身のキャリアと創作へ再びじっくり向き合い、かつてないほどの深度で自らの内面世界へ肉薄した「シンガーソングライター」的作品『夢中夢 -Dream In Dream-』を発表した。

WA-MONO & CITY POP

第 6 章

和モノとシティポップ

「踊れる歌謡曲」の発掘と新しいノスタルジア

かつての「洋楽」偏重的なクラブミュージック受容において、過去の日本の音楽が顧みられることはほとんどなかった。しかし、渋谷系の時代における価値観の転倒とも並行しながら、過去の歌謡曲などがレアグルーヴ的な目線から続々発掘され、「和モノ」というキーワードのもとに支持を集めていった。長い年月にわたる「和モノ」発掘の流れを追うとともに、後半では、昨今の大規模なシティポップリバイバルへと至る道程を検証する。

1975年〜　大滝詠一が「ゴー！ゴー！ナイアガラ」で歌謡曲を度々取り上げる ▽ 日本ポップス史の言説化を促す
1982年　「タモリ倶楽部」で「廃盤アワー」放映 ▽ 歌謡曲の廃盤レコードがプチブームに
1987年　ネオGSムーブメントがピークを迎える ▽ 前史的ムーブメントの一つとして後の渋谷系を準備
1989年　スチャダラパー「スチャダラパーのテーマPt.1」▽ ドラマ『太陽にほえろ！』のテーマをサンプリング
1993年　イベント「自由に歩いて愛して」スタート ▽ 「和モノ」興隆の中心的役割を担う
1994年　シュガー・ベイブ『SONGS』再発 ▽ シティミュージック系のレコードへの注目
1995年　左とん平「とん平のヘイ・ユウ・ブルース」再発 ▽ 「和モノ」アンセムの浸透
小沢健二「強い気持ち・強い愛／それはちょっと」▽ 筒美京平との共作
1996年　『CARAMEL PAPA』 ▽ ティン・パン・アレー関連曲をフリーソウル視点でまとめた一枚
2002年　ディスクガイド『ジャパニーズ・シティ・ポップ』刊行 ▽ 「シティポップ」の名が遡及的に適用される
2004年　DJ Crystal『Made in Japan Classics Vol.1』 ▽ シティポップ系楽曲をハウス的に再解釈したミックスCD
2013年　SAINT PEPSI『Hit Vibes』リリース ▽ 山下達郎楽曲をサンプリング。「フューチャーファンク」の興隆
2017年　竹内まりや「プラスティック・ラブ」がYouTubeへアップ ▽ 後に7000万回再生を超えるヒットに
2020年　松原みき「真夜中のドア〜stay with me」がヒット ▽ 〈グローバルバイラルトップ50〉で1位獲得

「和モノ」というコンセプト

これまでの章では、主に海外産の音楽のリバイバル状況について見みてきた。

本章の前半では、ここ日本で生まれた音楽、中でも１９６０年代から１９７０年代にかけて制作された、一般に「歌謡曲」といわれる音楽やその周辺＝「和モノ」のリバイバルを概覧し、続く後半では、ここ10年ほどで大々的な再評価に浴したジャンル、シティポップについて論じていく。

「和モノ」とは、１９８０年代末以降、渋谷系の時代の各種リバイバルとも近接した形で、ＤＪやリスナーが過去の歌謡曲やその周辺を再評価する際に用いた用語だ。この「呼び替え」はなにを意味するのだろうか。まずは、かつてのソウルやファンクを「レアグルーヴ」と呼び替えたのと同じく、「新たな視点から発掘されたジャンル」というニュアンスがそこに反映されているのが指摘できる。

だが、おそらくそれ以上に重要なのは、当然ながら日本で制作されたそれらの音楽に、わざわざ「和」という語を付けているということだ（反対に、海外産のレアグルーヴ系音源を指して「洋モノ」とはほぼいわない）。そもそも、１９７０年代のディスコ時代から１９９０年代のクラブカルチャー拡大期に至るまで、ＤＪがプレイする音楽というのは、基本的に洋楽曲がほとんどを占めていた。暗黙のルールで邦楽曲を実質的に禁じるディスコやクラブも少なくなかったし、仮に邦楽曲がかかった場合でも、特例として受け止められることがほとんどだった。

つまり、「和モノ」がわざわざ「和」を謳っているのには、それらの曲をかけるのが旧来の日本のクラブ文化の常識に対し自覚的に挑戦する行為であったことを含意している。それまでクラブ現場で冷遇されてきた歌謡曲などの中に「意外にも」発見されるレアグルーヴ。そうした考え方が、「和モノ」という概念の鍵だったといえる。

以下、前章に引き続き、ライター／ネットワーカーのばるぼらによる詳細なｎｏｔｅ記事「『和モノ』再評価はどこから来たのか」、およびそこに挙げられている資料を参考にしながら、和モノ復権の流れを追っていこう。

大滝詠一の「ゴー！ゴー！ナイアガラ」

歌謡曲などのレコードを、リアルタイムの消費者の視点から離れ、「今」の視点で振り返る。

そうした「和モノ」的な実践の種は、実のところ１９９０年代から遡って１９７０年代にはすでに撒かれていた。

誰よりも先に挙げるべきが、またしても大滝詠一の存在だ。大滝は、前章でも触れたラジオ番組「ゴー！ゴー！ナイアガラ」で積極的に日本の歌謡曲を取り上げ、三橋美智也、春日八郎、小林旭、坂本九、弘田三枝子、クレイジーキャッツなどの魅力を、独自の視点から紹介した。

後には「私論 日本の流行歌の系譜」を雑誌『D.Day』に連載（１９７９年５号から１９８０年９号まで）したり、１９８３年に『FM fan』誌上で音楽評論家の相倉久人とおこなった対談で、日本のポップスと海外音楽の受容の関係を分析する独自の理論「分母分子論」[*1]を展開した。

ほかにも、新譜ジャーナル別冊『ゴー!ゴー!ナイアガラ』(1984年)に「日本ポップス・グラフィティ」を掲載し、1995年には、それまでの研究の集大成となる連続ラジオ番組「日本ポップス伝」(NHK-FM)を手掛けるなど(1999年には第2弾が放送)、長年にわたって日本の歌謡曲/ポップスの系譜学的な研究をおこなった。

近田春夫の「オールナイトニッポン」

ミュージシャンの近田春夫も、大滝と並ぶ歌謡曲再文脈化の代表的な存在だ。1977年10月からパーソナリティを担当した火曜日第2部「オールナイトニッポン」で、多数の歌謡曲を軽妙なトークとともに紹介した。近田は1978年から雑誌『ポパイ』で「THE歌謡曲」というコラムを連載し、1979年には『気分は歌謡曲』と題した評論集を刊行した。芸能的な価値観を相対化し、あくまでその作品性を中心に評論する手法は、後に続く「あえて歌謡曲」のムードに甚大な影響を与えた。

大滝や近田ら、本来ロックを志向しているはず(と思われていた)の者達が、ある種の「梯子外し」的に歌謡曲に親しむという逆説のあり方は、当時のサブカルチャー空間の中でも目立ってオルタナティブなものだった。彼らのような、ロックやポップス等の欧米産音楽への視点を内在化した上で日本の音楽文化へ肉薄するという回路は、

*1 **分母分子論**
近代以降の日本のポップミュージックの発展を、世界史=洋楽を分母、日本史=邦楽を分子とみたてて分析する大滝詠一提唱の理論。洋楽からの影響の上に邦楽の要素を組みこんだ音楽が時代ごとに生まれ変遷していく様を分析すると同時に、いつしかそうした分数構造それ自体もまた分母化されていく=洋楽を土台とした音楽自体が後にドメスティックなものとして理解されるようになる、と説く。また、そのような構造はいつしか横倒しとなり、各要素が並立する状態が出来すると述べた。これらは、本書全体の論旨にとってみても示唆深い考察であるとともに、特に第8章最終節の議論においても重要な視点を提供してくれるだろう。

その後の「和モノ」というコンセプトにも確実に受け継がれていった。

「タモリ倶楽部」の「廃盤アワー」

１９８０年代前半には、影響力のあるミュージシャン達の発信に限らない、よりユーザー／リスナー視点からの歌謡曲再評価が起こってくる。

１９８２年には、東京・蒲田の廃盤レコード専門店「えとせとらレコード」店頭に20代から30代の若者が集いプレミア価格の商品を求める様子が雑誌（『週刊平凡』１９８２年７月29日号）に取り上げられるなど、いわゆる「廃盤レコード」のブームが表面化してくる。

ブーム加速の契機となったのが、１９８２年10月に放映が開始された深夜テレビ番組「タモリ倶楽部」内のワンコーナー、「廃盤アワー」だ。司会のタモリと放送作家の佐々木勝俊の２人が、かつてリリースされすでに廃盤となっている歌謡曲のレコードを、人気度やプレミア価格をもとにランク付けするこの「廃盤アワー」では、平山三紀「真夏の出来事」（１９７１年）をはじめ、内藤洋子「白馬のルンナ」（１９６７年）、エミー・ジャクソン「涙の太陽」（１９６５年）などが人気を集めた。こうした動きと並行して、１９８２年に東芝ＥＭＩが「ザ・復刻盤シリーズ」を立ち上げ、翌年には日本コロムビアから過去のヒット曲を集めたコンピレーション「恋すれど廃盤」シリーズが発売されるなど、レコード業界を巻き込むプチブームが起こった。

内藤洋子
「白馬のルンナ」
（1967）

「廃盤アワー」で長期間1位にランクしていたこの曲のシングル盤レコードは、9，500円というプレミア価格に達した（佐々木勝俊が案内役を務めた『週刊平凡』1983年4月14日号記事「今、なぜかブーム廃盤ベスト20」より）。サウンド的には、後のクラブミュージック目線からの「和モノ」評価軸とは乖離したごく牧歌的なもの。

幻の名盤解放同盟

比較的大規模なメディアと連動した廃盤ブームの傍ら、よりアンダーグラウンドな媒体を舞台に歌謡曲を発掘する動きも現れる。

漫画家の根本敬、音楽評論家の湯浅学、デザイナーの船橋英雄によって立ち上げられた「幻の名盤解放同盟」は、1982年に自販機本[*2]『コレクター』誌上でのレビュー記事を皮切りに、同じく自販機本『EVE』やミニコミ誌『東京おとなクラブ』を舞台に情報発信をおこなった。

「すべての音盤はすべからくターンテーブル上で平等に再生表現される権利を有する」をスローガンとする彼らは、時代の徒花とでもいえそうな各種の企画盤や自主制作レコードなど、ニッチな歌謡曲作品に次々と光を当てていった。1992年には、各レコード会社から正式にライセンスの上同名の再発シリーズも発足し、過去記事アーカイブをまとめた書籍も刊行するなど、活発に啓蒙をおこなった。

加えて、1982年には音楽評論家の高護を中心メンバーとするSFC音楽出版[*3]（現ウルトラ・ヴァイヴ）から季刊誌『REMENBER』の刊行がスタートし、充実したデータベースとともに新旧の歌謡曲を論じた。ほかにも、近田春夫の歌謡曲評論に影響を受けた梶本学が1979年に創刊した『よい子の歌謡曲』、洞下也寸志編集によるミニコミ誌『GS&POPS』など、日本のポップス／歌謡曲を扱う紙メディアが活況を見せた。

＊2 **自販機本**
主に1970年代後半から1980年代半ばまでに隆盛した、自販機で販売された雑誌。エロ関係の記事のほか、様々なサブカルチャー情報を取り扱い、一部からカルト的な支持を得た。本文に挙げた各誌のほか、『JAM』や『HEAVEN』などが代表的な存在。

＊3 **SFC音楽出版**
1986年にはSFC音楽出版株式会社として法人化され、自社レーベル〈ソリッドレコード〉が発足した。1988年6月には同レーベルから『ソリッドレコード夢のアルバム』と題したコンピレーションアルバムがリリースされた。サエキけんぞうが作詞を、沖山優司、小西康陽、高浪慶太郎らの若手が作曲を務め、奥村チヨ、平山三紀、渚ゆう子、山本リンダらのベテラン歌謡曲歌手が参加した。

歌謡曲の再評価はなぜ起こったのか

それにしても、改めて考えてみたいのは、１９８０年代前半のこの時期、歌謡曲再評価につながる動きが当時の比較的若いファンの間で（基本的にはアンダーグラウンドなレベルといえども）なぜこれほどまで活発化したのか、ということだ。

まずは、先に述べたような「梯子外し」としての歌謡曲趣味のオルタナティブ性を聴き手の側も積極的に内在化していったからだ、と考えられるだろう。

加えて、文化／メディア研究者の高野光平が著書『昭和ノスタルジー解体「懐かしさ」はどう作られたのか』で指摘するように、相当な蓄積があるにも関わらず、ごく限られた例を除いてほとんど手つかず状態だった日本歌謡曲／ポップスの系譜化およびデータベース化の地道な営みが、歴史的空白の穴埋め作業として知的な興奮を伴うものとしてせり上がってきた、と分析するのも可能だろう。

こうした流れは、音楽に限らず漫画や特撮作品など、様々な分野のアーカイブ化作業の隆盛と共通するものであり、更には、後の１９８０年代後半から本格化する一般消費者を巻き込んだ「レトロブーム」を間接的に準備したものだったともいえそうだ。

グループサウンズの再発見

音楽評論家の黒沢進が１９８２年から自費出版した「資料 日本ポピュラー史研究」というシリーズも、きわめて重要な「和モノ前史」の刊行物だ。

綿密な取材とデータベース整理によって、上巻「『ロカビリー〜カバー』と『エレキ篇』」、下巻「『GS』と『カレッジ・フォーク』篇」、補巻「日本のティーンエイジ・ポップス史ロカビリーからGSまで」、「初期フォーク・レーベル編」などを刊行し、語られざる日本のポップスの歴史を体系化した。これら黒沢による一連の優れた仕事の中でも、とりわけ大きな注目を集めたのが、一連のグループサウンズ＝GS関連の研究だろう。

グループサウンズとは、1960年代後期に日本国内で人気を博した、ビートルズなど海外のビートバンドに強い影響を受けたヴォーカル&インストゥルメンタルグループの総称である。ザ・スパイダースやジャッキー吉川とブルー・コメッツなどを先駆的な存在として、ザ・タイガース、ザ・テンプターズ、ザ・ゴールデン・カップス、ザ・モップス、ザ・カーナビーツら多くのバンドがアイドル的な人気を集め、1967年から1969年にかけて社会現象というべきブームを巻き起こした。

楽器編成こそビートバンド風で、実際にコンサートを中心にそういったカバー曲を披露していたものも多かったが、ほとんどのバンドが外部の歌謡曲系作家から提供されたシングル曲を通じて人気を獲得した。

そのため、英米で巻き起こっていた同時代のロックミュージックが担ったようなカウンターカルチャー的色彩は薄く、既存の芸能界システムに支配された徒花的なムーブメントであったと理解されるのが一般的だった。1980年代初頭には、かつての人気グループが続けざまに再結成するなど、懐メロ的な視点からのブームもあるにはあった。しかし、その傍らで、よりマニアック視点からおこなわれていた黒沢の仕事と交わるように、グループサウンズの今日的な魅力を見直そうとする機運が当時20代の若者達を中心に盛り上がっていく。

ネオGSとガレージパンクリバイバル

こうした流れを象徴するのが、1980年代後半、東京を中心に盛り上がりを迎えた「ネオGS」と呼ばれるムーブメントだろう。

ネオGSとは、その名のとおり、1960年代のグループサウンズ風の音楽を演奏する新鋭バンドの一群を指す。1984年に結成されたザ・ファントムギフトを中心に、ヒッピー・ヒッピー・シェイクスやワウワウ・ヒッピーズ、レッド・カーテン、更にはネオモッズ志向のザ・コレクターズやマージービート*4スタイルのザ・ストライクスなどが「ネオGS」の旗印のもと都内ライブハウスで共演を重ね、後には雑誌やテレビ番組にも登場した。

この「ネオGS」の語は、もともとザ・ファントムギフトの制作を手掛けた前出の高護がマーケティングのために生み出した語とされており、各バンドの音楽性もかなり幅広いものだった。しかし、重要な共通点もあった。それは彼らが、GSなどの1960年代のサウンドを、あくまでパンクロック〜ガレージパンクリバイバル以降の感覚で捉え、演奏していたということだ。

ここで、第3章で触れたガレージパンクリバイバルの状況を思い出してほしい。

*4　**マージービート**
ビートルズを中心とする英リバプール発のビートバンド全般の音楽。リバプールがマージー川河口に位置することからこの名がついた。「リバプールサウンド」とも。アメリカ産ロックンロールやR&B、ポップスから影響を受けた小気味良いサウンドが特徴。

1980年代に入って盛り上がりを迎えたネオガレージや、引き続き活況を見せていた1960年代のガレージパンク／サイケの発掘リリースは、大規模ではないながら世界各地にファンコミュニティを生み出した。

もちろん、ここ日本にもマニアックなファンが現れ、自分達でそういった音楽を演奏するバンドも登場してきた。ザ・ファントムギフトは、そうしたバンドの先駆的な例で、結成直後はクランプスなどを参照したガレージパンク色強い音楽性だったという。各メンバーの嗜好が合致していたこともあって1985年ころから徐々にGSのカバーにも手を伸ばしていったというが、なによりもそこで共有されていたのは、「GSを日本のガレージパンクとして捉え直す」という意識だった。

旧来の、芸能界主導のヒット曲中心かつ懐メロ的なGS観からはこぼれ落ちてしまっていたシングルB面曲やアルバム収録曲で聞けるけたたましい性急なビート、ファズギター*5、絶叫するヴォーカルなどが、こうした視点から急速に再発見されていった。ネオGS系のグループの演奏も、ただオリジナルGSの音楽性をなぞるのではなく、デフォルメ的に強調し、1980年代後半ならではのポストガレージパンク的要素を盛り込んだものだった。

ところで、このような「再文脈化」や「引用と編集」的手法は、後の渋谷系の方法論と大いに重なるところがあるように感じられないだろうか。まさしくその直感は正しい。

ザ・ファントムギフトをフックアップし、ファーストアルバムの制作に携わるほど

ザ・ファントムギフト『ザ・ファントムギフトの世界』（1987）

高護がプロデュースを務め〈MIDI〉からリリースされたファーストアルバム。自作曲のほか、ザ・ヤンガーズ、ザ・ボルテージ、ザ・ブルーインパルスといったオリジナルGSの曲のカバーを収める。

＊5 ファズギター
ファズはエフェクターの一種で、トランジスターの増幅率を上げ信号をクリップすることで強烈に歪んだギターサウンドを得られる。ガレージサイケなどで多用される。

彼らに惚れ込んだのは小西康陽だったし、レッド・カーテンはオリジナル・ラブの前身バンドである。また、ワウワウ・ヒッピーズには後にロッテンハッツを結成する木暮晋也、高桑圭、白根賢一が在籍していた。そしてなによりもネオGSは、後の渋谷系と同じように、1960年代の音楽、ファッション、デザインを引用／編集した自覚的なリバイバルでもあったのだ。その意味でもネオGSは、渋谷系の前史としても特に重要なシーンだったといえる。

発掘される「カルトGS」

「GSを日本のガレージパンクとして捉え直す」という視点は、GS研究の第一人者、黒沢進にも刺激を与えた。当初は、1986年に上梓した『熱狂！GS図鑑』の読者層が、著者自身の想定とは異なり若者達を多く含んでいたことに驚きを隠せなかったというが、あるコンピレーション盤との出会いによって、それまでの考え方を一変させることになった。

それが、1987年に北米でリリースされたブートレグのコンピレーション盤[*6]『シックスティーズ・ジャパニーズ・ガレージサイケ・サンプラー』だった。ザ・ゴールデン・カップスやザ・ダイナマイツ、ザ・モップス、アウトキャスト、ズー・ニー・ヴーなどがかつてリリースした（必ずしもリアルタイムのファンからは人気曲とはいえないが）強烈にガレージパンク的な曲を収録したこの盤の選曲センスに大きな刺激を受け、次第に「海外に通用するGS」を追い求めるようになる。

＊6　ブートレグのコンピレーション盤
『Bolders Vol.7』（1983年）にモップスの「ブラインド・バード」が収録されたのをはじめ、『Pebbles Vol. 14』（1984年）にゴールデン・カップスの「ヘイ・ジョー」がピックアップされるなど、『シックスティーズ～』以前にもGSバンドの海外産コンピへの収録例はあった。

こうした探求の集大成が、黒沢と音楽ライターの中村俊夫監修の元メジャー各社よりリリースされた「カルトＧＳコレクション」シリーズ（１９９２年〜）だ。かつてのガレージサイケ／パンクの名コンピ、『ナゲッツ』や『ペブルス』を彷彿させる選曲方針や詳細な解説で多くのマニアを唸らせるとともに、高騰するアナログ盤には手を出せない比較的ライトなリスナー層にも知られざるＧＳの魅力を伝えていった。

その後、黒沢・中村のコンビは、１９６０年代のＧＳ風ガールポップをコンパイルした「60'sキューティ・ポップ・コレクション」シリーズ（１９９５年）の監修も手掛け、同じく非リアルタイム世代から支持された。

和モノＤＪの興隆

これまで見てきたような先達研究家達の活動を受け、いよいよ１９９０年代半ばに向けて、渋谷系のシーンと同時代的感覚を深く共有した和モノ受容が本格化していく。当時の新世代主導の歌謡曲再評価の集大成というべき、雑誌『BRUTUS』１９９６年２月１日号特集記事「気分は歌謡曲'96」を参照しながら、重要な動きを追っていこう。

まず、ダンスミュージックとしての「和モノ」の魅力をいち早く提示したのが、前章にも登場した東京パノラママンボボーイズのコモエスタ八重樫だ。

１９８６年から東京・代官山のショップ「パノラマ」で、昭和30年代の国産アンテ

オムニバス
『カルトGSコレクション［クラウン編］Vol.1』
（1992）

ザ・スパイダースのガレージ的な曲をはじめ、ザ・レンジャーズ、ザ・クーガーズ、ザ・プレイボーイ、ザ・ジェノヴァなどによるクラウン原盤楽曲全20トラックを収録。ほかに、テイチク編、フィリップス編、ビクター編、キングレコード編、コロムビア編などがある。

ィークグッズを扱っていた八重樫は、かねてよりラテンミュージックに限らない幅広い関心を古い音楽に抱いていた。そんな中で当時入れあげていたのが、マンボやルンバ、サンバ、ツイストなどを取り入れた１９５０年代から１９６０年代産の歌謡曲＝リズム歌謡だった。

１９８７年からＤＪとして活動をおこなっていた彼は、そうしたリズム歌謡を積極的にプレイしていった。また、「南国の果実」（１９９２年～）、「東京ビートニクス」（１９９３年～）、「ジャパニーズ・70's・ボム！」（１９９４年）シリーズなどのコンピレーション、更には、Ｒ&Ｂ～ソウルシンガーとしての和田アキ子再評価の決定打となったベスト盤『DYNAMITE SOUL WADA AKIKO』（１９９６年）の監修／選曲を通じて、「和モノ」音源の発掘／紹介を積極的におこなった。

１９９３年秋には、この時代の「和モノ」興隆の中心的役割を担った重要イベントが旗揚げされ、以後定期的に開催されるようになる。ＤＪのフミヤマウチ、ＧＳなどから大きな影響を受けたロックバンド、ザ・ヘアのあいさとう、雑誌『バァフアウト』編集部所属（当時）のライター／編集者北沢夏音が中心となって渋谷のＤＪバー「インクスティック」で開催されたパーティー、「自由に歩いて愛して」がそれだ。

ＧＳの残党が集ったスーパーグループＰＹＧの曲名からイベント名が取られていることに示唆されているとおり、ＧＳをはじめ、ニューロック、歌謡曲等を織り混ぜたＤＪと、ザ・ヘア、ザ・ハッピーズらによるライブがおこなわれた。

後にはこのイベントのオーディエンスが中心となってフォロワー的なパーティーが

和田アキ子
『DYNAMITE SOUL WADA AKIKO』
（1996）

「ボーイ・アンド・ガール」「バイ・バイ・アダム」「ハート・ブレイク・ドール」などのグルーヴィな初期曲を中心にピックアップしたコンピレーションアルバム。翌年には、コモエスタ八重樫をはじめ、コーザ・ノストラやＵＦＯなど渋谷系人脈を迎えた新録ミニアルバム『Dynamite Groove』もリリースされた。

開かれるなど、東京クラブシーンでの和モノ人気は更に拡大していく。

また、1995年からは、ダンス向けのパーティー以外にも、前章で触れた京浜兄弟社の岸野雄一、〈TRANSONIC RECORDS〉主宰のDJ／プロデューサー永田一直によるイベント「ギラギラナイト」が催された（後に、歌手／DJの秘密博士、ライター／作詞家で土龍團メンバー吉田明裕が参加）。主に1960年代から1970年代の日本が「ギラギラ」した時代の和モノ音源をプレイする同イベントは、クラブユースに限らない更にマニアックな和モノレコードの世界を開拓していった。

ヒップホップの和モノサンプリング

1980年代末、国内のヒップホップ界からも印象的な「和モノ」サンプリングの例が現れる。レアグルーヴをサンプリングソースとするヒップホップの手法に倣い、ここ日本でも自国のレアグルーヴを探し出しそれをトラックに引用する例が登場したのだ。

黎明期にあった当時のヒップホップシーンでも、やはり洋楽志向が自明とされていた。そうした「暗黙のルール」を破った初期の例として、スチャダラパーが連続ドラマ『太陽にほえろ！』（1972年〜1986年）のテーマソング（演奏：井上堯之バンド）をサンプリングした「スチャダラパーのテーマPt.1」（1989年）が挙げられる。

権利問題への危惧からデビュー盤には別バージョンが収録されたため正式な音源は

残っていないが、デビュー前から彼らのライブの定番曲として支持され、和製レアグルーヴとしての「太陽にほえろ！」の人気を高めることになった。また、右記の別バージョン「スチャダラパーのテーマPt.2」（1990年）では、左とん平の「とん平のヘイ・ユー・ブルース」（1973年）をサンプリングした。同曲は、後のDJ達によるプッシュも加わり、かまやつひろしの「ゴロワーズを吸ったことがあるかい」（1975年）などと並んで、和モノアンセムの1曲となった。

また、ラッパーのA.K.I.がトラックメイカーのイリシット・ツボイと組んだA.K.I. PRODUCTIONSの1993年作『JAPANESE PSYCHO』では、GSを中心に多くの和モノ楽曲がサンプリングされていた。

肉体的な「感情の歌」としての歌謡曲

A.K.I.は、前出の『BRUTUS』特集「気分は歌謡曲'96」の序文も担当している。抜粋して引用しよう。

> 小沢健二の『LIFE』を初めて聴いた時、「もうサブカルチャーなんか、どうでもいい！」とか思った。
> 「なんか、もっと、ちゃんと恋愛とかしたいな」とか思った。
> （中略）
> 頭でっかちな表現や、観念的だったり、自意識過剰だったりするようなものがイ

左とん平
「とん平のヘイ・ユウ・ブルース」
（1973）

1973年に俳優の左とん平がミッキー・カーチスのプロデュースのもとリリースしたシングル。再評価の高まりを受け、1995年にCDとアナログフォーマットでリイシューされた。

ヤになった。

タケイ・グッドマンとL.B.[*7]のみんながNUTS[*8]とか言いはじめた時、
あの頃（70年代後期~80年代半ば）の歌謡曲に夢中だったのを思い出した。

理屈抜きに僕を楽しませてくれた歌の数々。

（中略）

かつて遠藤賢司は「GSは童貞の歌だ」と喝破した。

フリッパーズの『カメラ・トーク』や『ヘッド博士』は、まさにそれだった。

つまり「観念の歌」っていうこと。

それに比べて、NUTSや『LIFE』は、より健康的で肉体的な「感情の歌」だった。

また、60年代~70年代の歌謡曲は、よりセクシーでより大人な「情念の歌」だった。（『BRUTUS』1996年2月1日号　※注は著者による）

フリッパーズ・ギターの諸作にあった、編集と引用の論理が顕在化した「頭でっかち」で「観念の歌」としての非官能性（引用文にあるようにGSもそうだったのかという議論はおく）に対比させる形で、生演奏主体の歌もの（ソウルミュージック）志向に変貌した小沢健二の『LIFE』（1994年）における「肉体」性を重ね合わせながら、1960年代から1970年代の歌謡曲が「よりセクシーでより大人な『情念の歌』」と捉えられている。

＊7　**L.B.**
リトル・バード・ネイション。スチャダラパーらを中心としたヒップホップユニティ。引用文中に名前が挙げられているビジュアルディレクターのタケイ・グッドマンもL.B.の一員。

＊8　**NUTS**
主にL.B.周辺で用いられた、再解釈を経た「懐メロ」概念を指すジャーゴン。

観念的な音楽を退け、肉体性や情念という切り口で歌謡曲を対置し再評価しようとするこうした論調には、メディアによる喧伝も加わり急速な拡散（＝「非リアル化」）を辿ってきた当時の渋谷系的価値観に代わるさらなるオルタナティブを探っていこうとするムードも感じ取れる。また、かつての歌謡曲を肉体性の宿った音楽として再解釈するこうした言説がヒップホップ特有の「リアル」志向とも重なり合っていたことも浮かびあがってくる。

和モノの歌い手

同時期には、和モノリバイバルと共振する新世代の歌い手も登場した。その代表的な存在が、１９９４年10月、ザ・ヘアをバックに前出のイベント「自由に歩いて愛して」でステージデビューした渚ようこだ。弘田三枝子、中山千夏、伊東きよ子ら往年の歌手達を思わせるパフォーマンスが和モノシーンで話題を呼ぶと、１９９６年2月には、あいさとうプロデュースのもと、デビュー作『アルバム第一集』をリリースし、その後も歌謡曲再評価の中核的な存在として活動を続けた。

その渚の２００２年作『Yoko Elegance 渚ようこの華麗なる世界』をプロデュースした横山剣率いるクレイジーケンバンドも、歌謡曲以外の様々な要素を取り入れて後に一般の人気を獲得することになるが、本章のテーマと切り離しては語れないだろう。また、その横山と親交の深い１９９８年デビューの大西ユカリも、大阪を拠点に往年の歌謡曲歌手を思わせる活動を続ける重要な存在だ。

渚ようこ
『アルバム第一集』
（1996）

ザ・ヘアがバックを務めたデビューミニアルバム。帯の惹句は「平成サイケ歌謡の女王、渚ようこ衝撃のデビュー!!」。

筒美京平再評価

一連の和モノリバイバルによって様々な歌手／グループの楽曲が発掘されたが、歌謡曲黄金時代を支えた作曲家の存在にも新世代からの注目が集まった。その中で、もっとも大々的な再評価を受けたのが、筒美京平の仕事だ。これには、様々な洋楽ポップスを参照し、それを歌謡曲の曲作りの中に昇華していく筒美の方法論／センスが、渋谷系時代の論理の先駆型として再発見されていった、という面もあったはずだ。

渋谷系アーティストと実作上のコラボレーションがおこなわれたことも特筆すべきだ。もっとも重要なのは、小沢健二が7枚目のソロシングルとして１９９５年にリリースした「強い気持ち・強い愛／それはちょっと」だ（両面とも筒美作曲／小沢作詞の書き下ろし曲）。新世代のポップスターとして人気絶頂にあった小沢と歌謡界の王者による共作は当時のリスナーへ大きなインパクトを与えた。また、かねてより筒美への深いリスペクトを隠さなかった小西康陽率いるピチカート・ファイヴへの提供曲「恋のルール・新しいルール」（１９９８年）も、そうした世代を超えたコラボレーションの成功例のひとつだ。

筒美作品のアーカイブ化も急速に進んだ。１９９７年、作曲家デビュー30周年を記念する初のソングブック『HITSTORY 筒美京平 ULTIMATE COLLECTION 1967 - 1997』がリリースされ、翌１９９８年にはレコード会社5社同時企画による「筒美京平ウルトラ・ベスト・トラックス」シリーズが発売されるなど、再評価機運はピーク

小沢健二
「強い気持ち・強い愛／それはちょっと」
（1995）

オリコン週間シングルチャート4位獲得。2019年4月、別バージョンをミックスし直した「強い気持ち・強い愛（1995 DAT Mix）」が配信リリースされた。

に達した。

和モノフリーソウルとしてのシティミュージック再評価

　1990年代中頃から、前章で触れた「フリーソウル」的な感覚と合流する形で、1970年代に制作された洗練された都会的ポップス（＝後に触れるシティミュージック系）のレコードへの注目が高まっていった。1994年4月には、山下達郎、大貫妙子が在籍したシュガー・ベイブによる唯一のアルバム『SONGS』（1975年）がリマスタリング盤として再発されるが、そのCD帯の惹句には「え？　そんなの、20年前にシュガー・ベイブがやってるよ！」と謳われており、オリジナル発売当時を知らない渋谷系世代に向けたマーケティングがなされていた。

　1996年6月には、細野晴臣、鈴木茂、松任谷正隆、林立夫らからなるセッションチーム、ティン・パン・アレーが関わった諸楽曲を、フリーソウル的な視点でコンパイルした『キャラメル・パパ PANAMソウル・イン・トウキョウ』がリリースされた。これは、同年3月刊行の『Suburbia suite - classics for mid-90s modern DJ』でもティン・パン・アレー関連の和モノレコードを紹介していたバイヤー／ライターの除川哲朗による発案、DJの二見裕志の監修によるもので、〈PANAM〉レーベルに残されたティン・パン・アレー関連のトラックや、ティン・パン・アレーはタッチしていないがクラブ向けと判断された和モノ曲が集められ、往年の日本産音楽のコンピレーション商品としては異例の好売り上げを記録した。後述するように、このコンピレ

オムニバス『キャラメル・パパ～PANAMソウル・イン・トーキョー』(1996)

LPとCDの両フォーマットで発売された。大貫妙子、鈴木茂、細野晴臣らに加え、CD版には前田憲男 with ティン・パン・アレー、太田幸雄withハミングバーズらの楽曲を収録。

ーションは、その後に続くシティポップブームへの橋渡し役として機能したという意味でも、大変重要な作品だ。

1990年代半ばにおいて、シティミュージックがリスナーに再発見されていく過程には、音楽面への直接的な興味のほかにもいくつかの理由があったはずだ。

一つ目は、1970年代のシティミュージックが漂わせていた、ある種の「反主流性」のようなものだろう。

シティミュージックを牽引していた主要プレイヤー達は、その後1980年代を迎える頃にようやく商業的成功を掴んでいくことになるが、少なくとも1970年代半ばころは、ブレイクには程遠い存在だった(荒井由実という特例は除く)。その上、彼らのコミュニティは東京を中心とした小規模なもので、登場人物達も限られていた。いわば、東京郊外で緩やかにつながった小規模の同好サークルによる、ある種のアマチュアリズムに貫かれたシーンだった。こうした当時のコミュニティのあり方や音楽への姿勢が発掘的に語られていく中で、渋谷系時代の若者達が、シティミュージックのアンチ主流的なサブカルチャー性や、純粋主義的な姿を再発見していった。

二つ目は、「引用と編集」の論理において、シティミュージックの作品やプレイヤー達の姿がその先達的な存在として浮かび上がってきたことだろう。

海外のポップミュージックからの影響を積極的に取り入れ、それを自認し、ときに参照元となった過去/現在の音楽を洗練されたプロダクションをもって提示する渋谷系の論理が、かつてのシティミュージックの登場人物に対しても遡及的に重ね合わせられていった。

はっぴいえんどをサンプリング

ティン・パン・アレー周辺の音楽への関心は、その源流にあたるバンド、はっぴいえんどへの注目度も高めることになった。

もともと、YMOにおける細野晴臣の活躍や、大滝詠一の『A LONG VACATION』（1981年）でのブレイク〜作曲家としての成功、松本隆の作詞家としての成功、鈴木茂のアレンジャー／ギタリストとしての活躍などを通じて、彼らがかつて組んでいたバンドであるはっぴいえんどの存在も度々クローズアップされてきた。そして1990年代以降は、同時代の音楽シーンの動向とも連動する形で、その存在感はより一層大きなものになっていく。

ラッパー／アーティストの「かせきさいだぁ」こと加藤丈文は、そうした流れを顕在化させた代表的な存在だ。1990年、光嶋崇、亀井雅文とTONEPAYSを結成し、スチャダラパーらとともに「リトル・バード（L.B.）ネイション」を形成した。彼らが残した音源は数少ないが、1992年の「苦悩の人」では、はっぴいえんどの「風をあつめて」（1971年）がサンプリングされている。この曲は、後に加藤がソロアーティストとして「かせきさいだぁ≡」名義でリリースしたセルフタイトル作（1995年のインディーズ盤と、その拡大盤である1996年のメジャーデビューアルバム）にも収録され、ヒップホップとはっぴいえんどという意外な組み合わせが大きな話題を呼んだ。その中に収録された「相合傘」は、曲名からしてはっぴいえんどの同名曲へのオマージュを感じさせるほか、はっぴいえんど解散後に鈴木茂がリリースしたソロアルバム『BAND WAGON』(1975年)収録のインスト曲「ウッド・ペッカー」からギターパートをサンプリングし、更には、同作収録の「微熱少年」から歌詞を引用していた。かせきさいだぁは、同曲の作詞も手掛けた松本隆を深く敬愛しており、松本も彼の才能を認め親交を結んだ。

70年代フォーク/フォークロックへのあこがれ

サニーデイ・サービスは、1992年、ヴォーカル/ギターの曽我部恵一を中心に東京で結成されたロックバンドだ。

結成当初はフリッパーズ・ギターに強い影響を受けたギターポップ系の音楽を志向していたが、1994年のメジャーデビューの頃から、徐々に音楽性を変化させていった。彼らの転身が決定的となったのが、メジャーファーストアルバム『若者たち』(1995年)で、それまでの渋谷系的な洋楽志向から離脱し、1970年代の日本産フォークやフォークロックを思わせるサウンドを取り入れた。

具体的には、ティン・パン・アレー周辺に代表される1970年代半ばの洗練されたポップスから更に遡り、それらのルーツにあたるはっぴいえんどや、URCレコード[*9]やベルウッド・レコード[*10]などの作品に通じるフォーク/フォークロック的な要素が取り入れられていた。一方で、イギリスのギターポップを経由したインディーロックの

*9 URCレコード
1969年2月に発足した日本初のインディーズレーベル。メジャーレコード会社からは発売が困難なアンダーグラウンドかつ政治性の強い音楽をリリースすることを目的に設立され、当初は会員販売制をとっていた。日本のフォーク、ロックの黎明期を飾る名作を多数送り出した。岡林信康、遠藤賢司、五つの赤い風船、高田渡、加川良、友部正人、金延幸子、ザ・ディランII、はっぴいえんどらが所属した。

*10 ベルウッド・レコード
1972年、〈キングレコード〉の社内レーベルとして活動を開始し、翌年に法人化。はっぴいえんど、高田渡、加川良、ザ・ディランIIなどURCからの移籍組をはじめ、六文銭、はちみつぱい、西岡恭蔵、南正人らが所属した。URCに比べて政治色の強い作品は多くなく、後のシティミュージックにもつながる洗練されたフォークロック/

ポップ路線も手掛けた。


ラフさやダイナミズムも溶け込んでおり、同じ「引用と編集」を下敷きにしていても、渋谷系的な緻密さとはやや異なる、身体的な感覚に根ざしたサウンドを聴かせた。

　1970年代的な生活感に溢れるアートワークも、洗練味を志向する渋谷系的な感覚に照らすならいかにも「アウト」なものだったともいえるが、その新たな「梯子外し」のあり方こそが、サニーデイ・サービスの新奇性を表していた。フォーク度を更に増しつつもより多様な要素を消化した次作『東京』（1996年）で一層高い評価を獲得すると、サニーデイ・サービスは、渋谷系の「その後」を切り開くゲームチャンジャーとなった。

　この時期、曽我部恵一は、はっぴいえんどをはじめ、はちみつぱい、遠藤賢司、五つの赤い風船、ジャックスなど、過去の日本産フォーク／ロックからの影響をメディア上でも盛んに語った。こうした発信と並行して、1990年代後半から2000年代初頭にかけてポストサニーデイ・サービスとでもいうべきバンドも続々現れ、その重要な参照元である1970年代の日本産フォーク／フォークロックは、「クールな過去の音楽」としての評価を確立していった。

喫茶ロックと和製ソフトロック

　2001年から翌2002年にかけて、メジャー各社を股にかけて展開されたコンピレーション／リイシュー企画「喫茶ロック」、および同名書籍『喫茶ロック』は、1970年代の日本産フォーク／フォークロック／ポップス再評価のさらなる新局面を示すものだった。

すでに評価の高かったはっぴいえんど界隈に加え、ガロやＢＵＺＺ、古井戸、日暮し、井上陽水、高山厳など、いわゆる「はっぴいえんど史観」[*11]からはこぼれ落ちてしまいがちな比較的コマーシャルな路線のアーティストへ、新たな視点から光が当たることになった。

この「喫茶ロック」の中には、更にウェストコースト、ソフトコーラス、アシッド、シティポップスといったふうに、サウンド傾向ごとに間仕切りが設けられていた。中でも、「喫茶ロック～エキスポアンドソフトロック編～」と銘打ったコンピレーション盤が別個リリースされるなど、ソフトロック的な観点から聴くことのできる和製ポップス～ニューミュージックへの注目度はひときわ高かった。

土龍團監修によって全5作がリリースされた「ソフトロック・ドライヴィン」シリーズ（１９９６年）をはじめとして、和モノソフトロックを切り口とした再発掘作業はこの時点でかなりの深度に及んでいた。ピコこと樋口康雄のデビュー作『ＡＢＣ』（１９７２年）へのクラブシーンからの支持とそれに続く再発（２０００年）も、こうした一連の和製ソフトロック再評価のエポックとなった。

また同じ２０００年の12月には、VANDA編『ソフトロック in JAPAN』が刊行され、１９６０年代のレコードから、渋谷系の各アーティストや、現在ではシティポップの範疇で語られるアーティストの作品まで、幅広い年代の音楽をソフトロックの切り口で紹介した。

＊11　**はっぴいえんど史観**
はっぴいえんどを日本語のロック／ポップ史における始祖的かつ中心的な存在として位置づける歴史観のこと。転じて、はっぴいえんど解散後の各メンバーの商業的／批評的成功を架け橋として、彼らがかつて所属したはっぴいえんどの重要性／唯一無二性を都度遡及的に措定しようとする歴史認識を含む。主にそれらを批判する文脈で用いられる。

各ジャンルを巻き込んで展開する和モノ再評価とアーカイブ化

ほかにも、テクノポップ流行期の歌謡曲を発掘する「テクノ歌謡」[*12]の流れ、海外を発信源とするニューロックの再評価[*13]や、日本産のジャズ＝「和ジャズ」[*14]への注目など、２０００年前後から２０１０年代にかけて様々なジャンルの日本産音楽が次々発掘されていった。

また、１９９０年代から２０００年代にかけて各メーカーのＣＤ再発企画が全盛を迎えたこと、更に、様々なディスクガイドが続々と編まれていったのも各種和モノ盛況にとっての追い風となった。

すでに紹介したディスクガイド以外では、明確なクラブミュージック視点を打ち出した『JAPANESE CLUB GROOVE DISC GUIDE』（２００６年）が最重要だろう。MURO、クボタタケシ、瀧見憲司、小西康陽、須永辰緒、DEV LARGE、コモエスタ八重樫、あいさとうなど、和モノシーンを牽引してきた錚々たるディガー／ＤＪ達によるダンスミュージック視点での情報が集約された。

それ以外にも、金澤寿和監修／Light Mellow Attendants 著『Light Mellow 和モノ669:including CITY POPS, J-AOR, JAPANESE MELLOW GROOVE and More...』（２００４年）や駒形四郎監修『ディスクコレクションシリーズ和モノレア・グルーヴ男気映画／ＴＶ＆モア』（２００６年）をはじめ、現在までに、藤井陽一著／監修『ラグジュアリー歌謡』（２０１３年）、吉沢dynamite.jp＋CHINTAM 監修『和モノ

＊12　**テクノ歌謡**
主にＹＭＯのメンバーや周辺のテクノポップ系アーティストが制作に関わったかつてのアイドル曲／歌謡曲を発掘、再評価するカテゴリー。

＊13　**ニューロックの再評価**
フラワー・トラベリン・バンドやフード・ブレイン、水谷公生など、日本のニューロックはかねてより海外のサイケデリックロックファンなどから人気が高かったが、イギリスのミュージシャン／作家のジュリアン・コープによる著作『JAPROCKSAMPLER ジャップロックサンプラー 戦後、日本人がどのようにして独自の音楽を模索してきたか』（２００７年原著刊行）の登場を機に、更に注目度が高まっていった。

A to Z』（2015年）、永田一直編著『和ラダイスガラージBOOK for DJ』（2015年）、和ラダイスガラージ監修『珍盤亭娯楽師匠のレコード大喜利』（2016年）、Groove Curators著『WA B・O・O・G・I・E :1980s Japanese Boogie/Funk/Modern Soul/Fusion』（2019年）、松本章太郎監修『和レアリック・ディスクガイド』（2019年）などが続々と刊行され、総体として強力な情報アーカイブを築き上げている。また、『GROOVE』や『bounce』などの音楽誌が和モノ関連情報を扱う例も少なくなかったし、日本のロックやポップスに特化した『ロック画報』や、「日本の映画とロックと歌謡曲」をテーマとした『Hotwax』など、雑誌メディアの果たした役割も見逃せない。

シティポップブームとは何なのか

ここ数年、地上波テレビ番組やエンタメ情報誌、各種webサイト等で、日本産のシティポップが世界的にリバイバルしている旨がことあるごとに喧伝されてきた。

本格的なブームがいわれはじめてからすでに10年近い歳月が流れており、「いよいよ今年でブームも収束か」「いやすでに終わっている」という意見が流布してきたが、もはやシティポップという概念自体がひとつのマイクロジャンルとしてではなく、ある種のメタジャンルとして認識されている節もあり、ブームというよりも「定着」と表現した方が実相に近いのかもしれない。

それでも、竹内まりや「プラスティック・ラブ」（1984年）や松原みき「真夜

＊14 和ジャズ 主に1950年代から1970年代に制作された日本人アーティストによるジャズ作品を指す言葉。2000年代半ば頃からDJシーンで再発掘の流れが本格化し、海外のDJたちにも波及していった。

中のドア～stay with me」（1979年）のネット上でのヒットを主な題材として、これまで専門的なメディア以外では、シティポップのリバイバルは、ともすれば「突然巻き起こった現象」として紹介されることも多かった。しかし、当然ながらこうした状況が出来するに至るまでには、脈々とした流れが存在する。

以下、筆者が編著を務めた書籍『シティポップとは何か』で展開した議論を抜粋する形で、その流れを追っていこう（より詳細に知りたいという方は、ぜひ同書を参照してほしい）。

シティポップが成立した背景

そもそもシティポップとは、いつ、どこで産まれた音楽なのだろうか。この問いに答えるのはそう簡単でない。

一般的にシティポップとは、「主に1970年代半ばから1980年代にかけて日本で産まれた洋楽に強い影響を受けた都市型ポップス」と理解されており、シュガー・ベイブやティン・パン・アレー周辺の音楽をその始祖と位置づける説が有力だ。しかし、実はこれらが発祥した当時「シティポップ」という呼び名がすでにあったわけではない。

当時の雑誌資料を紐解くと、右のようなグループの音楽は、より広範なジャンル名である「ニューミュージック」の一派とみなされることが多かった。他方、これらを「シティミュージック」とカテゴライズする例も確認できる。いずれにせよ当初からシ

竹内まりや
「プラスティック・ラブ」
（2021）

近年のリバイバルヒットを受けてリリースされた再発12インチレコード。A面には「プラスティック・ラブ（Extended Club Mix）」を、B面にはアルバム『VARIETY』収録のバージョンを収める。ジャケットには、YouTube動画のヴィジュアルに使用されていたポートレイト写真（元は1980年のシングル「Sweetest Music」のジャケットに使用されていたもの）が使用されている。

ティポップという言葉で呼ばれていたわけではないことに留意したい。

　では、なぜこれらがシティポップと呼ばれるようになったのか。それは、木村ユタカ監修『ディスクガイドシリーズ ジャパニーズ・シティ・ポップ』（2002年）をはじめ、2000年前後から、各所でこれらのアーティストの作品がシティポップの始原的な存在と位置づけられ、本来は後に発生した用語であるはずの「シティポップ」の呼び名が遡及的に適用されたことによる。

　元をたどると、「シティポップ」[*15]という呼称が使われだしたのは、1977年まで遡ることが分かっているが、音楽メディア上で比較的頻繁に現れてくるのは、1980年初頭のことだ。稲垣潤一、山本達彦、杉真理、角松敏生、杏里ら、前出の「シティミュージック」一派より後にデビューしたアーティスト達が、レコード会社のマーケティング上の理由から度々そうカテゴライズされたのだ。それゆえ、その適応範囲はかなり恣意的に伸縮され、ときにフォーク系の音楽や、ロック色の強い音楽をそう呼ぶこともあったが、主にはアメリカ産のAOR[*16]やソウル〜フュージョンに影響を受けた都会的な音楽が「シティポップ」の名を冠された。

シティポップのサウンドの特徴

　シティポップのサウンド上の特徴を挙げてみよう。泥臭さを排した軽快なリズムには、16ビートとシンコペーションが多用される。和音には、メジャー7thコードやテンションコードなど浮遊感を演出するものが多用される。これらを淀みなく演奏する

＊15 「シティポップ」という呼称
微妙な揺れはあるものの、この語が現れてから2000年代に至るまでは、概ね複数形の「ス」を伴った「シティポップス」という表記が一般的だった。先出のディスクガイドの刊行等を通じて徐々に「ス」を省いた「シティポップ」という表記が浸透していったものと思われる。

＊16 AOR
アダルトオリエンテッドロック（Adult Oriented Rock）の略で、主に日本で流通するジャンル名。アメリカでは同様の音楽をアダルトコンテンポラリーなどと呼ぶのが一般的。若者の対抗文化としてのロックをよりソフトにし、ソウルやフュージョンと融合させたポップなサウンドが特徴。1970年代半ばごろに発祥し、1980年前後にブームを迎えた。

にも相当に高度な技量が求められることから、最新の演奏技術に精通したスタジオミュージシャンが重宝され、彼らの卓越したプレイもシティポップの特徴となっている。

　1980年代に入ると、テクノロジーの発展と連動するように、スタジオ現場ではシンセサイザーやドラムマシンなどが以前にも増して積極的に活用されていく。それに合わせて、シティポップのサウンドもより一層カラフルなものへと発展していった。これは、サウンドの多様化を引き起こした一方、あくまで練達のスタジオミュージシャンによる生演奏にその魅力を負っていたシティポップの特性を内部から溶解させることにもつながっていった。

とらえにくいシティポップ

　このように、一口に「シティポップ」といっても、時代やアーティストによってかなりの音楽的な幅が見て取れ、そうした幅広さが、この間のシティポップリバイバルにおいて「あれはシティポップなのか？　これをシティポップに含めるべきではない」といった議論が延々と繰り返される遠因ともなっている。

　一方、音楽的な面を離れて指摘できる共通点があるとすれば、これらの音楽が、その当時の日本の若者達（「新人類」[*17]などとも呼ばれた）の社会意識を色濃く反映したものだったということだろう。1960年代末に隆盛した左派学生による政治運動が1970年代を通じて雲散《うんさん》霧消《むしょう》していった末の、主にアメリカの都市文化を範とする都会的なライフスタイルに憧れ、個人の消費生活に邁進していく1980年前後＝「バ

＊17　新人類
定義には諸説あるが、主に1950年代後半から1960年代前半生まれの世代を、1980年代当時に名指した用語。1970年前後の学園紛争を中心とした闘争の記憶も、あるいはその後に続く「シラケ」的な空気からも遠い新たな若者群を指す言葉として喧伝された。社会不安や実存的不安に拘泥することなく、ファッション的な消費に熱心で、かつ「ネアカ」で社会適応型であるとされた。

ブル経済前夜」のきらびやかで楽天的な空気が、これらの音楽には濃密に漂っているのだ。

シティポップリバイバルの前史

では、そうした1980年代を表象する「過去の音楽」であったはずのシティポップが、どのような経緯をたどって大きな人気を再獲得するに至ったのだろうか。

まず先に述べたとおり、1990年代半ば頃から、主に1970年代のシティミュージックを、当時の日本の一部DJシーンを席巻していた「フリーソウル」的な観点から再評価しようとする動きが現れた。当初のフリーソウルは洋楽を中心とした概念だったが、これも前述したとおり、1996年リリースの『キャラメル・パパ PANAM ソウル・トウキョウ』に至る中で、シティミュージックが「和モノフリーソウル」として発掘されていった。

しかし、こうした和モノフリーソウルとしてのシティミュージック受容は、現在巻き起こっているシティポップリバイバルと同一の審美眼によるものではなく、あくまでフリーソウルの理念に倣って「生音のグルーヴ」への志向に貫かれていた。むしろ、この間のシティポップリバイバルにあっては、そうした和モノフリーソウル受容全盛の時代には積極的に聴かれていなかったか、あるいは軽視されてきた音楽が再発見の主たる対象となっている。それはどんな音楽かといえば、ざっくり、「1980年前後から1980年代半ばにかけて制作された、デジタル色の強い、ディスコ／ブギー系統に連なる楽曲」と表現するのが適当だろう。

おおよそ2000年代以降、クラブミュージックシーンでは、1980年代初頭から制作されたエレクトロニックな色彩の濃いディスコミュージック＝ポストディスコを「ブギー」と再命名して評価する動きが活性化してきた。シンセサイザーやリズムマシンを多用したサウンド、クラップやスネアなどで2拍目と4拍目を強調したリズムをまとったダンサブルな曲が「ブギー」として再評価されることで、それまでは時代遅れのサウンドとして軽んじられてきた特定のディスコミュージックが、後進世代からクールな存在とみなされるようになったのだ。こうしたブギー人気の中で、同傾向のサウンドを伴った1970年代後半から1980年代にかけての（現在シティポップとカテゴライズされている曲を含む）一部の日本産ポップスに国内外のDJから注目が集まっていった。

2013年には、世界的な人気ユニット、ダフト・パンクが明確にディスコ／ブギーを取り入れたアルバム『ランダム・アクセス・メモリーズ』をリリース、34か国以上でチャート1位を記録し、第56回グラミー賞では、最優秀アルバム部門を含む各賞を受賞した。同作の成功は、メジャーシーンにおけるディスコ／ブギーブームを加速させていった。

更には、同時期のクラブシーンでは、様々なポストディスコ曲の発掘やリエディット[*18]盤が流行したが、この中には、日本産のポストディスコ曲を発掘／リエディットする例も含まれており、山下達郎や吉田美奈子らの楽曲がコアな人気を集めた。

＊18　リエディット
楽曲の根本には大幅な変化を加えず、特定のパートを引き伸ばしたり、ビートを強調したり、ある音を抜き差ししてダンスミュージックとしての効果を強調する編集技法のこと。ビート自体を改変したり根本的なアレンジにも手を加えたりする場合は、一般的に「リミックス」と呼ばれる。

こうした動きは、現在のシティポップリバイバルにおけるリスナー[*19]の感覚を準備したものとしても重要な前史といえる。ほかにも、エレクトロクラッシュ、フレンチエレクトロ[*20]、シンセウェイブ[*21]など、2000年代以降様々なシーンで1980年代風のデジタルサウンドがリバイバルしており、それらによって推し進められたリスニング感覚の変容も、2010年代以降のシティポップブームを間接的に準備したといえるだろう。

ヨットロックを「失われたクール」として再評価

加えて、2000年代以降、「ヨットロック」というタームのもとに1980年前後に制作されたAORの再評価が巻き起こる。「ヨットロック」とはもともと、アメリカのオンラインビデオチャンネル「チャンネル101」の短編スクリーニング企画をきっかけに2005年にレギュラー化した疑似ドキュメンタリー番組の名に由来する。クリストファー・クロスやケニー・ロギンス、マイケル・マクドナルドなど、日本では主にAORにカテゴライズされてきたアーティスト達をフィーチャーし、彼らの名曲がどのようにして誕生したかを架空のドキュメンタリー形式で描くという、諧謔性を孕んだシリーズだった（2010年に終了）。

「ヨットロック」という名称からも分かるとおり、古臭いリゾート感覚や1980年代当時の浮ついた空気感を揶揄するブラックユーモア感覚に貫かれており、非リアルタイム世代のネットユーザーを中心に支持された。

＊19 **エレクトロクラッシュ** 1990年代末から2000年代前半に流行したエレクトロ風の音楽。ディスコ、エレクトロ、ニューウェーブ、ポストパンク等様々なジャンルの要素が渾然一体となったアッパーでけたたましいサウンドが特徴。2020年代以降、じわじわとリバイバルの兆しあり。

＊20 **フレンチエレクトロ** フレンチハウスなどをもとに2000年代後半に発展したエレクトロニック要素の強いダンスミュージック。

＊21 **シンセウェイブ** 1980年代のニューウェーブやテクノポップ、映画音楽、ゲーム音楽などからの影響のもとに制作される電子音楽のこと。ネット上を主な舞台に2010年代を通じて世界的に盛り上がった。

一方で、そうした冷笑的な視線を超え、素直にAOR＝ヨットロックを音楽的に評価しようとする動きも現れてくる。

まずは2009年10月、ザ・ルーツがハウスバンドを務める番組『レイト・ナイト・ウィズ・ジミー・ファロン』へ、クリストファー・クロスとマイケル・マクドナルドがゲスト出演してパフォーマンスをおこない、大きな話題を提供した。

更に2010年5月には、ロビー・デュプリーも同番組に出演し、好評をえる。このあたりから、当初ヨットロックという呼称に込められていた揶揄的なニュアンスが薄められていき、むしろクールな存在として、コアなネットユーザー以外からも支持を集めるようになる。2017年になると、ケニー・ロギンスとマイケル・マクドナルドの両人がサンダーキャットのアルバム『Drunk』へ参加するなど、より広範にヨットロックのリバイバルが認知されていった。

この潮流は日本へも輸入され、新たな文脈のもとでAORが発掘されるようになる。こうした動きも、1980年代的リゾート志向という部分でヨットロックと大きく重なり合う日本産AOR＝シティポップの評価を間接的に高めていったと思われる。

先駆的DJ達のシティポップ解釈

日本国内のクラブシーンでも、旧来の和モノ観を超えた、より同時代的なダンスミュージック志向のシティポップ観が醸成されてくる。

有力な源流のひとつと考えられている存在に、2004年初頭に流通したあるミックスCDがある。横浜を中心に2002年からおこなわれているパーティー「HEY MR. MELODY」のレギュラーDJ、MR.MELODYが制作した『CITY POP MIX』がそれだ。

アンオフィシャル盤のためトラックリストは伏せられていたが、HI-FI SET、尾崎亜美、八神純子、EPO、竹内まりや、松原みきらが1970年代後半から1980年代前半にリリースした楽曲を収めたこのミックスは、界隈に大きなインパクトをもたらした。

Traks Boysなどで活動するDJ／プロデューサーのCrystal（XTAL）も、同時期にシティポップ系音源を用いた先駆的なミックスCDを制作した。『Made in Japan Classics Vol.1 DISCO TOKIO』と名づけられたCD－Rは、やはりアーティスト名と曲名は伏せられていたが、南佳孝、大貫妙子などによるシティミュージック系トラックから、大橋純子、山下達郎、吉田美奈子、濱田金吾、角松敏生らの曲をハウスミュージック的な解釈で織り交ぜたきわめてダンサブルなミックスとなっており、クラブシーンの内外に新鮮な衝撃を与えた。このシリーズは、一層1980年代寄りの選曲となった『Vol.2』、フュージョン系をフィーチャーした『Vol.3』と続いた。

これらは、あくまで仲間内に配布することを目的に制作されたプライベートなミックスCDという性質上、オーバーグラウンドなシーンに与えた直接的な影響は小さかったかもしれない。しかしながら、当時のDJやマニアックなリスナー達に与えた影響力に鑑みるなら、その後のシティポップリバイバルの盛り上がりへの発火点のひと

DJ Crystal
『Made in Japan Classics vol.1 Disco Tokio』
（2004）

旧来の「和モノ」感覚とは異なるハウス／ディスコ視点のミックスとして当時のDJシーンに大きなインパクトを与えた。

つとして外すことはできないだろう。

ほかにも、クラブユーザー向けのシティポップス系ミックスを発表したＤＪは数多いし、各地で催されていたパーティーでのシティポップ系楽曲のプレイまで含めれば、その例は枚挙にいとまがない。竹内まりや「プラスティック・ラブ」や松原みき「真夜中のドア～stay with me」をはじめ、昨今世界的な知名度を獲得している数々の楽曲も、元はこうした実践を経て徐々に人気を上げていったものだ。

クラブミュージック経由のシティポップの実践

こうしたクラブ現場の動きとも連動するように、実際にシティポップ系の音楽を自演するミュージシャンの間からも、徐々にダンスミュージック志向への傾倒を深めた創作をおこなう者が現れてくる。

その代表的な存在が、クニモンド瀧口、林有三、押塚岳大からなるユニット「流線形」だろう。２００３年のデビューアルバム『シティミュージック』では、その名のとおり１９７０年代のティン・パン・アレー～シュガー・ベイブを彷彿とさせるサウンドを聴かせているが、同時代に流行していたフォーキーな生音志向とも違う、より引き締まったグルーヴ感を強調した内容だった。

流線形は、その後も２００６年の『TOKYO SNIPER』、比屋定篤子と組んだ２００９年『ナチュラル・ウーマン』などを発表し、シティポップの再解釈を推し進めていく。

更に2012年、クニモンド瀧口は、シンガーソングライターの一十三十一《ひとみとい》の5thアルバム『CITY DIVE』をプロデュースする。この作品は、一十三と瀧口によるポップスとダンスミュージックのクロスオーバー志向が鮮やかに具体化されていた。打ち込みを主軸とした佐藤博による1982年の名盤『Awakening』に大きな影響を受けて制作されたという本作は、有機的な電子音や抑制されたメロウ感覚など、その後の国内シーンの動向を決定づける内容となった。

この『CITY DIVE』を交点とする人脈図は、そのまま2010年前後のシーンの充実を物語るものだった。トラックメイカーのDORIAN、前述したMR. MELODYも所属する横浜のクルー、Pan Pacific PlayaのギタリストKashifなど、『CITY DIVE』に参加した才能達が、同時代のビート感覚に対応したシティポップ的な作品を発表していった。ほかにも、同じくPan Pacific PlayaのクルーであるLUVRAW、BTBに加え、やけのはら、イルリメこと鴨田潤、XTAL、Kenya Koarataの3人によるユニット((さらうんど))らも、こうした動きと連動する充実した活動を繰り広げた。また、Avec AvecことTakuma HosokawaとseihoことSeiho Hayakawaの2人によるユニットSugar's Campaignやtofubeatsら、より若い世代のアーティストもシティポップ的な楽曲をリリースするなど、同時期のネットレーベル周辺の動きとも連動していった。

ネオシティポップ

一方で、2010年代には、右のようなクラブシーンの流れとも微妙に交差しなが

一十三十一
『CITY DIVE』
(2012)

ファッションデザイナー/アートディレクターの弓削匠がアートワークを担当し、ヴィジュアル面でもその後のシティポップブームに先駆ける存在となった。

ら、よりバンド寄りの形態で活動するアーティスト達の音楽が「シティポップ」にカテゴライズされる例も増えていく。

現在では、これらは一般に「ネオシティポップ」と呼ばれることも多いが、この、ネオシティポップ系アーティストとして度々メディアで取り上げられてきた代表的な名前としては、cero、スカート、yogee new waves、never young beach、Awsome City Club、Shiggy Jr.、Lucky Tapes、Suchmos、Nulbarich、YONA YONA WEEKENDERS、evening cinemaなどが挙げられる。ここで興味深いのが、彼らの音楽の間には、かつての全盛期シティポップ系アーティスト達の音楽にもまして明確な共通点がなさそうだということだ。

フォーキーなバンドサウンドを聴かせる者がいるかと思えば、EDMからの影響を感じさせるアッパーな音楽性を持つアーティストもいるし、アシッドジャズやR&B風のサウンドを特徴とする者もいる。

また、当然ながら、彼らの音楽には、かつてのシティポップを彩った消費社会のムードを無邪気に楽しむような傾向も薄い。こうした状況は、2010年代当時の音楽ジャーナリズムによる「シティポップ」という用語の乱用ぶりを物語っている一方、シティポップという語それ自体のイメージの刷新にも寄与したと考えられる。

これを逆側からみれば、1980年代から2010年代にかけての都市文化を取り巻くイメージの変遷自体が、「シティポップ」という呼称の拡散と相同的な関係を結んでいたともいえる。

例えば、ceroなど、2010年代初頭にシティポップとカテゴライズされたインディー志向のアーティストの音楽を聴くと、そこではバブル前夜期の都市におけるきらびやかなライフスタイルを彩るBGMとしてのシティポップ観は、はなから剥落しているのが分かる。むしろ、失われた20年や様々な社会情勢の変化を経て、それでもなお都市で生活する自分達の姿や、そこに生まれるコミュニケーションのあり方を、自らにタグ付けされたシティポップという呼称を転倒的に引き受けることで再考する様が刻まれていた。

しかし、繊細なバランス感によって成立していたそういったシティポップ観は、2010年代後半以降、よりメジャー志向のネオシティポップ系アーティストが続々と現れてくるにつれ、徐々に霧散していってしまう。そして、同じ頃、シティポップはついに日本国内での局地的な盛り上がりを超えた存在になっていく。それまでとは文脈の異なる、海外からのリバイバルの大波がやってきたのだ。

ヴェイパーウェイヴ —— インターネットアンダーグラウンドとの結合

もともと日本国外では、1990年代からレアグルーヴの文脈で山下達郎や吉田美奈子、笠井紀美子といったアーティストがコアな支持をえており、先に触れたとおり、2010年代にはリエディット素材としても人気を博していた。

そういった流れの傍らで、同じ時期から、それまでとは異質の文脈でシティポップに光があたっていく。

その源流のひとつになったのが、ヴェイパーウェイヴと呼ばれる、著作権無視のゲリラ的な音楽ジャンルだ。このヴェイパーウェイヴは、インターネット上のアンダーグラウンドなシーンから発したもので、フュージョンやニューエイジ音楽、メジャーなポップスなど、1980年代から1990年代初頭にかけて制作された商業主義的な音楽をぶつ切りにしたサンプリング、スクリューといわれる極端なピッチダウン、蒸気のようにくぐもったエフェクトなどをその特徴としていた。引用元の音楽が制作された当時に抱かれていた高度消費社会のユートピア像／未来像を、結果的にそれが挫折したことをすでに知っている後年世代＝ミレニアル世代[*22]の視点から追想的にオマージュするという諧謔性に満ちたジャンルで、音楽と同様、ジャケットや映像など、そのヴィジュアルイメージにも「かつて抱かれていたが今は失われた未来像」が反映されていた。

そして、このヴェイパーウェイヴを母胎として2012年頃に派生したサブジャンルの一つが、「フューチャーファンク」だ。

ヴェイパーウェイヴの「既存音源の盗用」という手法を、よりダンスミュージック寄りの形で展開したこのジャンルでは、様々な音楽に混じって、山下達郎、竹内まりや、杏里、角松敏生などのシティポップ系楽曲が、いわゆる「サイドチェイン」を用いた極端なサウンド[*23]にリエディットされた。フューチャーファンクには、1980年代から1990年代にかけて制作された日本産のアニメを（無許諾で）素材とする映像とともにYouTubeへアップされる音源も多くあり、アンダーグラウンドなネットユ

＊22　**ミレニアル世代**　1980年代初頭から1990年代なかばに出生した世代。幼少期もしくは青年期からインターネットに触れてきた、いわゆるデジタルネイティブ第1世代を指す。

＊23　**「サイドチェイン」を用いた極端なサウンド**　特定のトラックの音量に連動してほかのトラックのヴォリュームを増減する技法を用い、全体が太くうねって聴こえるように加工したサウンド。主にドラムのキックの音を信号とし、そのアクセントに合わせて全体が連動する。

ーザーの間で話題となっていく。この、シティポップとアニメという（かつての和モノファンの感覚からすると）意外な組み合わせの背景には、海外在住のミレニアル世代のリスナー達が幼少期から日本のアニメーション作品に親しんできたということ、更には、そのように日本発のアニメーション文化が広く浸透したことによって、そのヴィジュアルイメージがほかの日本文化と直接的に結びつけられるという、ある種の歪んだ短絡も潜んでいるように思われる。

ＳＮＳ時代以降のコンバージェンスカルチャー

２０１７年にYouTube上にアップされ７０００万回以上の再生回数を記録した竹内まりや「プラスティック・ラブ」の人気沸騰も、こうした流れをふまえると分かりやすい。

つまり、フューチャーファンクの元ネタへの注目が、ＡＩアルゴリズムに基づいたYouTubeのレコメンド機能によって、そのまま元ネタ自体の人気に発展していった、という図式だ。竹内まりや「夢の続き」（１９８７年）、秋元薫「Dress Down」（１９８６年）、八神純子「黄昏のBAY CITY」（１９８３年）など、こうした経路をたどって海外ユーザーの間で人気曲となっていった例は相当数に上る。

また、松原みきの「真夜中のドア～stay with me」が２０２０年12月にSpotifyの〈グローバルバイラルトップ50〉で18日間連続世界1位を獲得するヒットを記録したのも、ネット経由のシティポップブームを象徴する出来事だった。

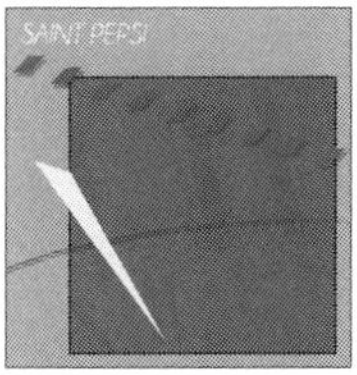

SAINT PEPSI
『Hit Vibes』
（2013）

初期フューチャーファンクを代表する２０１３年作品。山下達郎の「LOVE TALKIN'」をサンプリング／カットアップした「Skylar Spence」を収める。

先に述べたとおり、同曲はもともと国内のDJ／リスナーの間でも人気が高かったが、やはりYouTube上にアップされより多くのユーザーの目に触れたことで、世界的な人気を獲得していった。更に、インドネシアのYouTuber、Rainychが同曲をカバーして話題となると、オリジナルバージョンを使用したTikTok動画が大量に流通し、結果、右のようなバイラルヒットにつながった。

TikTokなどを介したシティポップ曲の突発的ヒット例は数多く、これまでに、泰葉「フライディ・チャイナタウン」（1981年）や大貫妙子「4:00 AM」（1978年）などがZ世代[*24]を中心とした若者達の間で人気を博してきた。

他ジャンルでも頻繁に観察されるように、モバイル媒体向けプラットフォームが世界各地で若者達へ浸透することで、どんな曲がいつ、なんのきっかけで国境を越えてリバイバルヒットするか予想が難しい状況となっている。これはまさに、既存のメディアやプラットフォーム、コンテンツ業界の常識を超えて、ファンダムが主導して新たなシーン[*25]／マーケットを作り出していく、SNS時代以降のコンバージェンスカルチャーのあり方を象徴する流れだといえる。

ノスタルジアは「逃避的」か

1980年代当時の日本文化を知りえない世界各地の若者達がシティポップに魅力を感じ、それがリバイバルヒットにつながってきたこの間の状況には、あらためて、どんな背景が存在していたのだろうか。

秋元薫
『Cologne』
（1986）

「Dress Down」を収録したアルバム。かねてより和モノシーンでも評価の高い作品だったが、2010年代後半から国内外での人気がより一層高まった。2021年7月には「Dress Down」のオフィシャルリリックビデオがアップされた。

＊24　Z世代
1990年代半ばから2000年代末までに生まれた世代を指す。生まれた時点からすでにデジタルデバイスに囲まれ、それらを日常的に使用するのが生来的に常識となっていると論じられる。幼少期からソーシャルメディアに親しんでいるため、「ソーシャルネイティ

なぜ日本のシティポップに惹かれるのかを問われた彼らが度々口にしてきた理由に、「どこかノスタルジアを感じるから」というのがある。自らが体験したわけではない異国の過去の音楽にいいようのないノスタルジアを抱き、それに憧れ、惹かれてしまうという現象。こうした現象を読み解くためには、ノスタルジアという概念そのものへフォーカスしてみるべきだろう。

一般的に、音楽鑑賞にまつわるノスタルジアというと、自身が若かりし頃に親しんだ音楽を聴いて思い出に浸る場合のように、あくまで懐古的なイメージで捉えられることが多い。

シティポップを例に取るなら、50代以上のリスナーが、青春時代にリアルタイムで親しんだレコードを引っ張り出し、古き良き時代に思いを致しながら鑑賞するといった場合がこのパターンに当てはまるだろう。実際、日本国内に流布してきたシティポップブームにまつわる言説には、そうした懐古的なものが少なくない。そして、（シティポップブームに限らずだが）ときにこういった態度は、現代のアクチュアルな問題から目を逸らし昔日の記憶に耽溺する、いわば「逃避的」なものだとして批判にさらされたりもした。

とすると、国内外の非リアルタイム世代が中心的な役割を担ったシティポップリバイバルにも、そうした「逃避的」な志向が潜んでいたのだろうか。もっといえば、シティポップに親しむことは、アクチュアルな問題から目を逸らすような、ある種の「反動的」な行為だったのだろうか。

ブ」とも形容される。

＊25 コンバージェンスカルチャー
アメリカのメディア研究者で、ファンダム研究の第一人者であるヘンリー・ジェンキンズが著した『コンヴァージェンス・カルチャー ファンとメディアがつくる参加型文化』（原著2006年、邦訳2021年）で提唱した概念。ジェンキンスは同書の導入部で以下のように説明している。
「コンヴァージェンス文化にようこそ。ここは古いメディアと新しいメディアが衝突するところ。ここは草の根メディアと企業メディアが交差するところ。ここはメディアの制作者とメディアの消費者の持つ力が前もって予見できない形で影響し合うところだ。〔中略〕私のいうコンヴァージェンスとは①多数のメディア・プラットフォームにわたってコンテンツが流通すること②多数のメディア業界が協力すること③オーディエンスが自

もしかすると、たしかにそういった一面もあったかもしれない。一方で、そこに潜む感情をそれほど簡単に図式化してしまっていいのだろうか、という疑問も浮かんでくる。

二つのノスタルジア

ここで参照してみたいのが、ロシア出身の比較文学者スヴェトラーナ・ボイム[*26]が著書『The Future of Nostalgia』で論じたノスタルジア概念の整理だ。

彼女はまず、ノスタルジアを「私達の時代の症状であり、歴史的な感情である」とした上で、三つの特徴を挙げている。一つ目は、ノスタルジアは必ずしも近代と対立するものではなく、近代と共存するものであるという点。二つ目は、ノスタルジアは、ある場所への憧れのように見えるが、実は「別の時間への憧れ」であること。つまり、広い意味では、ノスタルジアは、歴史や進歩と紐づく近代的な時間の概念に対する反発であると理解されるという。三つ目が、ノスタルジアは必ずしも回顧的なものではなく、前向きなものでもあるという点だ。

つまりここでボイムは、単に後ろ向きな退行と捉えられがちなノスタルジアに、別の時間や「ありえた未来」＝「横」を志向するというポジティブな性質を見出しているのだ。個人が実際に体験した過去や個別的記憶にとどまるのではなく、特定の過去や空間に制約されない「ありえた」未来を想像するということに、ノスタルジアの根源的な姿を見出す。ここから浮かび上がってくるのは、決して「逃避的」あるいは

分の求めるエンターテインメント〔中略〕体験を求めてほとんどどこにでも渡り歩くこと、という三つの要素を含むものをいう」
一連のシティポップブームでは、旧来のメディア企業やコンテンツホルダーが流通させる「正規」のルート＝レコード等フィジカルメディアのレギュラーな流通とは異なる、「草の根」的なルート＝時に脱法／違法の音楽ファイルの流通や、YouTubeなどへのアップロード、改変や2次創作が盛んに見られた。また、それが予測できない形で拡散し、ブームに参加するファンたちによって新たなメディア的価値や意味が付与されていく様、さらには、そうした参加型のファン活動が、企業側のビジネスモデルの変容をももたらしていく展開も見られた。このようなコンバージェンスカルチャー的な展開は、次章以降で分析する各種リバイバルにおいても同様に観察できる。

「反動的」であるとは捨て置けない、ノスタルジアの隠された可能性のようなものだ。

この可能性を摘出し擁護するように、ボイムは更に、過去と伝統を固持しその正統性を信じて疑わない「復旧的（Restorative）ノスタルジア」と、それに対する「反省的（Reflective）ノスタルジア」という概念を区別し、後者の可能性について論じる。拙訳の上、ボイムの言を引こう。

「復旧的ノスタルジアは、自らをノスタルジアとはみなすことなく、真実や伝統と考える。反省的ノスタルジアは、人間の憧れや帰属意識の両義性に思いを馳せ、現代の矛盾から逃れようとはしない。

……反省的ノスタルジアは、一つの筋書きを追うのではなく、一度に多くの場所に生き、異なる時間軸を想像する方法を探る。……うまくいけば真夜中のメランコリーの口実になるだけでなく、倫理的かつ創造的な課題を提示することもできる」（前掲書）

「……反省的ノスタルジアには、アイロニーやユーモアが含まれている。それは、憧れと批判的思考が対立するものではないことを明らかにしている」（同前）

現代のリバイバル現象の根底にあるもの

これは、シティポップブームとそこに潜んでいたノスタルジアの関係を考えるにあ

＊26 **スヴェトラーナ・ボイム（1959-2015）**
ソ連時代のレニングラードに生まれる。メディアアーティスト、小説家、劇作家としても活躍した。

たっても、非常に大きな示唆を与えてくれる議論である。

分かりやすくいえば、「実際に体験したことのない」シティポップを聴くという行為には、ここで提示されている「反省的ノスタルジア」が奥深く染み込んでいたと見ることも可能なのではないだろうか。

ヴェイパーウェイヴ／フューチャーファンクというアイロニカルなジャンルの伸長がこの間のシティポップブームを準備した重要な契機だったとすれば、ボイムのいう反省的ノスタルジアにおける「アイロニーやユーモア」をそこに重ね合わせることは難しくない。

また、シティポップブームを担ってきた若年世代は、「すでに失効した未来」の図像を内在化することで、反転してそれへの「憧れ」を培養してきた。違う場所、異なる時間軸に夢想される過去であるがゆえに、その過去は揺らぎをもって捉えられ、回復されるべき唯一無二の時間として絶対化されはしない。揺るぎない「真正の過去」を見出し、復古しようとはしない代わりに、デジタルアーカイブの世界に溢れる過去のディティールを愛で、憧れる。そこには、「こうであったかもしれない過去」への憧れがあると同時に、根底には現状に対する問題意識が存在するのかもしれない。楽天的な未来感を抱くことのできた、実際には経験してはいない過去へ、「現在」への疑義を培養基とした淡い憧れを抱く。後年世代のリスナー達がシティポップに投影したノスタルジアとは、そのようなものだったのではないだろうか。

これは、なにかにつけて「日本スゴイ」「日本ボメ」的な視点からシティポップブームを言祝いできた日本国内の一部メディアの姿勢とは相容れないものでもある。

残念ながらすでにそうなってしまった感もあるが、シティポップブームを語る言説が復旧的ノスタルジアへと収斂していくならば、当初このリバイバルに存在していたはずのポジティブな機能＝多くのリスナー達が反省的ノスタルジアを共有する中で無意識的にでも紡がれてきたカウンター性のようなものも、蒸気のように消え去っていくばかりだろう。


ここまで議論してきた、経験していない過去へ向けたノスタルジアの投影という現象は、本書で紹介してきた、そしてこれから紹介していく様々なジャンルのリバイバルにも、少なからず共通するものであるはずだ。また、そうしたノスタルジアは、きわめて繊細なバランスによって成り立っているということも、様々なジャンルのリバイバルを検分することによって、より一層はっきりと見えてくるだろう。

本章の締めくくりに、再びボイムの言葉を引こう。


「結局、ノスタルジアの独裁に対する唯一の解毒剤は、ノスタルジア的な反発かもしれない」（同前）

「ノスタルジアは、詩的な創造物、個人の生存メカニズム、カウンターカルチャーの実践、毒、そして治療法となりうるのだ」

（monumenttotransformation.org "Nostalgia," Atlas of Transformation、拙訳）

NEW AGE & AMBIENT

第 7 章

ニューエイジとアンビエント

ウェルビーイングとストリーミング時代のリバイバル

かつて、あからさまなスピリチュアル志向やその商業的なイメージゆえに「良心的な音楽リスナー」からはほとんど無視され、蔑まれさえしたニューエイジミュージック。2010年代以降、そのニューエイジミュージックが新たな文脈を付与され劇的な復権を遂げた。同時に、このリバイバルは、日本産の「環境音楽」の復権とも関連していた。再評価前夜の状況から、現代のメディア環境／社会的背景と結びついて全盛を迎えるまでの流れを追う。

1978年　ブライアン・イーノ『ミュージック・フォー・エアポーツ』▽「アンビエント」概念の浸透

1982年　吉村弘『ミュージック・フォー・ナイン・ポストカード』▽原美術館のために作成、後に再評価される

1980年代前半　伊のクラブ「コズミック」でDJダニエル・バルデッリが活躍▽非ディスコ的な選曲で人気を博す

1987年　グラミー賞で「ベスト・ニューエイジ・レコーディング」部門が設立▽ニューエイジの商業化が加速

1990年　KLF『Chill Out』▽レイブ世代から支持をえる「アンビエントハウス」の浸透へ

2001年　DJ Harvey『Sarcastic Study Masters Vol.2』▽バルデッリらのスタイルをオマージュしたミックス

2006年　雑誌『スタジオ・ボイス』6月号で特集「プログレッシヴ・ディスコ」▽コズミック的サウンドを紹介

2009年　英『Wire』誌8月号で「ヒプナゴジックポップ」が紹介▽「架空のノスタルジア」音楽の上昇

2010年　スペンサー・ドーランのミックス『Fairlights, Mallets and Bamboo』▽日本産電子音楽への関心高まる

2013年　コンピ『I Am The Center: Private Issue New Age Music In America,1950-1990』▽再評価の発火点に

2016年　Matthewdavid『Trust The Guide And Glide』▽モダンニューエイジシーンの充実

2017年　高田みどり『鏡の向こう側』を〈WRWTFWW〉が〈Palto Flats〉と共同で再発▽アナログリイシューの加速

2019年　コンピ『Kankyo Ongaku』▽第62回グラミー賞の最優秀ヒストリカルアルバム部門にノミネート

2020年　『ニューエイジ・ミュージック・ディスクガイド』刊行▽リバイバル周辺情報が体系化される

ニューエイジミュージックとはなにか

「ニューエイジ」とは一体なんなのか。まずはその概略を示そう。一般にニューエイジ文化とは、1980年代後半をピークに展開された、北米を主な発信源とする新たな霊的実践／思想運動と理解されている。

1960年代後半に勃興したサイケデリック／ヒッピー文化を母体に、既存の西洋キリスト教に根ざした宗教観から離脱し、より個人主義的で、かつホリスティックな世界理解を目指すスピリチュアルな諸運動が1970年代から徐々に隆盛していった。1980年代に入ると、様々なヘルスケアや民間医療、更には自己啓発セミナーブームなどに見られるように、ビジネスシーンにも吸収され、商業化の趨勢を強めていった。ニューエイジを形作る諸文化には、トランスパーソナル心理学、ニューサイエンス、エコロジー、禅、ヨガ、エンカウンターグループ、ボディワークなど、様々な実践／思想が含まれるが、一部にはカルト宗教やオカルトビジネスと結びつく例もあり、社会問題化することも稀ではない。

ニューエイジミュージックとは、そうしたニューエイジ文化の担い手あるいは受容者が、主に瞑想やヒーリングの目的で聴き、消費したもの、および作者の意図から離れてそのように受容されたものなどを指す。

日本で一般的な知名度が高いアーティストには、ジョージ・ウィンストン、ウィリアム・アッカーマン、ポール・ウィンター、ヤニー、アヌガマ、エンヤ、喜多郎、姫神などが挙げられるだろう。彼らの音楽になにか明確な共通点を見つけるのは難しいかもしれないが、往々にして、ゆったりしたテンポ（あるいはノンリズム）、静謐《せいひつ》な音響、叙情的なハーモニーなどの要素を備えている場合が多く、楽器編成やメロディーなどに、ときに非西洋的な要素が盛り込まれる（以下、紙幅の都合もあり、慣例にならってこれらの音楽についても単に「ニューエイジ」と表記する）。

低く評価されてきた音楽

かような成り立ちからして、これまで本書で扱ってきたロック文化やクラブミュージックの文化圏からすると、旧来ニューエイジというのはどこか抹香臭く、それ単独では真剣な聴取には値しないものとしてしばしば低く評価されてきた。特に、1987年の第29回グラミー賞において「ベスト・ニューエイジ・レコーディング」部門が設立されて以来その商業化が加速し、チープなプロダクションによって数々の作品が乱造されるようになると、ときにニューエイジは多くの音楽ファンから嘲笑の対象にすらなった。

ニューエイジ復権前史

このように、ニューエイジは長く「真剣な批評の対象外」であり続けてきたがたゆえ、近年のリバイバルが鮮烈かつにわかに巻き起こってきたように感じられるわけだが、実のところ、その前触れともいうべき動きは様々なフィールドで蠢いていた。前史としていくつか紹介してみよう。

まず挙げるべき動きに、1990年代初頭のクラブミュージック、特にイギリスのアシッドハウス〜レイブシーンに端を発する、ニューエイジ（的な音楽）への関心の高まりがある。

イギリスのクラブシーンでは、1987年を起点として、エクスタシー（通称E）と呼ばれるドラッグ、MDMAを服用し、大音量のハウスミュージックとともにダンスを楽しむ「アシッドハウス」のシーンが一挙に盛り上がりを迎えた。

違法レイブパーティーやドラッグに絡む不正な利権など、社会問題にまで発展した同シーンでは、その熱狂の傍らで、ダンスに疲れた身体を落ち着かせてゆったりとした音楽を楽しむ、いわゆる「チルアウト」と呼ばれるスタイルがうまれてきた。

ハウスユニットKLFが1990年にリリースした、その名も『Chill Out』というアルバムは、この語が浸透するきっかけとなった歴史的な作品だが、その音楽性は、（ピンク・フロイドの1970年のアルバム『原子心母』にオマージュを捧げたアートワークからも分かるとおり）旧来のプログレッシブロックやアンビエントミュージック的な質感を湛えた静謐なものだった。

サンプリングを駆使して制作されたこの作品を嚆矢として、ジ・オーブやミックスマスター・モリス、サン・エレクトリックらによって「アンビエントハウス」というジャンルが確立され、レイブ世代から大きな支持をえることになった。

KLF
『Chill Out』
（1990）

エルヴィス・プレスリー、フリートウッド・マック、アッカー・ビルクなどを効果音レコードとともにサンプリング。アメリカ南部を旅するイメージを描き出したというその内容は、どこか「アメリカンゴシック」の世界とも近しい。

ジャーマンロック再評価

　こうした新世代アーティストに影響を与えていたのが、主にドイツ産のプログレッシブロック、特にエレクトロニック色／瞑想色の強い一群＝クラウス・シュルツェ、タンジェリン・ドリーム、アシュラ、ポポル・ヴーいったアーティスト達だった。もともと、彼らは明確にニューエイジを志向して音楽制作をおこなったわけではないにせよ、1970年代から1980年代にかけてニューエイジャー達は彼らの音楽を好んで聴いており、後には実際にニューエイジのフィールドでキャリアを積んでいくアーティストも少なくなかった。そう考えれば、1990年代のクラブシーンにおけるこうしたドイツ産音楽の再評価[*1]は、結果的に、現在に続くニューエイジリバイバルを先取りする動きだったともいえる。

　また、こうしたUKクラブシーンとニューエイジの近接性を考えるにあたっては、イギリス各地で1980年代から1990年代にかけて多く出現した、いわゆる「ニューエイジトラベラーズ」の存在も重要だろう。1960年代のヒッピー文化に根を持ち、各地のフリーフェスティバルを渡り歩いた彼らは、同時期のレイブカルチャーとも密接な関係を結んでいた。厳密にいえばアメリカのニューエイジャーとは別の運動体と見た方がいいこの「ニューエイジトラベラーズ」だが、超自然的志向やエコロジー思想など、イギリスのダンスミュージック文化に「ニューエイジ的」な志向を注ぎ込む役割を担っていたことは疑いようがない。

＊1　**ドイツ産音楽の再評価**
クラブミュージック視点からのドイツ産音楽再評価を象徴する作品としては、アシュ・ラ・テンペル～アシュラのギタリスト、マニュエル・ゲッチングが1984年にリリースした『E2-E4』が挙げられる。同作は当時からニューヨークのパラダイス・ガラージで人気を博していたほか、1989年には、イタリアのスエニョ・ラティーノがサンプリングし、本格的な再評価につながった。カール・クレイグやベーシック・チャンネルらもリミックスを手掛けるなど、多くのクリエイターから絶大な支持を受けている。ほかにも、カンやファウスト、ノイ!、クラスター、ハルモニアなどのグループにも注目が集まり、ポストロック側からの再評価とも連動しながら人気を博した。

コズミックリバイバル

2000年代初頭には、また別のキーワードを通じてニューエイジ的な音楽が注目を浴びるようになる。それが、「コズミック」(「アフロコズミック」ともいわれる)だった。

コズミックとは、読んで字の如し「宇宙」を表す単語だが、厳密にいえばジャンルの名称ではない。1970年代末イタリア北部ガルダ湖畔にオープンしたクラブの名前がもととなっており、ここで1984年までレジデントとして活躍したダニエル・バルデッリをはじめとするDJ達のプレイスタイルをそう呼ぶ。

「コズミック」では、当時隆盛をきわめていたディスコが主流ではなく、ニューウェイブやプログレなどを織り交ぜた多様な選曲が売り物になっていた。多くの客がヘロインを摂取していたこともあり、ビートをスローダウンさせるプレイが支持され、一般的なディスコミュージックのDJプレイから離れた特異な選曲スタイルが人気をえた。ダニエル・バルデッリは、クラスター一派などドイツの〈Sky〉レーベルのカタログや、フランスのジャン=ミシェル・ジャール、ギリシャのヴァンゲリスなど、ニューエイジ的な音楽(ニューエイジャーに好まれた音楽)も積極的にプレイしていた。

このコズミックは、少なくともその当時は同地以外ではほとんど知られることのない、局地的なスタイルだった。

しかし、2001年ころから、このコズミックスタイルがにわかに再注目を集めることになる。その契機となったのが、イギリス出身のDJ Harveyが2001年に発表したミックスCD『Sarcastic Study Masters Vol.2』だった。幅広い選曲や自在なテンポ調整など、バルデッリらのスタイルをオマージュしたその内容は、折からのイタロディスコ再評価の流れとも合流しながら、旧来のレアグルーヴ由来の価値観に囚われないエレクトロニックな音楽へのジャンル横断的な関心を高めるきっかけとなった。

新たな「バレアリック」解釈

こうしたプレイスタイルは、アーティスト／レーベルオーナーのジョニー・ナッシュの紹介によって日本にも波及し、Chee ShimizuやDr.NishimuraといったDJ達を魅了すると、彼らもコズミックスタイルでプレイするようになった。また、雑誌『スタジオ・ボイス』2006年6月号で「プログレッシヴ・ディスコ」と題した特集が組まれ、ダニエル・バルデッリ、DJ Harvey、クラウス・シュルツェらへのインタビューのほか、コズミックをテーマにしたChee ShimizuとDr.Nishimuraによるディスクレビューが掲載された。クラウス・シュルツェやヴァンゲリスに混じって、喜多郎やシャドウファックスなど、この時点ですでに明確にニューエイジと分類可能なレコードが紹介されているのが注目に値する。

更に、同時期から、Chee ShimizuやDubbyといったDJ／バイヤーを中心に、新たなタームとして「バレアリック」の語が使われはじめ、オールジャンル的なレコード探求を一層深化させていった。「バレアリック」とはもともと、スペインのリゾート

DJ Harvey
『Sarcastic Study Masters Vol.2』
(2001)

元はLAのアパレルブランド〈SARCASTIC〉とのコラボレーションによって制作され、関係者に配布されたもの。その内容が評判を呼び、高値で取引された。多くのDJに影響を与え、DJ Crystalも、前出の『Made in Japan Classics vol.1 - Disco Tokio』(241頁)制作にあたってインスパイアされたと語っている。

地イビサ島[*2]のクラブでプレイされていたレコードやその祝祭的なスタイルを指すもので、イギリスのアシッドハウスの影響源としても理解されていた。

　しかし、Chee Shimizuらはその語をコズミック再評価通過後の感覚で特有のメロウネス／反復性を感じさせる音楽全般へと敷衍し、様々なレコードを新たな「バレアリック」の観点から発掘していった。更にChee Shimizuは、2007年にリスニングに特化したイベントを開始し、そこでのプレイに調和するビートレスな音楽を探す中で、ニューエイジ系のレコードにも一層の関心を注いでいった。

ニューエイジとアンビエントの違い

　ほかにも、エレクトロニカ[*3]の勃興や、ゼロ年代のアンダーグラウンド／アバンギャルドシーンを席巻したドローンミュージックのシーンなど、後のニューエイジ再評価の遠因となったムーブメントは少なくない。

　というよりも、なにがしかの静謐さ、あるいは瞑想性を伴った音楽は、（その作り手の意図がどうであったかに関わらず）ニューエイジ的な文脈で消費されうることを考えれば、近年のニューエイジリバイバルを間接的にでも準備した音楽の裾野《すその》は限りなく広くなるだろう。

　しかしながら、少なくとも2000年代においては、いまだニューエイジは陳腐なイメージをまとう存在であり、右のような「シリアス」な音楽と同列で語られることはほとんどなかった。くどいようだが、この「ニューエイジ不遇」の空気をおさえて

＊2　イビサ島
地中海西部バレアレス諸島を構成する島。1960年代からヒッピー文化の「聖地」として人気を集め、1980年代末以降はクラブミュージックの発信地としても名を馳せた。島内には、「カフェ・デル・マー」など、多くのDJバー／クラブが存在する。

＊3　エレクトロニカ
必ずしもダンスミュージックとしての機能に特化されない、電子音を取り入れたリスニング志向の強い音楽の総称。2000年代に人気を博した。Y2K（371頁）文脈とも連動しながら、2020年代初頭からじわじわとリバイバルが広がっている。

おくことが、昨今のリバイバルをより深く理解する鍵となる。そこで、ニューエイジと比較しながら検討してみたいのが、その関連ジャンルであり、ニューエイジとは異なり批評的な関心を継続的に集めてきた、アンビエントミュージック（以下アンビエント）だ。

「アンビエント」とは、1970年代半ばにブライアン・イーノによって提唱され、その後に浸透した概念である。

エリック・サティが提唱した「家具の音楽」や、ジョン・ケージによる「沈黙」のコンセプト、あるいはスティーヴ・ライヒやテリー・ライリーなどのミニマルミュージックを参照して誕生したアンビエントは、集中的に鑑賞することも可能だが、必ずしもそうした能動的な聴取を必要とはせず聴き流すこともできるものであり、あくまで環境との相互的な関係の中で聴かれ、存在する音楽とされる。そのため、その音楽を取り囲む環境の特性へと意識を開かせるという機能も孕んでいる。ある楽曲を外郭を伴った一個の「作品」として環境から括りだして理解しようとする旧来の西洋音楽の伝統や、それに伴う形式的な「鑑賞」のあり方を解きほぐそうとする点で、きわめて理知的なコンセプトを持った音楽概念といえる。

音響的な特徴としては、弱音、持続音、反復、明示的リズムの排除が挙げられることから、ニューエイジとの共通性を指摘するのはいかにも容易いし、実際にララージやハロルド・バッドなど、ニューエイジ系アーティストの中にはブライアン・イーノと交流を持つ者も少なくなく、時代が下るにつれて、両者の境界も曖昧になっていく。

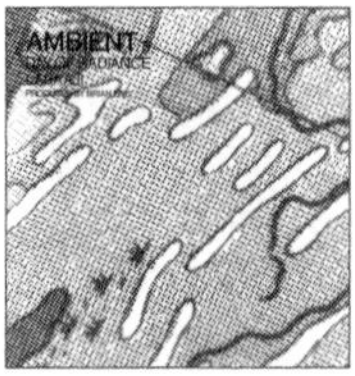

ララージ
『アンビエント3: デイ・オブ・ラディアンス』
（1980）

ブライアン・イーノのプロデュースのもと、アンビエントシリーズの第3弾としてリリースされた。ニューヨークのワシントン・スクエア公園でバスキング演奏をおこなっているララージをイーノが「発見」し、本作の制作に至った。

しかしながらそのニューエイジは、本章冒頭で述べたとおり、成り立ちや背景思想からして本来は別種の音楽であったといっておいたほうがいい。ニューエイジがしばしば瞑想やヒーリングなどに供される実用性の高い音楽であるという点からすれば、アンビエントと同じく外在的な要因との相互的な関連性があってはじめて存在しうる音楽だともいえる。

しかし、アンビエントが本来、あくまでその自己言及的なコンセプトによって貫かれた一種のメタ的な「アート」として理解すべきものであるとすると、ニューエイジの方ははじめから機能主義的な側面が大きく、しかもそれは明確なスピリチュアル志向と切り離せるものではなかった。このような本源的な差異と、度々指摘されるニューエイジにあってアンビエントにはない音楽的要素＝甘く主情主義的な旋律／ハーモニーの構造などを理由として、旧来のアンビエント批評からはニューエイジ全般が意識的に排除されてきたのだった。

こうして考えてみると、昨今のニューエイジリバイバルとは、逆側から見れば、かつてアンビエントとニューエイジの間に（恣意的に）設けられていった「壁」が取り払われ、実用的／背景的な（とされていた）音楽が反転するように前景に浮かび上がってきた現象であると理解できるかもしれない。この点については改めて戻ってこよう。

ヒプナゴジックポップ

だからこそ、ニューエイジの復権当初には、そうした「壁」を飛び越えるためにも、ある種の諧謔的な論理やアイロニーがその踏切板として不可欠であった。ここで再び議論に登場してくるのが、インターネットにおけるシティポップリバイバル初期にも観察された、かつての高度消費社会を追想する架空的なノスタルジアの上昇という事態だ。

こうした議論の際、まずおさえておくべき現象がやはりヴェイパーウェイヴであるのは間違いないが、やや深入りして、その前触れとなった音楽も概観しておこう。

特に重要なのが、「ヒプナゴジックポップ」[*4]と呼ばれる音楽だ。「hypnagogic《ヒプナゴジック》」とは、入眠時の半覚醒状態を表す単語「hypnagogia」の形容詞形で、そこから連想されるように、ローファイでぼんやりとした音像を伴ったサウンドを特徴とする。1980年代から1990年代にかけて氾濫したコマーシャルな音楽（シンセポップや、軽いロック、ゲーム音楽など）をおぼろげな記憶を頼りに再現しているように聞こえることからこの名がついたとされている。

代表的なアーティストには、ジェームス・フェラーロ、スペンサー・クラーク、ダニエル・ロパティン、アリエル・ピンクらがいる。彼らの多くがエクスペリメンタルな音楽シーンと関わりを持ち、DIYなカセットカルチャーとも関連の深い存在であったというのは大いに示唆的だ。既存のエクスペリメンタルミュージックシーンのシ

＊4　ヒプナゴジックポップ
このヒプナゴジックポップは、サイモン・レイノルズら評論家によって、ジャック・デリダの提唱した「憑在論」の文脈に接続され、過去と未来への憧憬とその亡霊に取り憑かれたレトロモードの音楽として読み解きがおこなわれた。音楽批評における憑在論の適用とその論旨については、サイモン・レイノルズ『Retromania: Pop Culture's Addiction to Its Own Past』のほか、マーク・フィッシャー『わが人生の幽霊たち うつ病、憑在論、失われた未来』などを参照。

リアスな路線から逸脱するように、過去のキッチュな音楽を意識的に援用するアイロニカルな実践が顕在化していった2000年代後半以降のこうした流れこそが、後のニューエイジ再評価にとっての重要な「踏切版」となった。

ジェームス・フェラーロは、自身のレーベルを〈New Age Tapes〉と名づけ、スペンサー・クラークは〈New Age Cassettes〉というレーベルを主宰した。彼らもまた、イギリスのハウスシーンやコズミックを牽引したDJ達と同様に、主にクラウス・シュルツェやタンジェリン・ドリーム、マニュエル・ゲッチングなどドイツのアーティストによる作品を参考にしていた。

ヒプナゴジックポップからヴェイパーウェイヴへ

ヒプナゴジックポップは、ときにチルウェイヴ、グローファイなど、様々な呼び名を変遷しながら、あるジャンル＝ヴェイパーウェイヴの誕生を促した。

1980年代から1990年代にかけて商用／実用に給されたコマーシャルな音楽の援用という諧謔的な手法は、このヴェイパーウェイヴにおいて更に先鋭化し、特出した作品を多数生み出した。

MACINTOSH PLUSの名でヴェイパーウェイヴの象徴的な作品『FLORAL SHOPPE』（2011年）をリリースしたVektroidことラモーナ・アンドラ・ザビエルは、様々な変名でニューエイジにフォーカスした作品を発表したほか、telepathテレパシー能力者らによる一連作にも、きわめてニューエイジ的なモチーフが現れている。

また、エレベーターミュージックからの大胆な引用によって構成されたヴェイパーウェイヴのサブジャンル、「Utopian Virtual」に描かれる疑似ユートピア的音楽世界にも、かつて1980年代から1990年代に制作されたニューエイジの楽観的性格に通じる、漂白された快楽性とでもいうべきものが濃密に漂っていた。更に、猫 シ Corp.らが牽引したサブジャンル「Mallsoft」は、かつてどこかに存在したショッピングモールで流れていそうな架空のミューザックを志向するというコンセプトとおり、高度消費社会を彩った美麗で甘やかなBGMとしてのニューエイジを想起させるものだった。

加えて、こうした一種のレトロフューチャリズム[*5]的な価値観を経由したニューエイジの復権は、前章でも触れたような様々なジャンルの勃興と連動しながらも、1980年代から1990年代を強く想起させるデジタルなサウンドが「アリ」になっていったという流れとも無関係ではなかったはずだ。そのような流れの中で、2000年代までは「チープ」な音色として何かと忌避されがちだった、ヤマハのDX-7やローランドD-50、コルグM1に象徴されるような、1980年代中後期から一斉を風靡したデジタルシンセサイザーのサウンドが、とたんに「クール」なものへと反転していったのだ。

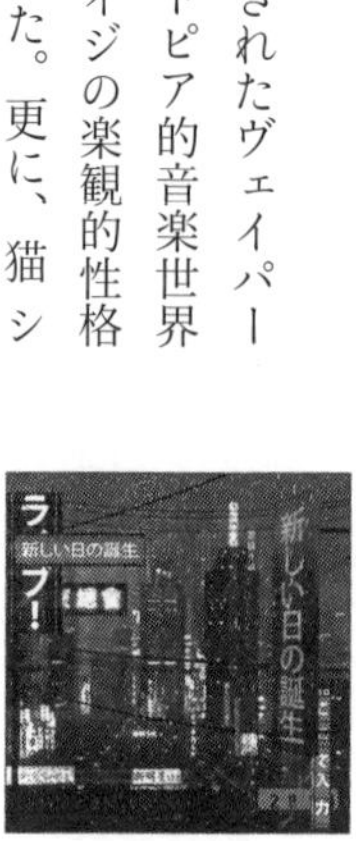

2814
『新しい日の誕生』
（2015）

ヴェイパーウェイヴのプロデューサー、Hong Kong Express＆t e l e p a t h テレパシー能力者によるユニット２８１４の作品。サンプリングやエディットを排して、アンビエント～ニューエイジ色の強いオリジナル曲を聴かせる。

＊５　レトロフューチャリズム
一般的には、20世紀初頭から半ばに夢想された楽観的未来像を１９７０年代から１９８０年代の人々が懐しむ、懐古的志向のこと。ここでは、１９８０年代から１９９０年代初頭にかけて夢想されていた（が実現されなかった）未来像を追慕する２０１０年代のそうした志向を指す。

レコードマニアとmp3ブログ

　ニューエイジの復権をもっとも強力に推し進めていったのは、ここでもやはり一部のレコードマニアやバイヤー、DJ達だった。自身もバイヤーを務める音楽ライター門脇綱生による詳細なブログ記事「ヒーリング・ミュージックの進化と叛逆テン年代ニューエイジ・リバイバルは如何にして発生したか」、および同氏監修・編集『ニューエイジ・ミュージック・ディスクガイド』などを参考に、いよいよ本格的に到来するニューエイジリバイバルの流れを追っていこう。

　まず触れるべき最重要人物が、ロサンゼルスのレコードディーラー、アンソニー・ピアソンと、彼がバイヤーとして雇い入れたダグラス・マクゴアンの2人だろう。彼らは、後に聖典としてプレミア化していく数々の自主制作ニューエイジレコードを同業者に先んじて集め出し、2000年代中頃から、エクスペリメンタル／ノイズミュージック周辺のアーティストを巻き込んで静かなブームを巻き起こした。

　彼らの企画によって2013年にシアトルのレーベル〈Light In The Attic〉からリリースされた発掘成果の集大成的なコンピレーション『I Am The Center: Private Issue New Age Music In America, 1950-1990』こそは、その後に続く本格的なニューエイジリバイバルの発火点となった作品だ。

　ヤソスやスティーヴ・ハルパーンといったニューエイジの開祖というべき存在をはじめ、ララージやマイケル・スターンズ、J・D・エマニュエルなど、その後相次い

オムニバス
『I Am The Center: Private Issue New Age Music In America, 1950-1990』(2013)

充実したブックレットのほか、アートワークにもこだわりが反映され、過去に数々のニューエイジ作品のジャケットを手掛けてきたギルバート・ウィリアムズのイラストが使用されている。

で再発売されることになるアーティストやまったくの無名作家の楽曲まで、タイトルどおりプライベートイシューのレア盤から選ばれた数々のトラックは、それまでニューエイジ全般に関心を向けてこなかった多くのリスナーも惹きつけ、再発掘の流れを決定的に勢いづけた。

なお、このシリーズからはその後、ドイツなどヨーロッパ産のトラックをまとめた『(The Microcosm) Visionary Music Of Continental Europe, 1970-1986』が２０１６年に、続いて日本の環境音楽やニューエイジをまとめた『Kankyo Ongaku: Japanese Ambient Environmental & New Age Music 1980-1990』が２０１９年にリリースされた（後者については追って詳述する）。

様々なニューエイジ系レコードが続々と発掘されていく中、マニア達が運営するブログも、積極的に情報を発信していった。中でも「Crystal Vibrations」「Growing Bin」「Sounds Of The Dawn」などが代表的な存在だろう。

こうしたブログには、紹介文とともにレアな作品の音声ファイルをｍｐ3形式でダウンロード可能にしているところも多く、それを参考にレコードを探すファンもいた。また、それらのレコードの音源がYouTubeにアップされる例も増えはじめ、かつてはあまりに膨大かつ雑多ゆえにかえって深い謎に包まれていたニューエイジ系レコードの世界が、気軽にアクセス可能なものになっていった。

ストリーミングサービスが未整備であったこの時点において、そうした個人レベルの発信がリバイバルに大きく寄与したというのも見逃し難い事実だ。

レコード再発の活況

様々なレコードの発掘に伴って、それらが正式に再発される例も増えてくる。

シカゴを拠点とする名門リイシューレーベル〈Numero〉は、ヤソスの過去録音を集めたコンピレーション『Celestial Soul Portrait』（2013年）を筆頭に、ジョーダン・デラシエラ、ジョアンナ・ブルーク、ララージらの作品を再発していった。同社は後に、古典的なフィールドレコーディング作品である『Environments』シリーズ（1969年〜）をデジタルリリースしたり、自社発行のジン『Periodical Numerical』でニューエイジを特集するなど、リバイバルの重要な発信源のひとつとなった。

ニューヨークのエクスペリメンタル系レーベル〈Rvng Intl.〉およびその傘下レーベル〈Freedom To Spend〉も重要な存在だ。アリエル・カルマやアーネスト・フッドらの貴重な作品を発掘する傍ら、ベテランアーティストと若手作家のコラボレーション作も積極的にリリースし、新旧世代の交流を推し進めた。

また、アムステルダムのレーベル〈Muisic From Memory〉は、イタリアのジジ・マシンのコンピレーション『トーク・トゥ・ザ・シー』（2014年）のリリースをはじめ、同じくイタリアのロベルト・ムスチ、スペインのスソ・サイスらの作品や、ブラジルのアンビエント／電子音楽を集めたコンピレーション『Outro Tempo (Electronic And Contemporary Music From Brazil 1978-1992)』（2017年）など、アメリカ以

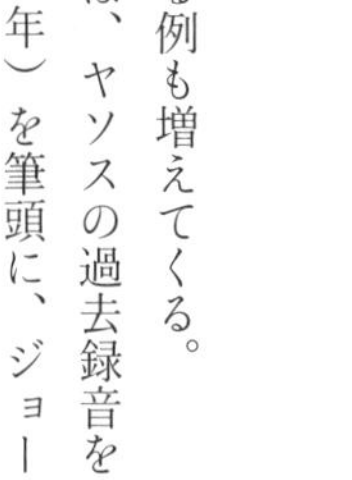

ジジ・マシン
『トーク・トゥ・ザ・シー』
(2014)

1986年のファーストアルバム『ウィンド』収録曲から未発表曲まで、貴重な音源を収める。マシンは2014年にジョニー・ナッシュとオランダのマルコ・ステルクとともにガウシアン・カーヴというグループを結成し2枚のアルバムを制作するなど、再評価以降一層旺盛な活動を続けている。

外で制作されたニューエイジ系音楽を紹介した。ほかにも、〈Aguirre Records〉〈Unseen Worlds〉〈Séance Centre〉〈Fact Of Being〉など、2010年代半ば以降、様々なレーベル[*6]が次々とリイシュー盤をリリースしていった。

モダンニューエイジの勃興

往年のレコードの発掘／再発と並行して、オリジナルニューエイジから影響を受け、それを現代風にアップデートする新譜作品も続々と現れてくる。

これら現代的なニューエイジ作品のリリース元の中でもっとも重要な存在は、米ロサンゼルスの〈Leaving Records〉だ。

同レーベルは、フライング・ロータスらが牽引した実験的なヒップホップ〜エレクトロニックミュージックシーンで活動していたビートメイカーのMatthewdavidことマシュー・デイヴィッド・マックイーンと、ヴィジュアル・アーティストのジェッセリサ・モレッティによって立ち上げられた。はじめのうちはロサンゼルスのビートシーンと連動するような作品をリリースしていたが、Matthewdavidが次第にニューエイジのヴィンテージカセットテープの世界に深く入れ込むようになり、2010年代半ば頃からニューエイジ／アンビエント色の強い新譜作品を手掛けるようになっていく（彼はそれらを「モダンニューエイジ」と称した）。

2016年8月掲載の『FACT MAGAZINE』によるインタビューで、Matthewdavidは次のように述べている。

＊6　**様々なレーベル**
そうしたレーベル群に先んじて、2005年の時点でヤソスのファーストアルバム『Inter-Dimensional Music』(1975年)をリイシューしていた大阪のレーベル〈EM Records〉の先見性には驚くべきものがある。

「僕の考えでは、90年代や00年代のノイズやパンク、エクスペリメンタル系のミュージシャン達は燃え尽きたと感じていて、今は人生の違うステージにいるから、ニューエイジに惹かれるんだと思います。みんな本当に自分自身を打ちのめしてしまって、耳も体も犯されてしまったんですよ」(Adam Bychawski ,"The new wave of new age: How music's most maligned genre finally became cool,"FACT MAGAZINE、拙訳)

彼はニューエイジのサウンドに惹かれただけではなく、各種のニューエイジ思想にも深い興味を抱き、それらを吸収していった。

アラン・ワッツやアレイスター・クロウリー、グルジェフらヒッピー〜ニューエイジ文化に多大な影響を及ぼした過去の神秘家の思想を学び、神智学の歴史にも関心を寄せた。その実践は自らの音楽活動でも貫かれ、2015年にはインドネシアのアシュラムで録音した、その名も『Ashram』という作品を発表し、翌年には「Matthewdavid's Mindflight」名義で、スピリチュアル色強い『Trust The Guide And Glide』をリリースした。

〈Leaving Records〉からは、ほかにもララージやカルロス・ニーニョ、クール・マリタイム、ジョン・キャロル・カービー、アナ・ロクサーヌ、グリーンハウスら様々なアーティストがモダンニューエイジ作品をリリースしており、同レーベルとその周辺シーンは、ニューエイジ再評価の活況を象徴する存在となった。

Matthewdavid's Mindflight『Trust The Guide And Glide』(2016)

マイケル・スターンズのアルバム『プラネタリー・アンフォールディング』(1981年)や、作家ロバート・シェイとロバート・アントン・ウィルソンによる小説イルミナティ三部作などからインスピレーションを得て制作された。

また〈Leaving Records〉は2018年から、ロサンゼルスのコミュニティパーク「La Tierra de La Culebra Park」にて、「Listen To Music Outside In The Daylight Under A Tree」というイベントを連続的に開催している。聴衆達は木々の間から聞こえてくるニューエイジサウンドに耳をすまし、思い思いに身体を横たえ、リラックスしながら午後のひとときを過ごす。ヴィーガン食品やオーガニック茶なども供《きょう》され、あたかも1980年代から1990年代にかけてのニューエイジ黄金時代に見られたワークショップを彷彿させる光景が広がっているという。

カリフォルニアという磁場

Matthewdavidおよび〈Leaving Records〉周辺には、ニューエイジリバイバル最初期に見られたアイロニカルな雰囲気があまり漂っていないように思われる。

むしろ、エクスペリメンタルミュージックやビートミュージックのフィルターを通して、ニューエイジの伝統が素直に蘇ってきているような印象すら抱かせる。これは、〈Leaving Records〉が拠点とするカリフォルニアの思想的／文化的な伝統に鑑みれば、あまり意外なことではないだろう。ロサンゼルスおよびサンフランシスコを2大都市圏とするカリフォルニアでは、1960年代からヒッピー達のコミューンが多数見られたし、迷える西洋人たちに霊的な教えを垂れるべく南アジア地域から移住してきたグルたちの拠点も少なからず存在した。

更には、ニューエイジ運動の最重要拠点であったエサレン協会もあったし、もっと遡れば、戦前から神智学やニューソート運動が盛んな土地でもあった。また、後に触れるように、シリコンバレー文化と「カリフォルニアンイデオロギー」の拠点でもあった。昨今のカリフォルニアに見られる現代ニューエイジの発展は、こうしたオリジナルニューエイジ文化から受け継がれた様々な命脈が再び花開いた現象とも理解できそうだ。

現代ニューエイジの多層的な発展

リバイバル以後の現代ニューエイジの発展をたどっていくと、2010年代前半から中盤にかけて全盛期を迎えた各種カセットレーベルの果たした役割が大きかったのも分かる。

門脇綱生は、ドローン／エクスペリメンタル系レーベルとしてスタートした〈Sacred Phrases〉、オークランドの〈Constellation Tatsu〉、ヴェイパーウェイヴシーンの一翼も担った〈Orange Milk Records〉などが特に重要な存在であったと指摘している。

更に、現代版ニューエイジの波は合衆国以外の地域にも押し寄せ、各地で独自のシーンを形作ってきた。「チルアウト」の故郷であるイギリスでは、当地のクラブミュージックシーンへ逆輸入的にニューエイジ的な要素が取り入れられた例を見つけることができる。

グライム[*7]／ベースハウス[*8]等を出自とするプロデューサーDeadboyは、かねてより「Crystal Vibrations」や「Sounds of the Dawn」といったブログの愛読者で、そこで

＊7 グライム
UKガラージ（374頁）などイギリスのクラブミュージックがヒップホップやレゲエに接近して生まれた音楽。

＊8 ベースハウス
ベースミュージックのサウンドとビートをハウスの4つ打ちリズムに接合したダンスミュージック。

紹介されているカセットテープを漁っているうちにニューエイジに魅了され、2015年のEP『White Magick』でベースミュージックとニューエイジの融合を実践した。

また、そのDeadboyがDJ／プロデューサーのインディア・ジョーダンとロンドンのレコードショップ「Rye Wax」でスタートさせたヒップなリスニングパーティー「New Atlantis」[*9]は、同地のニューエイジ受容の中心的な存在となった。

ほかにも、カナダやヨーロッパ各地、オーストラリア、南米、日本を含むアジア各地域でも同様の「ニューエイジリバイバル以後」の実践が重ねられ、アンダーグラウンドなネットワークが築かれていった。

「アンビエントの民主化」としての現代ニューエイジブーム

ここに至って、かつては忌避《きひ》すらされていたニューエイジは、当初ついてまわったネガティヴなイメージをほぼ払拭し切ったといっていいだろう。

Bandcampや各種配信サービスを通じたリリースの簡便さや、DAW[*10]や各種プラグイン[*11]の浸透による制作環境の整備によって、今やニューエイジはもっともDIYな形で世界に発信可能なユーザー参加型の音楽の一つへと変質した。

こうした状況の進展は、かつてアンダーグラウンドの音楽実践において（ニューエイジを影絵として）覇権を握っていたアンビエントやドローン、エレクトロニカなどが、新興サブカルチャーとしての現代ニューエイジと習合し、ほとんどそれらが分かち難いものとなったことも意味している。

＊9　New Atlantis
この名は、Deadboyが発見したイギリスのニューエイジ系アーティスト、フランク・ペリーの同名作（1984年）に由来するという。

＊10　DAW
Digital Audio Workstation（デジタルオーディオワークステーション）の略。録音や編集、ミックス、マスタリングを一括しておこなうことのできるソフトウェア／ハードウェアの総称。

＊11　プラグイン
DAWの機能を拡張させるソフトウェア。様々な音色に対応したソフト音源と、音を変化させるエフェクトに特化したものがある。

2010年代を通じて数え切れないほどリリースされてきた静謐な電子音楽作品を逐一取り上げて、「これはアンビエントである、これはニューエイジである」とカテゴライズするのは、（思想的な面は措くとしても）少なくとも音楽的な次元ではあまり意味のない行為になってしまった。こうした「アンビエントの民主化」というべき事態は、逆側から見れば、ニューエイジリバイバルの初期に内在していたアイロニーやニヒリスティックな諧謔性が霧散していったのと並行的な現象だったと見ることもできる。

これを一種の「毒が抜かれた状態」として憂いてみるのも可能だろうが、旧来のエレクトロニック〜エクスペリメンタルミュージックのシーンではなにかと周縁的な存在として扱われてきた女性達が、優れたニューエイジ／アンビエント作家として続々と作品を発表し高く評価されているここ10年ほどの趨勢を併せて考えれば、やはりポジティブな側面の方が大きかったはずだ。

前出のグリーンハウス、アナ・ロクサーヌをはじめ、ケイトリン・オーレリア・スミス、エミリー・A・スプレイグ、ジュリアナ・バーウィック、サラ・ダバチ、**Kate NV**、**Sunmoonstar**、**Salamanda**など、ほかにもたくさんの女性アーティスト達が現代ニューエイジ／アンビエントを拡張し、秀作を届けた。加えてこの「民主化」には、当然ながら地域的なパワーバランスの是正という機能もあったはずだ。もちろん北米が主な発信地となっているのは変わらないにせよ、制作、流通、受容、それぞれの局面でデジタルテクノロジーの浸透が進んだことを受け、先に見たように様々な地域か

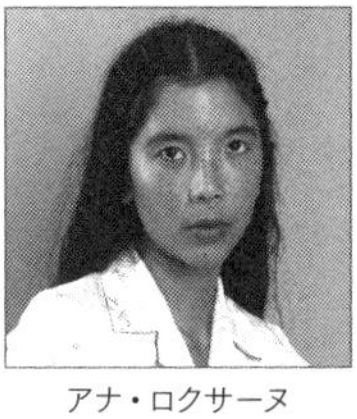

アナ・ロクサーヌ
『~~~』
（2019）

米サンフランシスコ出身のフィリピン系アーティスト、アナ・ロクサーヌのデビューEP。元々2015年に友人向けにリリースされたものだったが、後に〈Leaving Records〉の手にわたり、2019年に正式発売された。アナはインターセックスを公言しており、本作はジェンダーとアイデンティティをテーマとしている。

らアンビエント／ニューエイジ的な実践が現れてきたのだ。

もうひとつの「発見」、日本の環境音楽とニューエイジ

この間のリバイバルで、もうひとつ大々的な再評価を受けたのが、1980年代から1990年代にかけて日本で制作されたニューエイジ、および「環境音楽」といわれる作品だ。

これもある意味では、かつての欧米中心の主流的なアンビエント受容では地理的／文化的に二重に「周縁化」されてきた音楽がメディア／テクノロジーの浸透により「発見」され復権した現象、と見ることができるかもしれない。

「環境音楽」という語は、もとをたどると様々な文化施設などで流される音楽の広義的な呼び名として1960年代から日本国内で用いられてきた。

しかし、ブライアン・イーノの提唱するアンビエントとその概念の輸入以降、環境音楽とアンビエントはほぼ同義の語として定着することになった。現在、日本国内ではアンビエントの訳語のような形で運用されている一方、広範なBGM、サウンドスケープ[*12]、音響彫刻[*13]などを含むやや茫漠《ぼうばく》としたワードとしても流通してきた。その成り立ちから分かるように、当初は現代音楽やハイアートとも結びついたものであり、一般的なポップミュージックのフィールドとはあまり交わらずに独自に発展してきたものだった。

もっとも旺盛な作品発表がおこなわれたのは1980年代前半から1990年代前

＊12　サウンドスケープ
291頁、「復権するサウンドスケープの思想」参照。

＊13　音響彫刻
音の響きをその構成に組み入れた立体作品のこと。音の鳴るオブジェ。

半にかけてで、様々な作曲家が活躍した。音、空間、映像のプロデュースを手掛ける「サウンド・プロセス・デザイン」社を設立した芦川聡を筆頭に、吉村弘、広瀬豊、尾島由郎らが代表的な存在とされる。日本国内ですら一部のコミュニティ以外にはほとんど知られることのなかったこの時代の環境音楽は、一体どのようにしてリバイバルの俎上に上ってきたのだろうか。

先にも登場したＤＪ／バイヤーChee ShimizuやDubbyは、すでに述べたとおり、２０００年代後半以降コズミックの「その後」を求める中で静謐でビートレスな音楽を探索していたが、次第に日本の環境音楽のレコードも掘り起こしていった。『ニューエイジ・ミュージック・ディスクガイド』に掲載された2人へのインタビューによると、後に〈Music From Memory〉をタコ・ライエンガと共同設立することになるジェイミー・ティラーは、２０１０年代初頭に来日した際、Chee ShimizuやDubbyとともに日本中のショップで日本産のレコードを買い漁り、ニューエイジ系や環境音楽系の作品も多く発掘したのだという。

また、大阪のレコードショップ「Rare Groove」のオーナー佐藤憲男も、そうしたレコードを国外向けに販売するようになったという。こうして、海外のレコードマニアのコミュニティへ環境音楽や日本産ニューエイジのレコードが徐々に浸透していったのだ。

ここでキーマンとして登場してくるのが、米ポートランドを拠点とする音楽家で、ライアン・カーライルとともにVisible Cloaksとして活動するスペンサー・ドーランだ。

ドーランはもともと、ヒップホップ系のプロデューサーとしてキャリアをスタートさせ、2007年には来日公演もおこなっている。その際に坂本龍一の『B-2 UNIT』（1980年）と出会い、YMO周辺の音楽を起点に同時代の日本産のレコードへ興味を広げていった。彼もまた、Chee Shimizu、Dubby、佐藤らに頼んでレコードを手元へ送ってもらうようになるが、あるとき、吉村弘が資生堂のノベルティとして制作した『A・I・R (Air In Resort)』（1984年）と出会う。そこから、吉村をはじめとした日本の環境音楽に深い関心を抱くようになっていったという。

並行して彼は、2010年に、YMO関連作品や、ムクワジュ・アンサンブル、マライア、清水靖晃、佐久間正英、芸能山城組らによる楽曲を収めたミックス『Fairlights, Mallets and Bamboo- Fourth-world Japan, years 1980-1986』を制作し、レーベル〈Root Strata〉のブログで公開した。「1980年から1986年にかけての日本のアンビエントとポップスにおける第四世界[*14]の底流に関する調査」をテーマとしたこのミックスは、当時のエレクトロニックミュージックシーンの一部に驚きを持って迎えられる。

ときをおいて2015年には、世界各地の電子音楽をまとめたミックスを制作し、その中には吉村弘やイノヤマランドなど、後に大きく再評価されることになる日本のアーティストによるトラックも収められていた。更に2017年、スペンサーは、〈Root Strata〉の共同運営者である音楽家のマックスウェル・オーガスト・クロイとともに、日本の環境音楽の再発を専門とするレーベル〈Empire of Signs〉を立ち上げ、第1弾

＊14　**第四世界**
アメリカの作曲家ジョン・ハッセルによって提唱された、各地域の伝統的な要素と現代のテクノロジーが渾然一体となった原始的かつ未来的な音楽を意味する概念。ドーランはこのミックスでそうしたコンセプトを1980年代の日本の音楽に重ね合わせた。一方、後の『ニューエイジ・ミュージック・ディスクガイド』掲載のインタビューでドーランは、かつてシュトックハウゼンの唱えた「グローバルヴィレッジ」（元々はメディア学者のマーシャル・マクルーハンが用いていた用語）概念と「第四世界」がつながっていると示唆するインタビュアー杦栂木一徳の問いかけに答える形で、そうしたコンセプトがときに文化帝国主義的な価値観とたやすく結託しうるとも指摘している。後の節「ハッピークラシーとオリエンタリズム」（300頁）「ニューエイジ／アンビエントリバイバルのゆくえ」（302頁）にお

リリースとして、吉村弘の『Music For Nine Post Cards』（1982年）をリイシューした。

環境音楽から「Kankyō Ongaku」へ

　2019年には、一連の活動の集大成というべきプロジェクトが実現する。それが、先の270頁で触れた、ドーラン選曲によるコンピレーション盤『Kankyo Ongaku: Japanese Ambient Environmental & New Age Music 1980-1990』だ。

　2019年度第62回グラミー賞の最優秀ヒストリカルアルバム部門にもノミネートされた同作によって、それまであくまでマニアックな関心が注がれるだけにとどまっていた日本産の環境音楽が、多くのリスナーに向けて広くその魅力をアピールすることになった。

　もちろん海外の電子音楽リスナーへのインパクトも大きかったはずだが、特に大きな驚きを持って迎えたのは、むしろここ日本のリスナー達の方だったかもしれない。

　環境音楽の全盛期である1980年代当時のムードをよく伝える書籍『波の記譜法 環境音楽とはなにか』（1986年）の序文で、「環境音楽」の語に対して「そのことばのもの珍しさやファッション性ばかりがさきばしり、ともすると『都市の新風俗現象』といったレッテルさえ貼られがちである」と編者達が記しているように、一般レベルでは、当時からその芸術的な意義がきちんと理解されていたとはいい難い状況だった。

ける議論も参照。

オムニバス
『Kankyo Ongaku: Japanese Ambient Environmental & New Age Music 1980-1990』(2019)

〈Light In The Attic〉の展開する「Japan Archival Series」中の一作としてリリースされた。

その思想的な背景の難渋さと、一方で進行していったＢＧＭ的なものへの回収と陳腐化のイメージによって、芦川や吉村、尾島ら先駆者達によって制作された音楽は、一般の音楽ファンからの関心を呼び集めることもなく、次第に言及される機会も少なくなっていった。

しかしながら、そういった日本国内の歴史的な文脈から切り離された海外リスナーらにとって、環境音楽は、ミニマリズムなどに根ざした理知的なコンセプトが、そこに聞かれる東アジア的な要素と混じり合いながら、自国産のものよりもむしろ強く息づいているように響いたのだった。

ドーランは、尾島由郎、柴野さつきと共作したアルバム『Serenitatem』（２０１９年）のリリース記念公演のために来日した際、インタビューでこう答えている。

「……日本ではミニマリズムという考え方を取り入れて、日本なりに発展させた結果として、アメリカのミニマリズムとはちょっと違う音楽が出来たんじゃないかな。僕なりに言わせてもられれば、こっちの方が本当にミニマリズムを体現しているんじゃないか、という音楽を作っていたように思うよ。それが何なのかと言われると言葉を見つけづらいんだけど、〝静けさ〟がそれに当たるんじゃないかな。

……そういった、〝静けさ〟という考え方は僕らの文化圏では様々なものを掘り下げないと見つからないものだと思うから、日本の環境音楽に触れたことで、音楽やアートに対してこんな見方もあるんだという発見があった」

(『ミュージック・マガジン』2019年10月号)

同セットに収録された各アーティストに関する詳細なライナーノーツを読めば分かるとおり、ドーランは日本のポストモダン建築やアート、思想の歴史的展開について広範かつ深い知識を有しており、よくあるテクノオリエンタリズム[*15]的な視点を超えてその魅力に迫ろうとする批評的な視座を確保している。

その一方で彼は、旧来のハイアート的でアカデミックな環境音楽観からは切り離されてきたよりポップ寄りのもの＝テクノポップ周辺の音楽や、日本産のニューエイジ音楽も「KANKYO ONGAKU」を謳う同セットへ収録した。芦川、吉村、尾島ら本来の環境音楽派に加え、YMO一派や、高田みどりや土取利行らのようなエクスペリメンタル寄りの面々、更には、宮下富実夫、伊藤詳、豊田貴志、小久保隆、矢吹紫帆といった明確にニューエイジへとカテゴライズされる音楽家の楽曲も積極的にピックアップしたのだ。

こうした日本産のニューエイジは、ある意味では本流の環境音楽よりも多くのリスナーからは一層顧みられることがなく、欧米のオリジナルニューエイジと同様「癒やし」や「スピリチュアル」といったイメージと強く結びついているがゆえに、ときに低く見られすらしたものだった。

しかし、「KANKYO ONGAKU」というタームによって脱文脈化／再集合させられることによって、これらの音楽が元来備えていた音響的な特質や、広い意味での「環

＊15 テクノオリエンタリズム
東洋／日本的な表象と最新のテクノロジーが折衷された様式を指す。イギリスのメディア研究者デヴィッド・モーリーと社会学者のケヴィン・ロビンズによる著書『Spaces of Identity』の中で提唱された概念。こうしたムードを色濃く反映した欧米産の作品に、映画『ブレードランナー』(1982年)、SF小説『ニューロマンサー』(1984年)などのサイバーパンク系の諸作がある。また、ヴェイパーウェイヴの諸作におけるアートワークや日本的表象、言語の使用法にもそうした様式は盛んに見られた。「オリエンタリズム」については、303頁参照。

境」へと耳を開かせる機能があぶり出されることとなった。

リイシューとYouTubeによって加速する環境音楽人気

この『Kankyo Ongaku: Japanese Ambient Environmental & New Age Music 1980-1990』を象徴的な例として、環境音楽や日本産ニューエイジ、更には先鋭的な和製フュージョンまで、様々なレコードが海外レーベルから続々再発されていった。

大きな話題となった高田みどり『鏡の向こう側』（1983年）の再発（米〈Palto Flats〉と2017年に共同リリース）をはじめ、芦川聡、広瀬豊、ムクワジュ・アンサンブル、清水靖晃、カラード・ミュージックなどの作品をリイシューしたスイスの〈We Release Whatever The Fuck We Want Records〉を筆頭に、アメリカの〈Palto Flats〉、前出の〈Music From Memory〉、イギリスの〈Lag Records〉、スウェーデンの〈Subliminal Sounds〉、スペインの〈Glossy Mistakes〉などからアナログ盤再発が相次いだ。

こうしたフィジカルメディアを通じた注目とともに同時期に大きく盛り上がったのが、YouTube上における環境音楽〜日本産ニューエイジ作品の人気だった。

2023年現在でこそ、ストリーミングサービスを通じてそれなりの数の作品を聴くことができるが、ブームが本格化し始めた2010年代後半にはいまだそうした楽しみ方は困難で、オリジナルのアナログ盤も高騰しリイシュー盤も出揃っていなかったことから、多くのリスナーは第三者によってYouTubeへ投稿された動画を視聴するほかなかった。

これらの動画の中には、前章で言及したシティポップ系楽曲の例と同じように、AIアルゴリズムによってユーザーへ頻繁にレコメンドされるものが少なくなかった。特に大きな再生数を記録した作品に、吉村弘の1986年作『GREEN』（2023年6月現在約285万回〈以下同様に集計〉）、同じく吉村の1993年作『WET LAND』（約291万回）、1986年作『Soundscape 1: Surround』（約168万回）、小久保隆の1993年作『風のオアシスII〜森と水の物語〜』（約363万回）、細野晴臣の1984年作『花に水』（約156万回）などがある。

こうした数字は、旧来のアンビエント／ニューエイジリバイバルを先導してきた一部マニアのみが再生したのにとどまらず、より一般的な層、例えばYouTubeの人気音楽動画をいわゆる「作業用BGM」やリラックス目的で用いるようなライトなリスナー層にもこれらの動画がリーチしていること、更には、ある時点からそういった用途で受容する人々が主流を占めるようになったことを物語っている。

ニューエイジリバイバルの社会的背景

ここまで本章では、ニューエイジ、アンビエント、環境音楽などがどのようにリバイバルしてきたのかを、主に音楽シーンの内部で観察された様々な現象を参照しながら辿ってきた。以下ではより視野を広げて、そこに潜む社会的な背景を考察していこう。

細野晴臣『花に水』(1984)

冬樹社のカセットブックシリーズ「SEED」の一作としてリリースされた作品で、無印良品の店内BGMとして制作された楽曲を収録している。長年入手困難作として一部マニアに珍重されるアイテムだったが、YouTubeへのアップをきっかけに世界的な人気が高まり、2019年には米インディーロックバンド、ヴァンパイア・ウィークエンドが、アルバム『ファーザー・オブ・ザ・ブライド』収録の「2021」で、同カセットA面曲「TALKING あなたについてのおしゃべりあれこれ」をサンプリングした。

まず、ニューエイジのリバイバルが興ってきた時代＝2000年代末期以降の時代状況を振り返ってみよう。2008年9月、アメリカの住宅市場の不安定化に伴いサブプライムローン問題が噴出、大手投資銀行リーマン・ブラザーズが倒産する事態となった。更に、それを契機に世界的な株価暴落／金融不安へと突入し、世界経済は1929年に発生した大恐慌以来の深刻な状況に陥った。

この問題の背景には、高度にグローバル化が進んだ金融システムの構造的問題、更には1980年代以来アメリカをはじめとした各国で推し進められてきた規制緩和政策の浸透があったとされている。この世界金融危機を受け、アメリカを中心に行き過ぎた金融資本主義を反省するムードが生まれ、様々な抗議運動が巻き起こった。

また、2000年代中頃から光回線による高速通信網が急速に普及し、2000年代末にはWi-Fiによる無線LANの浸透など、通信テクノロジーが飛躍的な進歩を迎えた。また、グローバル規模の巨大IT企業が情報産業の覇権を握り、FacebookやTwitterなどのSNSの普及によって、現代人のコミュニケーションのあり方は大きな変革に直面した。

一方で、オリジナルニューエイジが流行した1980年代というのはどんな時代であったのか。1981年に第40代アメリカ合衆国大統領に就任したロナルド・レーガンは、「小さな政府」のスローガンの元、大幅な規制緩和や大規模減税、社会保障予算の削減、労働組合への敵対的処置など、いわゆる「新自由主義」的な政策を推し進めていった。一方で、軍事費の増大や、アファーマティブアクション（積極的差別是正措置）の放棄など、タカ派／保守的な政策も並行し、それまでのジミー・カーター政権時代のリベラル主義的な方針から大幅な転換を図った。このような市場原理主義と保守主義の結託は、イギリス、オーストラリア、日本などの先進諸国でも（程度の差はあれど）推し進められていった。

こうした情勢は、民間レベルにおいても経済的上昇志向や物質主義的な価値観を加速させることになり、企業社会のみならず、様々な大衆消費文化にも少なからず影響を及ぼしていった。また、パーソナルコンピュータなどのＩＴ技術が急速に広がっていったのもこの時代で、デジタル化／ネットワーク化社会への本格的な幕開けに向けて急速な技術革新が重ねられていった。

「カルチュラル・ラグ」が招来したニューエイジブーム？

これら二つの時代の社会状況を取り出してその共通性をことさらに指摘するのは容易いし、過度に恣意的な仕方で両者の類似性を述べるのは慎むべきだろう。しかし、それでもなお「ニューエイジの流行」という共通する現象から浮かび上がってくる時代的な背景があるように思うのだ。

ここで参照してみたいのが、「カルチュラル・ラグ（文化的遅滞）」という概念だ。これは、アメリカの社会学者ウィリアム・Ｆ・オグバーン[*16]が提唱した概念で、近現代の急速な物質文明／テクノロジーの発展に対し、社会あるいは個人が対応しきれないことからくるギャップが一種の不調和状態を生み出す事態を指す。

＊16　**ウィリアム・Ｆ・オグバーン（１８８６－１９５９）**
米ジョージア州生まれの社会学者。「カルチュラル・ラグ（文化的遅滞）」の概念は、１９２２年の著書『社会変化論』ではじめて用いられた。

宗教社会学者の櫻井義秀は、樫尾直樹編『文化と霊性』の中で、このような「カルチュラル・ラグ」状況において、スピリチュアリティが「間に合わせの道具」として社会的な変動のショックをやわらげるために援用されるのではないか、と指摘している。ニューエイジ文化に深く内在するスピリチュアル志向に鑑みれば、1980年代以降のオリジナルニューエイジの流行と、2000年代末期以降のニューエイジリバイバルには、こうした「カルチュラル・ラグ」が反映されていると見ることもできそうだ。

実際に、ニューエイジの発祥に遡れば、反物質主義と結びついたヒッピー達によるコミューン文化が大きな役割を担っていたし、現代のニューエイジリバイバルの周囲においても、様々な反物質主義的かつスピリチュアルな志向を持った傍流的な流行が観察できる。

マインドフルネスの流行

この10年余り、ヘルスケア業界やビジネスシーンで「マインドフルネス」という用語が盛んに取り沙汰されている。2007年にグーグル社が社員研修の一環としてこの「マインドフルネス」を取り上げたことで広くビジネス界で話題となり、アメリカ国内外で同様の動きが巻き起こったほか、様々なメディアがその実践方法を紹介してきた。

一般的にマインドフルネスとは、心を「今、ここ」に集中させている心理的な状態を指す。主に瞑想を通じて自身の呼吸や周囲の音に意識を集中させることで、将来の不安や過去への後悔から心を解き放ち、集中力の向上や、ストレス軽減などのプラス効果が現れるとされている。

現在では、日本でもNHKで特集が組まれるほどに一般化した概念であり、そこにあからさまなニューエイジ〜スピリチュアル志向は見て取れないように思われる。しかし、マインドフルネスという概念の発生をたどってみると、ニューエイジ文化との密接な関係が見えてくる。そもそもこのマインドフルネスという考え方は、アメリカにおける仏教、特に禅宗の浸透とその派生に端を発しているのだ。

1950年代からビートニク達の間に広まり、ヒッピー文化へと接続されていったアメリカ式仏教の水脈は、後に臨床心理学と結びつき、更には「自己超越」を目指すトランスパーソナル心理学へと接続された。ボディワーク等の身体的技法を通じてスピリチュアルな体験に到達し、それが心身の解放へとつながっていく。このような実践は、エサレン協会を拠点とするヒューマンポテンシャルムーブメントとも深い関わりを結ぶものであり、ニューエイジ文化の中核のひとつとして発展してきた。

こうした流れの中から、ジャック・コーンフィルドとジョゼフ・ゴールドスティーンによって「インサイト・メディテーション協会」が設立され、更には、彼らのもとで学んだジョン・カバットジンが、「マインドフルネスストレス低減法（MBSR）」を提唱するに至り、以後、マインドフルネス瞑想とその臨床実験について多数の著書を出版していく。この過程で、もともとのトランスパーソナル心理学に内在していた宗教色／東洋色が脱色され、西洋の医療界やビジネスシーンに広く受け入れられていったのだ。

ディープリスニングとマインドフルネス

マインドフルネス瞑想の実践は、いわゆる「ディープリスニング」の思想とも重なり合っている。

「ディープリスニング」とは、作曲家／アコーディオン奏者のポーリン・オリヴェロスが、スチュアート・デンプスター、パナイオティスとともに発表した同名作（1989年）等を通じて提示した概念だ。聞こえるものすべての音へあらゆる方法をもって耳を傾けようとするこの「ディープリスニング」を通じて、音楽以外の日常生活の音や自然の音、更には自分の思考の音が感受可能になるというオリヴェロスの思想には、ニューエイジ楽曲のBGM的な受容とは一線を画す、優れて批評的な企図が刻まれていた。

一方でこれは、マインドフルネス瞑想の一種である、音に耳を澄ませる瞑想の実践とも親和的な発想といえる。この瞑想法は一般的に、あるひとつの音への集中にはじまり、短時間で聴く音を切り替える方法へと移行し、最終的にはすべての音を同時に聴くことを要求する。

ディープリスニングの実践と、音に耳を澄ませるマインドフルネスの実践を比較すると、それらが現代の物質主義的な世界観への静かな抵抗を共通点としていることが

ポーリン・オリヴェロス、スチュアート・デンプスター、パナイオティス『ディープ・リスニング』(1989)

現代音楽の名門、米〈New Albion〉よりリリース。NPR（米国公共ラジオ放送）による企画「THE 150 GREATEST ALBUMS MADE BY WOMEN」にも選出された。

浮かび上がってくる。嵐のように吹きすさぶ現代の情報交通、あるいは、けたたましく環境を満たす様々な音からの避難所として、それらの実践が現代を生きる我々にとって有効な場を提供してくれるのだ。

復権するサウンドスケープの思想

こうした音への「深い」向き合い方は、カナダの作曲家/教育者レーモンド・マリー・シェーファーが提唱した「サウンドスケープ」の概念にも接続されるだろう。「サウンドスケープ」とはなにか。それは、西洋クラシック音楽の発展にともない、音楽が固定的な「作品」として劇場空間のみに押し込められ、外界（=環境）と断絶した様態でのみ認知されることでむしろ音楽の貧困化を招いたとする批判的視座をもとにしている。「サウンドスケープ」の思想は、そのように固定されてしまった音楽を、環境の中から捉え返し、そこに鳴っている様々な音（自然音も含む）との関係において双方向的に開かれた存在として理解しようとする。

この発想は、ある環境に置かれた鑑賞者の研ぎ澄まされた聴取を誘発し、かつ、都市をはじめとした社会空間における「音の風景をデザインする」という実践も促してきた。

また、「サウンドスケープ」の思想は、より社会的な文脈においては、自身を包摂する環境と、従来の音環境を規定してきた自明的なシステムを批判的に捉え直すという意識も導き出すだろう。例えばそれは、ニューエイジ文化におけるエコロジー思想とも結びつくかもしれないし、あるいはまた、都市空間における人間疎外を微視的に眼差し、ときにその硬直を打破するような政治的な意識を呼び起こすかもしれない。これは、様々な規範が潜在的な強制力として我々の身体を取り巻く「ウィズコロナ」の現在において、より一層批判的な機能を発揮する可能性を秘めているとも考えられる。

音への「深い」集中という行為は、現代人を取り囲む環境を反省的に捉え直し、そこに潜む問題を炙り出す働きをも備えているかもしれないのだ。

こうして思考を重ねてくると、ある種のカルチュラル・ラグとして捉えうる昨今のニューエイジリバイバル（とそこに付随して現れる諸現象）のうちにも、少なからず革新的な社会的機能を見出すことが可能となる。

プレイリスト文化の興隆とＢＧＭ消費

他方、マインドフルネスとニューエイジ（音楽）の蜜月には、これまで見てきた現代社会への批判的な視座と同じくらい、いや、もしかするとその視座の有効性を簡単に凌駕《りょうが》するほど強大なものとして、現代社会に存在する様々な問題へ与《くみ》し、かつそれらを加速させるような性質が内在している可能性もある。

試しにネット上で「Mindfulness Music」とキーワード検索をかけてみると、YouTube上では膨大な数の静謐で瞑想的な音楽が、SpotifyやAppleMusicなどのストリーミングサービスにおいても、マインドフルネスや瞑想、リラックスなどを謳うプレイリストやアルバムが数え切れないほどヒットするだろう。そのサウンドを取り出してみれば、リバイバル以降の現代ニューエイジと多くの点で共通要素を見出せるし、実際に既存の（現代ニューエイジを含めた）ニューエイジ楽曲がこれらに多数使用されているのも分かる。

オンライン上のこうした風景は、かつてのオリジナルニューエイジ時代と同じく現在においてもニューエイジ／アンビエント的なサウンドが実用的な目的とともにいかに盛んに消費されているのかを示していると同時に、各種プラットフォームの仕組みに関連する新たな問題も浮かび上がらせる。

例えば、Spotifyの公式プレイリスト「Songs for Sleeping」は、有名無名に関わらず様々なアーティストによる楽曲が総計5時間以上にわたって集められている。この中には、ニューエイジ系のアーティストや楽曲も多く見られるが、その一方で、（例えばウィリアム・バシンスキーやアルヴァ・ノト＋坂本龍一など）前衛的なコンセプト／作風で知られるアーティストによる「一見するとヒーリング用途に適していそうな」楽曲も選ばれているのが分かる（２０２３年６月現在）。

このような例はほかのプレイリストでも見られ、アーティストの中には、入眠やヒーリングなどのＢＧＭ用途を狙ったわけではない楽曲が、一企業の恣意的な編纂方針によって本来の文脈を剥奪され消費されることに違和感を表明する者もいる。

しかしながらこうした意見は、かつて「ニューエイジのコンピレーション」を謳ったＣＤへアーティストの意図とは無関係に楽曲が収録され人気を博してきた歴史に鑑みるなら、そしてなにより、ユーザー自身も任意にプレイリストを編纂し思い思いの

プレイリスト『Songs For Sleeping』

プレイリストの説明文は「A series of soothing sounds to softly send you to sweet, sweet slumber」。4時間超100曲以上のトラックが集められている。

楽しみ方を実践することを可能にした、ある意味では「民主的」なプラットフォーム設計のあり方に照らすなら、やや反動的な見解とみなされるかもしれない。

また、ニューエイジや（特に）アンビエントの成り立ちに立ち返るなら、（自覚的な聴き手として想定されていなかった者を含めた）膨大な数のリスナーがそのときに身を置く環境に応じて、当該曲が様々な受容の仕方に開かれているという状況は、むしろ好ましいものとして捉えるのも可能かもしれない。

加えて、アーティストやレーベル側にとっては、ある曲が人気プレイリストに選ばれることで、配信収益が劇的に増大するという利点もある（もちろん、既存のサービスにおけるアーティストへの利益配分率の低さの問題などは別個議論されるべきであるが）。更に、前衛的な手法や思想が織り込まれたなにがしかの楽曲が、こうしたプレイリストに選ばれることで、かつてはそういった音楽に触れる機会が限られていたライトなユーザーへ（偶然に）リーチするという倒錯的な面白みもある。

ムードプレイリスト人気に潜む問題点

しかしながら、そうした「プラス面」を踏まえながらも、このシステムが招くであろう問題も浮かび上がってくる。それは、特定のプレイリスト選出曲が人気を集める構造を当の企業自らが「ハック」的な目的のもとに利用しているのではないかという疑いと、そうした疑いを信憑性のあるものと考えさせてしまうシステムのあり方に関連している。

こうした「ムードプレイリスト」のあり方とそれにまつわる諸問題に迫った〈Pitchfork〉の記事『Inside the Ambient Music Streaming Boom』(2022年5月22日公開)において、ライターのアンディー・クッシュは、〈Music Business Worldwide〉記者ティム・インガムによるレポートを参照しながら、いかにもデジタルディストピアめいた説を紹介している。それは、Spotify社があるストックミュージック業者に対して、既存のアーティストへ支払う印税額よりも低い金額であらかじめこれらの「ムードプレイリスト」入りを想定した音楽の制作を発注し、実際にそれを活用しているという説だ。

通常、Spotifyの利益分配システムでは、ある期間内の総再生数に対する特定のアーティストのシェア率に基づいて支払額計算がおこなわれている。つまり、実在するアーティストのシェア率を意図的に下げ、支払額を少なく算出するために、「偽」のアーティストによる楽曲を積極的にこうしたムードプレイリストへ登用しているのではないか、というのがこの説の主張するところだ。

こうした説は一見するとあまりに突飛な発想に思われるかもしれないが、人気のムードプレイリストに選ばれているアーティストの中に、全く匿名的で、いかにも類型的なデザインのアートワークが添えられたシングルリリースしかおこなっていないような例が極端に多い事実に鑑みると、それほど荒唐無稽な考えとも思えなくなってくる。

もしこの説が真実なのだとしたら、我々がなんの気なしにムードプレイリストを再生するたび、芸術的な目的を持っておこなっている実在のアーティストへの正当な分配を削り取っているという、どこか陰謀論めいたディストピアに加担していることになってしまう。

Spotify側はすでに、時折噴出するこうした類推を否定しているが、現在のシステムでは外部からその内実を検証することは困難であるがゆえ、完全に疑いを晴らすのも難しいだろう。また、現在の「ムードプレイリスト」の繚乱《りょうらん》ぶりに鑑みれば、最初から人気プレイリスト入りを狙い明確な金銭目的を持った「アーティスト」(あるいは個人に擬態した企業のプロジェクトなど)が積極的に楽曲を制作し配信登録を行うという事態は相当な規模に及んでいると推察される。

更にいえば、昨今急速に発展を遂げつつある生成AI[*17]を用いた作曲技術がこういった流れの中でより一層大規模に活用されていくのは間違いないだろうし、実際2023年5月には、AIによって生成された大量の曲が不正に水増し再生されているという疑いを受け、Spotifyが当該曲を削除したという報道もあった。

いずれにせよ指摘できるのは、今や、右に見たようなムードプレイリストの人気ぶりと、そこで日々発生する利益は、プラットフォーム／コンテンツホルダー間の恣意的な運用に任せきりにしておくにはあまりに大きく、かつ公共性の高い問題に直結するきわめてシビアなトピックになっているという事実だ。

仮にあなた、あるいは私が、日々こつこつと様々なアイデアを詰め込みながらアンビエント／ニューエイジ楽曲を制作している作家だとして、自身の楽曲が人気プレイ

＊17　生成AI
ジェネレーティブAI。膨大な訓練データを学習することによって、テキスト、画像、音声等を作成する人工知能のこと。音楽分野でも急速な開発と実用化が進んでおり、ジャンルやムード、長さを指定することで自動的に楽曲が生成されるサービスが多数リリースされている。

リストにたまたまピックアップされ予想以上の利益が突然分配されたら、苦笑い交じりにも喜ばしく思うだろう。

しかし、同様に(プラットフォーム内部でおこなわれるブラックボックス的な操作によって)仮に明示的な理由なくそのプレイリストからあなたあるいは私の作った楽曲が外されロイヤリティ収入が激減するとき、我々はそれを単なる「神まかせの偶然」として自らを納得させていいものなのだろうか。

音楽文化の持続的な発展という、多くのアーティスト/リスナーが共通して望むもっとも基本的かつ倫理的な未来のあり方に立ち返ったとき、現状のシステムが最善かつ唯一であると考える人はそう多くないだろう。かように、ニューエイジ/アンビエントのBGM的消費の隆盛とそこに潜む様々な要因は、とめどなく伸長するデジタル資本主義[*18]の問題と深く絡み合ったものでもあるのだ。

ニューエイジと高度資本主義社会の親和性

一見すると反物質/反テクノロジーを志向し、俗世の経済論理とは積極的な関わりをもたず霊的/肉体的な充足を目指してきたように見えるニューエイジ文化だが、その実、本章冒頭でも触れたとおり1980年代に花開いた高度消費社会とも密接に関係し合うものだった。

1960年代のヒッピー文化から分出したニューエイジ文化は、当の「元ヒッピー」達の多くが社会の中核的な成員となったとき(=1980年代)、様々なスピリ

＊18 **デジタル資本主義**
商業資本主義、産業資本主義を経て現在現れている経済システムを表す用語。森健/日戸浩之著、此本臣吾監修『デジタル資本主義』(2018年)によれば、「デジタル技術を活用して差異を発見・活用・創出し、利潤を獲得することで資本の永続的な蓄積を追求するシステム」と定義される。広告型モデルによる各種サービスの無償化や、シェアリングエコノミーの推進などがメリットとして挙げられる一方、高度のデジタル技術やビッグデータを持つ巨大グローバル企業による新たな形の独占も懸念される。

チュアリティを消費財として用いることで、彼らの「自己実現」の欲求ときわめて滑らかに結託したのだった。ジャーナリストのレイチェル・ストームは、著書『ニューエイジの歴史と現在 地上の楽園を求めて』（1993年）の中で以下のように述べている。

「……一九八〇年代になると、六〇年代に自分自身を見出そうとしてドロップ・アウトしたもの達の多くは、抵当債券を担って家族の中にいる自己を見出したのである。彼らはそれでもなお「愛こそすべて」だと信じていたかもしれないが、愛するためには、内的生活においてと同様、外的生活においても豊かでなければならなかった。すでに自分自身を愛するコツを会得していた彼らの多くは、（ときには、鏡の前に裸で立って、「おまえが好きだ」と自分に呼びかけたりするほど）――自分たちこそ最高なんだと思っていた。さまざまなグルたちも、彼らのこうした変遷を巧みに導き、彼らのブランド志向の生き方が、霊的悟りと調和するよう指導したのである」

こういった状況の中に現れた実例的な商材として、健康食品、ダイエット、マルチ商法、新興宗教、ビジネスシーンにおける自己啓発セミナー、サイバーオカルトなど、様々なものを挙げることができるだろう。これを、本来非商業主義的であったはずの清廉なスピリチュアル志向が商品経済によって堕落させられたゆえの事態と捉えるのは、あまりに素朴な理解だ。

むしろ、ニューエイジ文化の中核には、高度資本主義社会と簡単に結びつきうる論理がはじめから胚胎していたと見るべきだろう。元来が個人主義的な自己改革運動であったニューエイジ文化は、自己実現/自己責任の論理を駆動力の一環とする1980年代以降の新自由主義的価値観の浸透と結びつくことで、その商品力を高らかに知らしめることになったのだ。

ニューエイジとカリフォルニアンイデオロギー

反物質/反テクノロジー的傾向と、一見それらと相反するように見える親商品経済的な傾向。ニューエイジ文化に混在するこうした「矛盾」は、どこからやってきたのだろうか。

その根源は、ヒッピー文化の中に混在した二つの傾向、すなわち、テクノロジーの否定とテクノロジーの肯定という、相反する姿勢の拮抗に求めることができる。前者は、科学技術の発展に与するライフスタイルを退け、自然の中でのコミューン的生活へと回帰することで社会改革を実践しようとする姿勢だ。後者は、テクノロジーの進歩こそが社会構造を不可逆的に変革し、権威を解体し個人の自由を拡張すると考える姿勢で、それらは後にシリコンバレーのハイテク業界で広く共有される思想となった。

ここで重要なのは、初期ハッカー文化に端を発する「カリフォルニアンイデオロギー」[*19]ともいわれる後者の思想が、テクノロジー発展への信望を背景とする一種のリバ

*19 **カリフォルニアンイデオロギー**
1995年、メディア理論家のリチャード・バーブルックとウェストミンスター大学のアンディ・キャメロンが執筆した同名小論の中で唱えられた概念。ヒッピー文化に端を発する文化的なボヘミアニズムとシリコンバレーのハイテク産業の論理が混合することで生まれた、強固に個人主義的かつ技術決定論的な思想。主にそういった思想を批判する文脈で使用される語。

タリアニズム[20]と非常に親和的だということだ。

両者ともに反権威主義を志向しながらも、後者は技術決定論的な自由至上主義を奉じる者であり、１９９０年代のドットコムバブル以降、経済的覇権と結託したその論理は結果的にグローバルＩＴ企業の先導する高度資本主義体制を加速させることにもつながった。１９８０年代以降のニューエイジ文化において顕著に見られる、反物資／反テクノロジー的傾向と貪欲な新興企業文化／消費文化のいびつな融合という事態には、当初からヒッピー文化に内在していたこれら二つの傾向の混在を反映しているともいえるのだ。

ハッピークラシーとオリエンタリズム

こうしたいびつな融合は、先に見たストリーミング再生文化におけるＢＧＭ消費の加速をはじめ、各種ウェルネス業界との蜜月など、昨今のニューエイジリバイバルとその周辺にもじわりじわりと顕在化してきているように感じられる。

先程、マインドフルネス瞑想の流行と「ディープリスニング」の親和性を取り上げそのポジティブな機能に言及したが、こうした流行からは当然ながら別の面も見えてくる。

心理学者のエドガー・カバナスと社会学者エヴァ・イルーズは、共著書『ハッピークラシー「幸せ」願望に支配される日常』で、ポジティブ心理学[21]といわれる経験科学の広がりとともに、現代においては誰もが「幸せ」を目指すべきであり、「幸せであ

＊20　リバタリアニズム
自由至上主義。他者の自由を侵害しない限りにおいて、最大限の個人の自由を推し進めようとする思想。社会民主主義な福祉国家像には強い反対の立場を取る一方、伝統主義的な傾向を持たないことで、古典的な右派／保守思想とも区別される。

＊21　ポジティブ心理学
１９９８年に心理学者マーティン・E・P・セリグマンによって提唱された心理学の一分野。人間のネガティブな面にフォーカスする臨床心理学中心の従来型心理学から脱し、一人ひとりの人生や社会のあり方が本来あるべき姿へ向かう状態に注目し、それを科学的に検証しようと試みる。

ること」こそを至上の価値とする言説がかつてなく高まっていることを指摘する。

カバナスとイルーズは、この「幸せの追求」は、様々な自己啓発本やコーチングなどを通じて社会に浸透していき、今ではアメリカを代表するグローバル産業へと成長して「幸せの支配」(=ハッピークラシー)というべき状況が出現していると論じる。その上で、「幸せの追求」の至上命題化の問題は、それがあらゆる「幸せになれる/なれない理由」を個人の内面的な原因へと還元させることで、様々な社会的/政治的無関心や過剰な自己責任論を強化し、今日の支配的な体制にとってきわめて好都合な状況を作り出す点にあると指摘する。彼らは同書の中で、近年幸せのセラピーやサーヴィスが盛んに求められ提供されているのは、不安感を抑えるための鍵を(社会的領域ではなく)自己の内面に探るというトレンドの症例および原因であると述べ、そんな状況の中、まさにマインドフルネスもポジティブ心理学者をはじめとした様々な専門家に重宝されていると分析している。

マインドフルネスの実践は、個人にとっての癒しとなると同時に、その実践者を個人の内面の変革のみにフォーカスさせることで、社会変革の可能性への視野を曇らせてしまう。社会の急激な変化によって引き起こされる心身の不調和の中和剤として機能するはずのマインドフルネスを含むウェルビーイング[*22]の実践が、自己の充足と引き換えに、当の社会を改善しようとする問題意識から目を逸らせるための「万能薬」となっているのだとしたら、確かにあまりにも皮肉な話だ。

この議論を推し進めると、自己改革が即世界の調和を実現するという、ニューエイ

*22 **ウェルビーイング**
身体的な健康に限らず、精神的、社会的にも良好な状態が保たれた様。それらがバランスよく達成されている状態を「幸福」と捉える発想。

ジ文化に広く共有されている核心的な思想が、一方では「社会の不在」を発動するものでもありうることを示唆しているようにすら思われる。

　加えて、ニューエイジにまつわるこうした社会あるいは外部への視点の欠如という問題は、ポストコロニアリズム[*23]の観点からも批判が可能だ。アメリカの外部／周縁に存在する非西洋地域の伝統的な精神文化や音楽を、あくまで西洋中心主義的な視点で取り入れ、グローバルな経済システムに載せて商品として流通させるという手法は、特に1980年代以降のニューエイジ音楽産業の常套手段でもあった。西洋の消費者にいまだ「馴染みのない」周縁的な文化を「スパイス」のように用いて制作された音楽が西洋文化圏内部でコマーシャルな成功を収めるという図式は、手厳しくいえばオリエンタリズム[*24]に基づいた文化の収奪の典型的な例であるともいえるし、オリジナルニューエイジのマーケットが次章でテーマとなる「ワールドミュージック」のそれとかなりの部分で重なりあっていた事実に鑑みれば、このような図式は構造的かつ根深いものだったとも考えられる。

ニューエイジ／アンビエントリバイバルのゆくえ

　リバイバル以後の現代のニューエイジを担ってきた（オリジナルニューエイジを体験していない）新たな世代の人々の中には、こうした問題を鋭く認識し、実践を通じて相対化しようとしているアーティストが少なくない。

　特にクラブミュージックやDJカルチャーを経由してニューエイジと出会った人々、

＊23　ポストコロニアリズム
かつての帝国主義国家による植民地支配とその思想を反省的に捉え、政治、経済、歴史、文化などに関する宗主国中心主義的な見方を乗り越えようとする思潮。

＊24　オリエンタリズム
西洋社会が非欧米社会へその眼差しを注ぐ際、その文化に自らのものとは別種の「異国情緒」を見出す傾向。「オリエント」に措定された非欧米地域やその文化は、しばしば「未成熟」であったり「非理性的」といった下位概念とともに受容される一方、西洋文化の優秀性／真正性を対比的に描き出す装置としても機能した。特に近代以降、国民国家という概念が立ち現れる局面においてオリエンタリズムは大きな役割を担ってきたとされる。詳しくは、批評家のエドワード・サイードによる『オリエンタリズム』などを参照。

あるいはまた、エクスペリメンタル／ハイアート的な志向を経由してニューエイジ／アンビエントへと合流した人々は、そういった問題をむしろ積極的に主題化しているようにも思われる。

先に紹介したVisible Cloaksおよびメンバーのスペンサー・ドーランは、西洋主導のグローバリゼーションの暴力性と各地域のローカリティに対して自覚的に向き合うことを通じて、Visible Cloaksの実践を「自己と、そして文化的外部である他者の間に横たわっている差異を見つけ、そこから意味を見出していく」（『ニューエイジ・ミュージック・ディスクガイド』収録インタビュー）行為であると述べている。あるいはまた、ジェームズ・フェラーロやOneohtrix Point Never（ダニエル・ロパティン）といった先駆者達は、ニューエイジリバイバルとはむしろ距離を取って、ただ耳馴染みのよいだけの音楽を作るのではなく、アンビエントやニューエイジの音楽的意匠をある種のノスタルジアの記号としてメタ的に解釈しそれを成り立たせている背景を解体していく、いわばポストヴェイパーウェイヴ的な実践を深化させている。

また、例えばカンザス出身のDJ／プロデューサーHUERCO S.のように、アンビエント〜ニューエイジ調の音像を織り交ぜながらも、テクノや、ダブ、更にはレフトフィールド的な先鋭性に根ざした作品を制作し、既存のアンビエントの親BGM的なあり方を乗り越えようとする野心的なアーティストもいる。

彼らの音楽に触れれば、ただそれがウェルビーイングを助け、自己の改革に益するだけのBGMであるとはよもや思わないだろう。そこに仕組まれた鋭い棘はむしろ、ぼんやりと共有されているアンビエントの柔和なイメージを、その内側からしたたかに破壊しようとしているようにも聞こえる。

２０２０年のコロナ禍初期にピークを迎えたニューエイジ〜アンビエントのリバイバルは、２０２３年現在、大きく分けて二つの動きへと発展／解消しつつあるようだ。ひとつは、加速するヒーリング〜ＢＧＭ的な消費。もうひとつは、それへの俯瞰／反発としてのメタアート化と、外部的要素との積極的な接続。

既存のシーンへのオルタナティブとして発したひとつのリバイバルが次第に広く定着し、次いで拡散を迎え、同時に反発的な実践も呼び込んでいく。本書で見てきたとおり、ポピュラー音楽の発信と受容の場でこれまで幾度となく繰り返されてきたそうしたサイクルが、この間のニューエイジ〜アンビエントのリバイバルにおいてもダイナミックに展開されているのだ。ニューエイジ〜アンビエントのリバイバルは、今もなお未完である。

AFRICAN MUSIC

第 8 章

アフリカ音楽

「過去」と「記憶」を蘇らせるグローカルな実践

世界各地の様々な音楽との相互影響関係の中で発展してきたポップミュージック。「ワールドミュージック」の時代を起点に、アフリカに発するいくつかの音楽様式の復権に焦点を絞りながら、そのダイナミズムを検証していく。また、前世紀以来のグローバリゼーションやテクノロジーの発展を受け各地のローカリティに根ざした要素＝音楽の記憶が立ち現れてくる様を、「ワールドミュージック2.0」という概念を鍵に読み解いていく。

1971年　フェラ・クティ『ライブ・ウィズ・ジンジャー・ベイカー』▽元クリームのジンジャー・ベイカーが参加
1972年　マヌ・ディバンゴ「ソウル・マコッサ」▽ニューヨークのディスコから火がつき、翌年に米でヒット
1980年　トーキング・ヘッズ『リメイン・イン・ライト』▽アフロビート等から影響を受けたサウンドで話題に
1982年　キング・サニー・アデ『ジュジュ・ミュージック』▽ナイジェリアのキング・サニー・アデが世界進出
1986年　ポール・サイモン『グレイスランド』▽南アのアパルトヘイト政策との関連で議論となる
1997年　仏レーベル〈Buda Musique〉が再発シリーズ〈Éthiopiques〉をスタート▽エチオピア音楽への関心が高まる
2002年　『Red Hot + Riot : Music & Spirit Of Fela Kuti』▽アフロビートの再評価加熱
2005年　ジム・ジャームッシュ『ブロークン・フラワーズ』公開▽ムラトゥ・アスタトゥケの楽曲を使用
2008年　ヴァンパイア・ウィークエンド『(同名)』▽インディーロックのアフリカ音楽への接近
2014年　シェウン・クティ『ア・ロング・ウェイ・トゥ・ザ・ビギニング』▽ロバート・グラスパーがプロデュース
2018年　アンジェリーク・キジョー『リメイン・イン・ライト』▽ベナン出身の歌手がトーキング・ヘッズ作をカバー
2019年　ビヨンセ『ザ・ライオン・キング：ザ・ギフト』▽アフリカのアーティストを多数フィーチャーし話題に
2020年　バーナ・ボーイ『トゥワイス・アズ・トール』▽グラミー賞ベストグローバルミュージックアルバム賞に輝く
2022年　MCU映画『ブラック・パンサー／ワカンダ・フォーエバー』インスパイアードアルバム
▽バーナ・ボーイ、レマなど参加

グローバリゼーション時代のローカル＝「グローカル」な音楽

これまで本書は、主に欧米圏（と日本国内）における様々なポップミュージックのリバイバル状況を見てきた。本章では視点を変えて、非欧米圏の音楽のリバイバルと、「過去の復権」の様子を取り上げる。

まずは、前提となる視点を確認しておこう。20世紀以来のポップミュージック史を振り返るとき、人的移動や情報の流通の活性化または経済のネットワーク化といったいわゆる「グローバリゼーション」の中で、英米発の覇権的な音楽が世界中に浸透し、各地域固有の伝統的な音楽文化を窮乏化させていったという理解の仕方は、今もなお通俗的な見取り図としてそれなりの力を保っている。

そうした見方には確かに真実も含まれているだろうが、当然ながらあらゆる面において同様の理解が通用するわけではない。一方でこの「音楽のグローバリゼーション」状況は、かつて「第三世界」[*1]などといわれた各地のローカルな文化と融合することで、時代ごとに様々な音楽形態を新たに生み出してきたのだ。こうした動きは、グローバリゼーションの全面的展開を経た現在において、より鮮明な形で表面化しつつあるともいえる。本章では主に、グローバリゼーションの中に浮かび上がるローカリティを反映した音楽＝「グローカル」[*2]な音楽の分析と、そこに刻まれている「過去」や「記憶」の復権のありようを探っていく。

＊1 **第三世界**
主に冷戦時代に用いられた用語で、アジアやアフリカ、ラテンアメリカ地域の諸国／諸地域など、東西陣営のどちらにも属さない旧植民地からの独立諸国を指す。

＊2 **グローカル**
「グローバル」と「ローカル」の合成語。もとは、1980年代に日本企業が海外マーケットに進出する際、生産／販売体制を現地のニーズに合わせて展開する戦略を指して「グローカリゼーション」といい表したことに端を発する。その後1992年に、イギリスの宗教社会学者ローランド・ロバートソンによって、グローバル化によって各地に到達した要素がその土地でローカル化される現象を指す言葉として用いられ、社会学や人類学分野の用語として定着した。グローバリゼーションによって地球上のあらゆる社会や文化が平準化されるというそれまで主流を占め

「ワールドミュージック」とはなにか

もうひとつ、本章における議論の前提として、「ワールドミュージック」という概念について簡単に説明しておこう。

およそ1970年代まで、「第三世界」におけるポピュラー音楽の実践は、英米中心的なポピュラー音楽観と、それを牽引したロック〜ポップス中心の主流ジャーナリズムからは長らく周縁化されてきた。もちろん、1970年代に世界的なブームとなったジャマイカ発のレゲエ等の例外*3も挙げられるが、あくまでそれは様式化するロックミュージックを活性化させるエキゾチックな「スパイス」として主に消費され、ロック側による「取り入れ」の対象として客体化されていた。

その後、ロックが決定的な行き詰まりを迎えたとされる1970年代末からのポストパンクの時代には、一部の先鋭的な音楽家がそうした問題意識を内在化しつつ、「ロックの超克」のための有効な戦略として第三世界の音楽を取り入れるようになった。1980年代を通じてこうした実践が一般化してくるに従い、次第に参照元である非西洋音楽それ自体への関心が（欧米の音楽シーンの側から）沸き立ってくる。現在よく知られる「ワールドミュージック」という概念は、こうした背景のもとに「発明」されたものだった。

このワールドミュージックという語*4は、元は民族音楽学の世界で学術的な用語として運用されていたが、1987年、イギリスの音楽業界有志によってマーケティング

てきた論＝「グローバリゼーションの均質化論」に対するオルタナティブ＝「グローバリゼーションの多様化論」として提示された。

＊3 例外
ほかにも、1960年代から盛んに欧米のジャズやポップスに取り入れられたブラジルのボサノバなどを例外として挙げられる。

＊4 ワールドミュージックという語
2020年に、グラミー賞を主催するレコーディングアカデミーは、1991年以来設けられていた「ベストワールドミュージックアルバム」部門の名称を「ベストグローバルミュージックアルバム」に変更した。レコーディングアカデミーによると、この変更には、ワールドミュージックという語が体現する植民地主義的、民俗的、および「非アメリカ」的な意味合いから脱却し、現代のリスニング傾向やそ

用語として新たに概念化された。以後、レコード／CDショップ店頭において、ロックやジャズ、ソウルミュージック、あるいは中央ヨーロッパ各地のポップスなどから漏れた「それ以外」を指すカテゴリーとして、ワールドミュージックという語が用いられるようになっていく。

　ワールドミュージックは、多数のソフトのリリースのほか、音楽フェスティバル「WOMAD」の開催などを通じて、1980年代後半から1990年代初頭にかけてヨーロッパや日本を中心に大きなブームを巻き起こした。例えば、ナイジェリアのジュジュ、[*5] ザイール（現コンゴ）のリンガラ、[*6] フランス領アンティル発祥のズーク、[*7] 南米発祥のランバダ、[*8] アルジェリアのライ[*9]など様々な地域の音楽が、現地の市場を飛び越えた広範な音楽マーケットで人気を博した。このワールドミュージックブームは、一部に伝統音楽への関心なども強くあったものの、基本的には、現地のポップミュージックを対象としており、多くの「非現地」リスナーに、その魅力を伝えた。

　一方で、ワールドミュージックブームは、関心対象こそそうした現地産の音楽ではあったが、マーケットの構成や商品化あるいは流通の構造においては、既存の西洋中心主義的な枠組みを飛び越えるものではなかった。というよりも、あくまで西洋の音楽ビジネスあるいはジャーナリズムが絶対的なゲートキーパーとして存在する上での、「他者性の再パッケージ化」の運動であったともいえる。このことは、ローカルに流通する「現地の音楽」を無加工のまま流通させるのではなく、西洋のスタッフが取り仕切るプロダクションのもと、「現地の音楽」を西洋マーケット向けに「最適化」[*10]し

れに伴う多様なコミュニティの間での文化的進化へ対応する意図が反映されているという。私自身そういった意図には概ね賛同するが、本書においては、特有の歴史的な文脈に関連して「ワールドミュージック」という語を使用する場合がほとんどであるため、以後の節においても特にいい換えはおこなっていない。その一方で、後に述べる「ワールドミュージック2・0」という概念が、ここでいう「グローバルミュージック」と近しいものである可能性も予め示唆しておく。

＊5 ジュジュ
パームワインミュージックにタンバリンを加えてスピード感とビートを強調した音楽をルーツとする、ナイジェリアのポップミュージック。第二次世界大戦後には電気楽器が取り入れられるようになり、よりダンサブルなものへ発展した。

た作品が多くリリースされていた事実に照らすと、より理解しやすいだろう。つまり、あくまで外部からの視点を経た再文脈化の行程こそが、ワールドミュージックという概念を形作っていたともいえるのだ。

アフリカ音楽に見るグローカル性

グローカルな音楽の分析と、そこに刻まれている「過去」や「記憶」の復権のありようを探るという本章の目的には、当然、このワールドミュージックのみを題材とするだけでは足りない。ワールドミュージックブームをひとつの足がかりとして、その後2000年代以降に立ち現れた世界のポップミュージックに見られる様々な過去の音楽（要素）の復権の様相に分け入ってみる必要があるだろう。

しかし、一言に「世界のポップミュージック」といってもその実例があまりに多岐にわたるがゆえに、まずはなにがしかの具体的題材を設定せねばならない。私はここで、本章の考察対象をアフリカ音楽に絞り込みたい。なぜアフリカ音楽を取り上げるかといえば、様々な実践の質的量的充実が際立っているという当然の理由に加えて、そこに注がれる眼差しとオルタナティブな文脈での「発見」「発掘」[*11]の変遷、およびその眼差しを超克するグローカリゼーションのダイナミズムがもっとも鮮やかに現れていると考えているからにほかならない。もちろん、一口にアフリカ音楽といっても、各地域で文化的な土壌の全く異なる広大なアフリカ大陸の様々な例をカバーするのは叶わない。そのため、後半では更に焦点を絞り、ナイジェリアを中心とした西アフリカ

＊6 リンガラ
コンゴ民主共和国を中心に発展したポップミュージック。伝統音楽の要素に加え、都市の人口増加やキューバ音楽の流入、ギターの浸透等によって確立した。スークース、コンゴジャズとも。

＊7 ズーク
フランス領アンティル発祥のポップミュージック。同地伝統のビギンやカダンスにソウルやロックなどの西洋音楽の要素が混合されたもの。

＊8 ランバダ
ブラジルのアマゾン河口に位置するベレンで発祥したとされるポップミュージック。メレンゲやクンビアなどカリブ海地域のリズムにブラジル北東部のリズムが融合して生まれた。1980年代によりモダンな要素が加えられ、1990年代始めにはカオマの「ランバダ」がヨーロッパを中心に

地域の音楽の「発見」の様相、およびナイジェリア周辺の音楽が他地域の音楽に与えた影響、そしてまた、ナイジェリアを中心とした音楽の現在に見るローカルな要素の顕在化を基軸としながら論を進めていく。

アフリカンポップス「発見」前史

まずは、現在から大きく時代を遡り、西洋のポピュラー音楽シーンでアフリカ音楽がどのように「発見」されていったのか、その歴史を簡単に振り返ってみよう。

もっとも早い時期の「発見」には、フォークリバイバルの前夜、第2章で触れたアメリカのフォークグループ、ウィーバーズが、南アフリカのポピュラーソング「ムブーベ」を「ウィモエ」の名で取り上げたケースが挙げられる。ウィーバーズおよびそのリーダーのピート・シーガーは、アメリカのフォークソングと並行してイスラエルの民謡を取り上げるなど、世界各地の民族音楽の紹介にも力を入れていた。この曲は、後の1962年に白人コーラス～ドゥワップグループのトーケンズが「ライオンは寝ている」の名で取り上げヒットを記録しているので、耳馴染みのある読者も多いはずだ。

フォークリバイバルの文脈で「発見」されたアフリカの曲で「ウィモエ」と並んで有名なのが、同じくピート・シーガーやブラザーズ・フォーが取り上げたケニアの曲「マライカ」だろう。同曲は、1965年に南アフリカ共和国出身の国際的スターであるミリアム・マケバが、ハリー・ベラフォンテとともに「マイ・エンジェル」の名で

ヒットしたことによってその名を広めた。

＊9　**ライ**
アルジェリア西部のオラン地方に発するポップミュージック。こぶしを多用した唱法、短いフレーズを繰り返すメロディーを特徴とし、1980年代以降は電子楽器を活用する「ポップライ」が成立した。

＊10　**最適化**
西洋由来の楽器を大幅に導入したり、西洋ポップスマーケットに適合した整然とした編集／ミックスを施したりする例がしばしば見られた。

＊11　**「発見」「発掘」**
これまで本書では、各種リバイバルを分析するにあたって幾度となく「発見」や「発掘」という表現を用いてきたが、そういった行為の中に、場合によってはオリエンタリズムやエキゾチシズム的な視線

カバーしたことでも知られている。

同時期、アメリカのジャズシーンでは、ナイジェリア出身のパーカショニスト、オラトゥンジや、南アフリカ出身のトランペット奏者ヒュー・マサケラが人気を博した。また、ランディ・ウェストンを先駆として、アート・ブレイキーやジョン・コルトレーン、マッコイ・タイナー、ファラオ・サンダースら多くのアメリカのジャズミュージシャンも、1960年代から1970年代にかけて、当時興隆していたアフリカ回帰志向[*12]と連動しながらアフリカ的要素を積極的に取り入れていった。

西インド諸島と並んでアフリカ各地からの移民を多く抱えるイギリスでは、1950年代から1960年代にかけて同じくジャズのシーンでアフリカ出身のミュージシャンが活躍し、イギリス人ミュージシャンとの交流が持たれた。後にアフロビートの祖となるナイジェリアのフェラ・クティも、1960年代前半にロンドンへ留学しジャズの演奏に励んだ（後に彼が西洋の音楽シーンに紹介されるきっかけを作ったのも、クリームのメンバーでジャズシーン出身のドラマー、ジンジャー・ベイカーだった）。1960年代末から1970年代初頭にかけて、アフリカ出身者を中心としたオシビサやアサガイ、マタタといったジャズロックバンドが結成され人気を博すなど、イギリスの音楽シーンでは古くからアフリカ人ミュージシャンが活躍してきた。

フランスでも、イギリスと同じくジャズシーンを中心に現地ミュージシャンとの交流が重ねられていた。カメルーンからの移民ミュージシャンであるマヌ・ディバンゴもフランスで活動していた一人だが、彼が1972年にリリースした「ソウル・マコ

が潜んでいる可能性があることも、補足として述べておくべきだろう。

＊12　**アフリカ回帰志向**　1960年代から1970年代にかけて勃興したブラックアーツムーブメントと連動する形で、多くのアフロアメリカンのアーティストがそのルーツであるアフリカ由来の要素を取り入れた表現活動をおこなった。

ッサ」がフランス国内を超えてヒットしたのをきっかけに、欧米圏におけるアフリカ音楽への関心が高まることになった。この曲のヒットがニューヨークの黎明期ディスコシーンでの支持を発端とするものであったという事実はことのほか重要だ。会員制クラブ、ザ・ロフトのDJであるデヴィッド・マンキューソが1972年に同曲をプレイしてオーディエンスから支持をえると、ラジオでも火が付いた。翌年には大手〈Atlantic〉からアメリカ盤が発売され、ビルボードホット100チャートの35位を獲得した。DJによってディスコでプレイされることでダンスミュージックとして人気を博すというこの「ソウル・マコッサ」をめぐる状況は、ロック側からの「発見」の歴史とは別の流れ＝後のレアグルーヴムーブメントなどの中でアフリカ産のファンク（的な音楽）が発掘されていく流れの起源ともいえる。

アフリカ音楽への注目から始まった「ワールドミュージック」

長年アフリカ各地の旧植民地からの移民と深い関係を結んできたフランスの音楽産業は、先に述べた1980年代のワールドミュージックブームにおいても特に重要な役割を担った。

フランス人プロデューサーのマルタン・メソニエは、1970年代後半からライターとして活動する傍ら、アメリカのジャズミュージシャン、ドン・チェリーのマネージャーも務めていた。ある日、ラジオから流れるフェラ・クティの音楽を聴いて即座に心を奪われた彼は、イタリアに滞在していたフェラにアプローチし、フランスでのコンサートを提案した。結局その企画は中止となってしまい、メソニエは莫大な負債を抱えることになったが、フェラとの関係は継続し、後にパンタンにおいてフェラの公演を成功させ、1981年のアルバム『ブラック・プレジデント』の制作も手掛けた。そうした一連の活動によってフランス国内でアフリカ音楽への関心が急速に高まっていくと、ボブ・マーリーらのレゲエを世界マーケットにおいて成功させた経験を持つ英〈Island〉のクリス・ブラックウェルがメソニエに連絡を取る。その結果、メソニエのプロデュースのもとに制作されたのが、ナイジェリアのジュジュミュージシャン、キング・サニー・アデの世界デビュー作『ジュジュ・ミュージック』(1982年)だった。ジュジュの伝統を踏まえながらもシンセサイザーなどを交えたコンテンポラリーな要素を導入した本作は、批評家や欧米のリスナーから高い評価をえて、1983年の『シンクロ・システム』と続く1984年の『オーラ』まで、メソニエのプロデュースによって立て続けに秀作が発表された。

メソニエはそのほかにも、前出のマヌ・ディバンゴをはじめ、フェラ・クティのバンドでドラマーを務めていたトニー・アレン、コンゴのレイ・レマやパパ・ウェンバ、セネガルのワシス・ディオップ等のアルバムをプロデュースし、「ワールドミュージックの仕掛け人」として広く認知されていった。

こうしたメソニエの仕事を先例として、1980年代を通じて各レーベルがアフリカのミュージシャンと次々と契約を交わしていき、マリのサリフ・ケイタやセネガルのユッスー・ンドゥールを筆頭に、セネガルのトゥレ・クンダ、ナイジェリアのエベ

キング・サニー・アデ&ヒズ・アフリカン・ビーツ『ジュジュ・ミュージック』(1982)

過去にナイジェリアでリリースしていた曲のリメイクが大半を占めるが、メソニエの助言によってそれらの曲の演奏尺が大幅に縮減され、西洋マーケット向けの「最適化」が図られた。

ネサー・オベイ、コートジボワールのアルファ・ブロンディらアフリカ各地のミュージシャンが続々と西洋マーケットへ紹介されていった。これらの音楽は、良くも悪くも当時のワールドミュージックというタームと強固に結びついて記憶されているため、後に見るように2000年代以降のDJ目線で発掘されたアフリカ音楽に比べると、後進のリスナーからの注目度はやや落ちる印象がある。しかし、「西洋から見たアフリカ」というプロダクションの味付けそれ自体がひとつの歴史的な意匠として相対化された現在に改めて聴き直すと、かえって新鮮に響くものが多い。

ロック/ポップスの中で再解釈されるアフリカ

すでに触れたように、パンク~ニューウェーブ期以降、一部の欧米ミュージシャンがアフリカ音楽の要素を積極的に取り入れていったというのも、ワールドミュージックブームを準備した重要な出来事だった。

中でも、アメリカのバンド、トーキング・ヘッズがブライアン・イーノと制作した『フィア・オブ・ミュージック』(1979年)および『リメイン・イン・ライト』(1980年)、そしてそのトーキング・ヘッズのデヴィッド・バーンが同じくイーノとともに制作したアルバム『マイ・ライフ・イン・ザ・ブッシュ・オブ・ゴースツ』(1981年)はもっとも重要な存在だろう。

『フィア・オブ・ミュージック』収録の「イ・ズィンブラ」は、アフリカの伝統的なダンス音楽にヒントをえたリズムとコーラスが取り入れられた曲で、パンク~ニュー

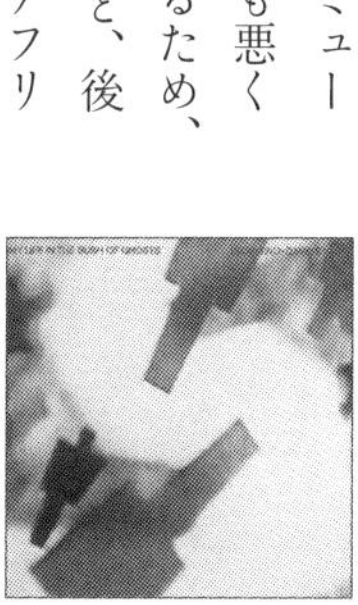

ブライアン・イーノ&デヴィッド・バーン『マイ・ライフ・イン・ザ・ブッシュ・オブ・ゴースツ』(1981)

「クルアーン」という曲ではタイトル通りクルアーンが引用されていたが、イギリスのイスラム教協議会の抗議を受け第2版では同曲が削除され、12インチシングル「ザ・ジェザベル・スピリット」のB面としてリリースされていた「ベリー・ベリー・ハングリー」が収録された。

ウェーブファンにとどまらず当時のディスコでも支持された。『リメイン・イン・ライト』では同路線を更に深化させ、フェラ・クティのアフロビートなどからの影響を色濃く反映した内容となった。『マイ・ライフ・イン・ザ・ブッシュ・オブ・ゴースツ』は、リリース順こそ『リメイン・イン・ライト』の後となったが、もともとはそれ以前に制作されていたものだった。なぜ発表順が逆になったかといえば、同作がニュース放送の音声など様々な音源をサンプリングしており許諾取得に時間がかかったのが理由だった。アフリカ音楽からの影響はリズム面に顕著で、ここでもまたアフロビート的な反復を伴ったサウンドを聴くことができる。様々な音源を引用しながらミニマルなビートの中に並列的に配置していくという手法は、その後のダンスミュージックの方法論を先取りするとともに、グローバリゼーションに伴うポストモダン的な脱歴史化プロセスのスケッチとして理解するのも可能で、バーンとイーノの批評眼が冴え渡った傑作といえる。

イギリスのプログレッシブロックバンド＝ジェネシスを率いたピーター・ゲイブリエルも、早い段階からアフリカ音楽へ関心を寄せていたロックミュージシャンのひとりだ。1980年リリースのソロアルバム『ピーター・ガブリエルⅢ』には、南アフリカの反アパルトヘイト活動家で、1977年に現地警察に拘束され死亡したスティーブ・ビコを題材にした曲「ビコ」が収められている。南アフリカの楽曲を引用しつつアフリカ音楽から影響を受けたリズムも用いられたこの「ビコ」は、イギリスでヒットを記録するとともに、後に続く反アパルトヘイト運動を象徴する曲として広く支持された。続く1982年の『ピーター・ガブリエルⅣ』では、フェアライトCMIなどのデジタル機器をいち早く導入し、民族音楽風のパーカッシブなサウンドを作り上げた。同作に収録された「ザ・リズム・オブ・ザ・ヒート」ではエコメ・ダンス・カンパニーによるガーナのドラムサウンドが取り入れられ、より明確に伝統的なアフリカ音楽へと接近した。こうした志向は、大幅にポップ化し商業的な成功を収めた次作『So』（1986年）にも受け継がれ、ゲイブリエルはワールドミュージックの時代を代表するロックミュージシャンとして評価を確立していった。

ゲイブリエルは、1982年より前出のワールドミュージックのフェスティバル「WOMAD」を立ち上げ、1986年回におけるユッスー・ンドゥールやヒュー・マサケラをはじめ、アフリカのミュージシャンを多数出演させた。また、1989年にはWOMADを母体とするワールドミュージック専門レーベル〈REAL WORLD〉が立ち上げられ、ケニアのアユブ・オガダやウガンダのジェフリー・オリエマ、パパ・ウエンバらの新録作をリリースしていった。

ロック界ではほかにも、その名も「アフリカ」（1982年）という曲でシングルヒットを放ったTOTOをはじめ、ビッグバッグやオレンジ・ジュース、カルチャー・クラブといったイギリスのポストパンク～ニューウェーブ系バンド、更にはドイツのプログレッシブロックバンドのカンなど、様々なアーティストがアフリカ音楽から影響を受けた作品をリリースした。

『グレイスランド』への評価と批判

ロック側からのアフリカ音楽への接近は、もちろん音楽的には優れた成果が多かったとはいえ、一方で西洋による非西洋文化の収奪と序列化に加担する「文化帝国主義」あるいは「植民地主義」の一種であるとして度々批判を浴びてきた。

中でも、国際政治上の問題と関連してもっとも苛烈な批判の矛先を向けられたのが、ポール・サイモンが１９８６年に発表したアルバム『グレイスランド』だった。１９８０年代を迎え創作上のスランプを迎えていたサイモンは、ある日友人から受け取ったカセットテープに収められていた音楽に強く触発された。そこに収められていたのは、南アフリカの都市部で１９６０年代から支持されてきた、同地のズールー音楽やジャズをルーツとする「ムバカンガ」という音楽だった。その経験をもとにサイモンは、南アフリカのプロデューサーと組んだ新アルバムを企画する。彼は１９８５年に現地へ飛ぶと、レディスミス・ブラック・マンバーゾをはじめとした多くの現地ミュージシャンとともに、南アフリカの伝統的な音楽やポップスの要素をふんだんに盛り込んだ曲を録音していった。その後アメリカでの追加録音を経て完成された同作は、サイモンのキャリアの復活を宣する傑作として高い評価をえて、１９８７年のグラミー賞で「アルバム・オブ・ジ・イヤー」を獲得するなど、大成功を収めた。

しかし、この作品は同時に大きな批判の的にもなった。国連は１９８６年当時、アパルトヘイト政策下にあった南アフリカ共和国への制裁措置として、加盟各国へ文化

ポール・サイモン
『グレイスランド』
（1986）

全世界で1600万枚以上を売り上げたとされる大ヒット作。2018年には、ダンスミュージックシーンの精鋭が顔を揃えたリミックス盤『グレイスランド リミックス』もリリースされている。

的ボイコットを求めていた。これは、学術や音楽、スポーツなどの分野において、外国人が南アフリカ国内で活動することを制限するもので、1982年からはそれに違反した者をブラックリストへ登録の上公開していた。サイモンの南アフリカ国内での音楽制作活動は、このボイコットを反故《ほご》にし、連帯を空洞化するものとして批判されたのだ。自身の訴えによってサイモンのブラックリスト入りは取り下げられたものの、ANC（アフリカ民族会議）や反アパルトヘイトを掲げるミュージシャン達から厳しい批判を受けた。

もちろん、サイモン自身にアパルトヘイト支持の意図があったわけではなく、なおかつ現地のミュージシャン達に通常の規定の3倍の報酬を支払っている旨を弁明した。また、CORE（人種平等会議）は、本作の成功が南アフリカで抑圧されているミュージシャン達の優れた文化を知らしめる役を果たしているとして肯定的に評価した。加えてヒュー・マサケラやミリアム・マケバといった南アフリカ出身のスター達もサイモンを支持し、レディスミス・ブラック・マンバーゾらとともにジンバブエやアメリカ、イギリスをツアーした。しかし、公演先の各地でサイモンを糾弾するデモに遭遇するなど、反対派の声はしばらく沈静化しなかった。

この『グレイスランド』をめぐる論争は、西洋の白人ミュージシャンがアフリカをはじめとした非西洋各地域の音楽文化を参照するにあたって、人種差別やコロニアリズムの問題に関するリテラシーがいかに必須のものであるかを、世界中へ広く印象づけたのだった。

インディーロックに参照されるアフリカ

ワールドミュージックの熱狂も過ぎ去った2000年代以降になると、新たな感覚でアフリカンポップスを参照するインディーロック系のアーティストが台頭してくる。

そのもっとも代表的な存在は、米ニューヨークのブルックリンを拠点とするバンド、ヴァンパイア・ウィークエンドだろう。特に、2008年のデビューアルバム『ヴァンパイア・ウィークエンド』は、西アフリカのハイライフ[*13]やザイール（現コンゴ）のリンガラなど様々な要素が新世代らしいハイブリッドな感覚とともに取り入れられており、高い評価[*14]をえた。

同時期には、アニマル・コレクティヴやダーティー・プロジェクターズ、アクロン／ファミリー、ギャング・ギャング・ダンスといったブルックリンのバンドがアフリカ音楽に接近し、インディーロックシーンではアフリカ音楽が一種のトレンドとなっていった。こうした状況を象徴するのが、コンゴ発の「コンゴトロニクス」と呼ばれる音楽の流行と、その後に続いた欧米インディーロックアーティストと現地ミュージシャンとの共演企画だろう。

この「コンゴトロニクス」とは、ベルギーの老舗レーベル〈CRAMMED DISCS〉から2004年にリリースされた、コンゴ国内で1960年代から活動を続けてきたバンドKonono №1による同名アルバム、および後続の同名シリーズによって浸透したジャンル名だ。これはコンゴ国内にもともと存在していた名称ではなく、同地の伝統

＊13 **ハイライフ**
アフリカ西海岸で20世紀初頭に生まれた都市中産階級向けのダンス音楽。元はビッグバンドスタイルが主流だったが、1950年代からエレキギターが取り入れられるようになり、コンボスタイルが主流となった。

＊14 **高い評価**
高評価の一方で、発売当時このアルバムはサイモンの『グレイスランド』との類似性を度々指摘され、同作と同じく文化帝国主義批判の文脈から指弾される場面もあった。

音楽を都市の喧騒の中でも目立つように電気増幅して奏でる「トラジモダン」と呼ばれるスタイルを、〈CRAMMED DISCS〉が欧米マーケット向けに再命名したものだ。アンプを通したリケンベ（親指ピアノ）の強烈な反復ビートを伴ったサウンドは、西洋のダンスミュージックの快楽性と重ね合わされる形で、インディーロックファンやクラブミュージックファンから熱狂的に支持された。2010年には、Konono №1やカサイ・オールスターズらコンゴのミュージシャンが、アニマル・コレクティヴやディアフーフ、アンドリュー・バード、ファアナ・モリーナ、シャックルトン、EYEなど各地のインディーアーティストと共演したアルバム『Tradi-Mods Vs. Rockers: Alternative Takes on Congotronics』がリリースされ、パッケージツアーもおこなわれるなど、大きな話題となった。

デーモン・アルバーンらのアフリカ音楽への接近

2000年代以降、イギリスのロックミュージシャンの間でもアフリカ音楽はトレンドとなった。レディオヘッドのトム・ヨークがレッド・ホット・チリ・ペッパーズのフリーらと結成したバンド＝アトムス・フォー・ピースは、2013年のアルバム『Amok』でアフロビートなどアフリカ音楽の要素を取り入れた。

イギリスのロックシーンでもっとも積極的にアフリカ音楽へ接近したのは、ブラーのフロントマン、デーモン・アルバーンだろう。はじめてアフリカ由来のリズムを取り入れた2000年リリースのブラーのシングル「ミュージック・イズ・マイ・レーダー」の歌詞でトニー・アレンに言及したのをきっかけに、アルバーンとアレンの両者が親交を深めていく。同年にはマリに赴いて現地ミュージシャンを交えた長時間の録音をおこない、2002年にデーモン・アルバーン、アフェル・ボクム、トゥマニ・ジャバテ&フレンズ名義でアルバム『マリ・ミュージック』をリリースした。同作の発売元〈Honest Jon's Records〉は、デーモンが共同設立したレーベルで、トニー・アレンの新録作品や、アルバーンとアレンがメンバーに名を連ねるザ・グッド・ザ・バッド&ザ・クイーンやロケット・ジュース&ザ・ムーンらによるアルバムなど、アフロビートを現代風にアップデートした諸作を発表した。

また、アルバーンは2006年から「アフリカ・エキスプレス」というプロジェクトを立ち上げ、欧米とアフリカのアーティストが共演するライブイベントを各地で開催し、後にはレコーディング作品のリリースも重ねていった。

デーモン・アルバーン、アフェル・ボクム、トゥマニ・ジャバテ・アンド・フレンズ『マリ・ミュージック』(2002)

アフェル・ボクムの歌唱、トゥマニ・ジャバテのコラをはじめ、ジャンベ、バラフォン、ンゴニなどの多様な楽器がフィーチャーされている。

エチオピア音楽の「発見」

1980年代から1990年代初頭にかけてのワールドミュージック活況期においても、過去のアフリカ音楽がレコードやCDの形で再発される例は少なからずあった。民族音楽のコンピレーション盤はそれ以前から多くリリースされていたし、アフリカ各地のファンクミュージックへの関心もレアグルーヴ発掘の視点からじわじわと高まってはいた。こうした流れは、後に述べるとおり2000年前後から数々のレーベルが優れたリイシュー/発掘作品を続々とリリースすることで本格化していき、既存のワールドミュージックファンとはやや異なったリスナー層が、新たな観点から過去のアフリカ音楽へ関心を寄せていった。

一連の流れの先駆けとなったのが、1960年代後半から1970年代半ばにかけて録音されたエチオピア産の音楽の「発見」だ。西洋のレーベルによって欧米へエチオピア音楽が紹介された初期の例としては、マフムード・アーメドが1975年にリリースしたLPをもとにした〈CRAMMED DISCS〉発の編集盤『Ere Mela Mela』（1986年）がある。1970年代後半に軍事クーデターによって独裁政権が誕生し多くの国内文化が抑圧される以前、豊かな音楽的実践が重ねられる中で制作されたその音源は、国外では長く存在すら知られずにきたものだった。独特の5音音階[*15]を伴った旋律と、ラテンやジャズ、ソウルなどから影響を受けた演奏は、欧米のワールドミュージックファンに衝撃を持って迎えられ、高く評価された。

（西洋からすると）いかにも謎めいて聴こえるこうしたエチオピア産の音楽は、エチオピア国内でのリサーチの困難さもあってその後長らく本格的な探求を受けずにいたが、1997年にフランスのレーベル〈Buda Musique〉が〈Ethiopiques〉というリイシューシリーズを立ち上げると状況が一変する。〈Buda Musique〉は、第1弾の『エチオピーク1 ゴールデン・イヤーズ・オブ・モダン・エチオピアン・ミュージック 1969-1975』を皮切りに、ポップスから伝統音楽まで様々な音源を続々とリリースし、欧米におけるエチオピア音楽への関心を飛躍的に高めた。

＊15 独特の5音音階
エチオピア音楽で使用される5音階には、主にテジータ、バティ、アンバセル、アンチホイエがある。日本におけるいわゆる「ヨナ抜き」音階との類似性が度々指摘されている。

オムニバス『エチオピーク1 ゴールデン・イヤーズ・オブ・モダン・エチオピアン・ミュージック 1969-1975』（1997）

エチオピア音楽最盛期に〈Amha Records〉に吹き込まれた楽曲を集めたコンピレーションアルバムにして、エチオピークシリーズ第1弾作。マハムード・アハメッドやムルケン・メレッセらの楽曲を収録。

ヒップ化するエチオジャズ

その後、より広範な層にエチオピア音楽の魅力を知らしめるきっかけとなったのが、ジム・ジャームッシュ監督の映画『ブロークン・フラワーズ』(2005年)において、ジャズ系のミュージシャン、ムラトゥ・アスタトゥケが1970年代に録音した楽曲が使用されたことだった。これを機にムラトゥの「エチオジャズ」[*16]は突如としてヒップな存在として取り沙汰されることとなる。

2010年のナズ&ダミアン・マーリーによる「アズ・ウィー・エンター」を筆頭に、マッドリブ、カニエ・ウェスト、カット・ケミストら錚々たるアーティストがムラトゥの音源をサンプリングし、ヒップホップ界でも人気が高まっていった。

このムラトゥ再評価は本人のキャリアにも反映され、イギリスのバンド、ヘリオセントリックスと共演した『インスピレーション・インフォメーション』(2009年)、アメリカのイーザー/オーケストラと共演した『ムラトゥ・ステップス・アヘッド』(2010年)等、世界市場向けの新作も制作された。

それと連動するように、右のイーザー/オーケストラを先例として、イギリスのダブ・コロッサス、フランスのアカレ・フーベ、スイスのインペリアル・タイガー・オーケストラ、アメリカのデボ・バンド、オーストラリアのデレブ・ザ・アンバサダーなど、様々なアーティスト/バンドが往年のエチオジャズ(および往年のエチオピア音楽)を取り入れた音楽を演奏するようになる。こうした一連の動きはエチオピア現

＊16 エチオジャズ
近年では様々なエチオピア産音楽を指す語としても使用されているが、元々ムラトゥ・アスタトゥケが自身の音楽を指す用語として作り出したものだった。そのため、過度の一般化を危惧する視点から、ムラトゥの音楽にのみその語が適用されるべきという意見もある。

地の若手ミュージシャンも刺激し、〈REAL WORLD〉からのリリース作を持つサミュエル・イルガをはじめ、往年のエチオピア音楽を現代的にアップデートする例も増えている。

加えて、近年特にエチオピア音楽が盛り上がっているのがロサンゼルスのジャズシーンだ。エチオピアからの移住者であるカブロン・ベリャナを中心にプロジェクトバンド「エチオ・カリ」が組織されるなど、ロサンゼルスの先鋭的なミュージシャン達が積極的にエチオジャズに取り組んでいる。

アフロビートの復権

すでに述べたとおり、西洋の音楽シーンがフェラ・クティのアフロビートを「発見」する歴史は、1970年代まで遡ることができる。1990年代以降はレアグルーヴ的な観点の元で一部のDJから注目を集め、ハウスシーンでも、ティミー・レジスフォードやマスターズ・アット・ワークのプッシュによって再評価されてきた。以下、音楽評論家の柳樂光隆による記事「アフロビートが21世紀にもたらした「変革」とは？　シェウン・クティを軸に歴史を辿る」（『Rolling Stone 日本版』）などを参考に、様々なジャンルにおけるアフロビート復興の流れを見ていこう。

特にアフロビートへの支持が厚いのが、ヒップホップ〜ネオソウルシーンだ。アメリカのラッパー、コモンは、アルバム『ライク・ウォーター・フォー・チョコレート』（2000年）にフェラ・クティへオマージュを捧げた「タイム・トラベリン（ア・

トリビュート・トゥ・フェラ)」を収録し、同曲にはフェラ・クティの息子フェミ・クティが招かれサックスを吹いた。翌年には、そのフェミのアルバムへ逆にコモンやモス・デフが参加するなど、アフロビート系ミュージシャンとの交流が盛んにおこなわれるようになる。

こうした動きの象徴となったのが、2002年リリースのトリビュート盤『Red Hot + Riot : Music & Spirit Of Fela Kuti』だ。エイズで亡くなったフェラへ捧げたチャリティアルバムである本作には、トニー・アレンやフェミ・クティといった元バンドメンバーや近親者をはじめ、コモンやディアンジェロ、シャーデー、ミシェル・ンデゲオチェロ、タリブ・クウェリ、タジ・マハールなど多様な面々が集い、フェラの曲を取り上げた。同年末には、ナズがアリシア・キーズをフィーチャーしたシングル「ウォーリアー・ソング」でフェラの「Na Poi」(1971年)をサンプリングするという出来事もあった。

更に、同じ時期に興隆したニューヨークの現代版アフロビートシーンも重要で、アンティバラスを筆頭に、ココロ・アフロビート・オーケストラやアコヤ・アフロビート・アンサンブルなどが活動した。ニューヨークのブルックリンやイギリスでは、前述のとおりインディーロックアーティスト達がアフロビートを取り入れる流れも目立ち始め、ジャンルを超えた再評価の機運が更に高まっていく。2008年には、フェミの異母兄弟シェウン・クティがアルバム『メニー・シングス』でデビューし、2011年にはその評価を決定づけた第2作『フロム・アフリカ・ウィズ・フューリー:ライ

オムニバス
『Red Hot + Riot : Music & Spirit Of Fela Kuti』
(2002)

エイズ/HIV問題と戦う非営利機関レッドホットオーガニゼーション制作の「レッド・ホット・エイズ・ベネフィット・シリーズ」中の一作としてリリースされた。

ズ』を発表した。片やフェミやアレンも充実した新作をリリースするなど、彼ら「正統後継者」の活動もアフロビートリバイバルに拍車をかけた。

フェラの波乱万丈の人生を描いた2008年初演のミュージカル『FELA!』も重要な存在だ。ジェイ・Zが共同プロデューサーを務めアンティバラスが音楽を担当した本作は、2011年のワールドツアーを経て翌年にブロードウェイでリバイバル上演される成功作となった。これを契機に、フェラおよびアフロビートへの関心は一層高まっていく。2013年には、前出のコンピレーションアルバムの続編『Red Hot + Fela』がリリースされ、トニー・アレンをはじめ、アンジェリーク・キジョーやスポーク・マタンボらアフリカのアーティストから、クエストラヴ、チャンス・ザ・ラッパー、チャイルディッシュ・ガンビーノ、キング、チューン・ヤーズ、マイ・モーニング・ジャケット、クロノス・カルテットなど、ヒップホップ／ネオソウルからロック、クラシック系にまで及ぶ幅広いミュージシャンが参加した。

こうしたジャンル越境的な動きは、エレクトロニックミュージックの世界にも流れ込んでいく。2014年には、西洋ポピュラー音楽にアフロビートをもっとも早く取り入れた張本人であるブライアン・イーノがアンダーワールドのカール・ハイドと組み、ミニマルミュージックのフィルターを通じてアフロビートを再構築する『High Life』を発表した。また、ジェフ・ミルズやモーリッツ・フォン・オズワルド、カール・クレイグといったテクノ界の著名アーティスト達もアレンと共演を重ね、伝統的なアフロビートのスタイルに囚われない野心的な作品を発表していく。

アフロビートの脱神話化

このようなアフロビート再構築の動きは、オリジナルへの敬意を前提にしているのは当然だが、一方で、『ミュージック・マガジン』2018年4月号の特集「アフロビートの現在」内でライターの大石始が指摘するように、長い再評価の末にフェラの伝説性が脱神話化され、純粋主義的なアフロビート観が徐々に相対化されていったがゆえに現れてきたものともいえるだろう。

2018年に、ベナン出身のアンジェリーク・キジョーが、「西洋から見たアフリカ」の象徴的な存在だったトーキング・ヘッズの『リメイン・イン・ライト』をまるごとカバーする同名のトリビュート作をリリースし高く評価されたという事実も、西洋ポピュラー音楽とアフリカ音楽の邂逅の歴史に蓄積されてきた様々な（ときに批判含みの）見方が一定程度相対化された現在の状況を反映しているように思われる。

2000年代以降、こうした状況と並行して過去のアフロビート系音源の発掘も次第に熱を帯びてくる。旧来のワールドミュージック的観点から離れた、DJ／ディガー的な審美眼によるアフリカ音楽の優れたリイシュー盤が続々と登場してきた。中でも際立った発掘／コンパイル仕事を連発したのが、1999年設立の英〈STRUT〉、2002年設立の英〈Soundway〉、2006年設立のドイツの〈Analog Africa〉で、フェラ・クティやトニー・アレンのカタログを除けばそれまではよほどのマニア以外には入手が困難だったアフロビート系音源を続々と掘り起こしていった。これらのレ

オムニバス
『Nigeria Afrobeat Special: The New Explosive Sound In 1970s Nigeria』(2010)

英〈Soundway〉より2010年に発売された、ナイジェリア音楽発掘シリーズ中の一作。フェラ・クティ以外に、オーランド・ジュリアス、サクソン・リー、ボブ・オヒリらの名手から更にマニアックなグループのものまで、数々のレアトラックを収録。

ーベルが手掛けるリイシューやコンピレーションアルバムには詳細なライナーノーツが付属しているのが常で、知識面からもアフロビートおよびアフリカ音楽の浸透に寄与した。

アメリカの現代ジャズシーンとアフロビート

ネオソウルやヒップホップと並んで、現代のジャズシーンも常にアフロビートと密接な関係を結んできた。

前出のコモンのシングル「タイム・トラベリン（ア・トリビュート・トゥ・フェラ）」でトランペットを吹き、『Red Hot + Riot : Music & Spirit Of Fela Kuti』にも参加したロイ・ハーグローブはその先駆けとなる存在で、2004年にはアフロビートを大幅に取り入れたEP『ストレングス』をリリースした。ハーグローブとの共演曲もあるセオ・クロッカーや、日本人トランペッターの黒田卓也をはじめ、後続世代のミュージシャンも積極的にアフロビートへと接近していった。

アフロビートはなによりもそのリズムに特徴を持つ音楽であることから、ドラマーからの支持も厚く、当代一のドラマー、クリス・デイヴもアフロビートを取り入れたプレイスタイルを熱心に探求してきた。そのクリス・デイヴが初代ドラマーを務めたバンド＝ロバート・グラスパー・エクスペリメントのリーダーであるロバート・グラスパーは、シェウン・クティの2014年作『ア・ロング・ウェイ・トゥ・ザ・ビギニング』のプロデューサーを務めている。

イギリスにおけるアフリカ音楽文化

2010年代以降、アフロビートと結びついた音楽の充実が特に目立っているのが、イギリスのジャズシーンだろう。同地では、これまで見てきたようなリバイバルと呼応するような形で、様々な実践が繰り広げられている。

イギリスには、1991年に設立された「トゥモローズ・ウォリアーズ」をはじめとして、コミュニティに根付いた様々なジャズの教育プログラムが存在している。「トゥモローズ・ウォリアーズ」は、もともとイギリス在住のアフリカ系ミュージシャンを育成する目的で設立されたプログラムで、当然アフリカ音楽もカリキュラムに加えられている。シャバカ・ハッチングス、モーゼス・ボイド、エズラ・コレクティブのメンバーら現在のUKジャズシーンの顔役達もここで学んだ経験を持っており、現在の彼らの音楽性に多大な影響を与えている。

彼らの音楽にはアフリカ各地の様々なリズムの融合が聴けるが、特に目立っているのがアフロビートからの影響だ。2014年結成の8人組グループ、ココロコも重要な存在で、かつてフェラ・クティも学んだトリニティ・ラバン音楽学校出身のトランペッター、シェイラ・モーリス＝グレイを中心に結成された彼女達の音楽は、同シーンの中でもひときわアフロビート色が強い。

現在のUKジャズシーンにおいて、アフロビートおよびアフリカ音楽的要素が特に豊かに実を結んでいる理由は、教育機関の充実に限らない。まずは、トニー・アレン

ココロコ
『クッド・ウィー・ビー・モア』
(2022)

ジャイルス・ピーターソン主催の〈Brownswood Recordings〉からリリースされた2022年のデビューアルバム。アフロビートを基軸に、ソウルやカリブ海音楽の要素を取れ入れたハイブリッドなサウンドを聴かせる。

というレジェンドがナイジェリアを1984年に離れて以来、ヨーロッパを拠点としてイギリスのアーティストと盛んにコラボレーションをおこない、大きな影響を与えてきたこと。更に、ジャイルス・ピーターソンをはじめとして、ジャズダンス～アシッドジャズの時代から活動する先達達が若手を積極的に支援し、リリースにも手を貸してきたこと。加えて、彼ら若手のミュージシャン達は、活動の当初からすでに教条的なジャズ観から自由で、様々なジャンルのミュージシャンと自然と交流を結んできたこと。最後に、なによりも大きいのが、アフリカ各地からの移民や移民2世、あるいはまた、カリブ海地域からの移民や移民2世が同シーンにおいて多く活動しているという事実だろう。

先に挙げたアーティストだけを見ても、シェイラ・モーリス＝グレイとエズラ・コレクティブのフェミ・コレオソは西アフリカに、モーゼス・ボイドはカリブ海にルーツを持っており、シャバカ・ハッチングスも少年時代をバルバドスで過ごした経験を持つ。ナイジェリアをはじめとする各地域からの移民が多く生活してきたイギリスの社会構造に加えて、グローバリゼーションによってもたらされた移動や情報交通の高速化／多層化といった事態も、こうしたマルチカルチュラルな状況を深化させてきた。

現在のUKジャズを聴いていて特に興味を引かれるのが、ジャズとアフリカ音楽の融合が頻繁に観察できるということに加えて、ときにレゲエやダブなどのカリブ海ルーツの音楽、更には南米ルーツの音楽要素が混じり合っているという点だ。そういった視点から、現在のUKジャズに、レゲエやダブなどをルーツに持つイギリス産のクラブミュージック=ダブステップ[*17]やグライムとの文化的な近接性を見出すことができるかもしれないし、より広い視点で捉えるなら、西アフリカやカリブ海諸国、ヨーロッパ、南北アメリカ等をつなぐアフロディアスポラ文化の歴史的な蓄積と混交を読み取ることもできる。

アフロビーツとはなにか

ここまで、過去に生まれた音楽フォーマットであるアフロビートの復権について論じてきたが、ここからは、2023年に現在進行形で世界を席巻している新たな音楽=「アフロビーツ」について見ていこう（ややこしいが、複数形表記の「アフロビーツ（Arfobeats）」は、これまで取り扱ってきたフェラ・クティを祖とする単数形表記の「アフロビート（Afrobeat）」とは別種の音楽である）。このアフロビーツこそは、本章冒頭で予告的に触れた「ワールドミュージックのその後」における新しいグローカルな音楽（=後に論じる「ワールドミュージック2・0」）の代表的な例であるといえる。

アフロビーツとは、主にナイジェリアを中心とした西アフリカ諸地域で制作されている、電子音を主体としたダンサブルなポップミュージックを指す。様々なサブジャンルも存在するが、アメリカのR&B[*19]やヒップホップ、更にはジャマイカ発のダンスホールレゲエ[*18]やプエルトリコ発のレゲトン[*20]から強い影響を受けたサウンドに、ソンクラーベなどの伝統的なパターンをアレンジしたリズムと、ハイライフやアフロビート、

＊17 ダブステップ
2000年代初頭、ロンドンのクラブシーンでレゲエ~ダブとハウス由来の2ステップなどをルーツに発生したベースミュージック。

＊18 ダンスホールレゲエ
ドラムマシンやシンセベース等による打ち込み主体のレゲエ。1980年代の流行以降、ジャマイカ国内を超えて世界的な人気を博した。

＊19 レゲトン
1990年代、ダンスホールレゲエなどから発展したプエルトリコ発の音楽。ヒップホップやR&Bからの影響を吸収したラテン系ポップミュージックとして、北米をはじめ各地の音楽シーンで絶大な存在感を示している。関連して、アトランタトラップにレゲトンなどの要素が加わったラテントラップの存在も重要だ。2020年代以降、プエルトリコ

ジュジュなどを由来とする要素が融合したものが主流を占めている。2012年、ナイジェリアのラッパー、ディバンジがシングル「Oliver Twist」を現地とイギリスのチャートでヒットさせた辺りから、この「アフロビーツ」の名が広まっていった。

主なアーティストを紹介しよう。

1990年ナイジェリア最大の都市ラゴスに生まれたウィズキッドは、国内外で絶大な人気を誇るアフロビーツシーンの立役者だ。2014年のセカンドアルバム『Ayo(Joy)』に収録された曲「Ojuelegba」のリミックス版（2015年）に、北米の人気ラッパー、ドレイクとイギリスのスケプタが参加したことで欧米圏での認知度を高め、2016年には、フィーチャリング参加したドレイクの「ワン・ダンス」が世界的なヒットを獲得し一躍スターの仲間入りを果たした。2017年のアルバム『Sounds From The Other Side』では、そのドレイクをはじめ、クリス・ブラウン、メジャー・レイザー、トレイ・ソングスといったスター達を迎え、「ナイジェリア発の最新ポップス」としてのアフロビーツを欧米マーケットに強くアピールした。彼は、自身のレーベル〈Starboy Entertainment〉を運営するなど、ビジネス面からもシーンを牽引する存在となっている。

1991年ナイジェリアのポートハーコート生まれのバーナ・ボーイも、現在のアフロビーツシーンを代表するスターのひとりだ（彼の祖父はフェラ・クティのマネージャーとして働いた経験を持つ人物である）。2019年のアルバム『African Giant』で高い評価をえると、翌2020年には『トワイス・アズ・トール』をリリースし、さ

のラッパー、バッド・バニーらの活躍によって、かつてない規模でラテン系ポップミュージックが主流シーンを席巻している。バッド・バニーは、2023年の「コーチェラ・バレー・ミュージック&アート・フェスティバル」初日のヘッドライナーを務め、ラテン音楽の歴史に敬意を捧げたパフォーマンスを行い、大きな話題となった。

＊20 ソンクラーベ
主にキューバ音楽に用いられるリズムパターン。アフロビーツでは主に、1小節目に3回、2小節目に2回のアクセントが置かれる〈3-2〉のパターンをアレンジしたものが多用される。

らなる飛躍を見せた。ユッスー・ンドゥールやティンバランド、コールドプレイのクリス・マーティンなど幅広いアーティストが参加した同作は、２０２１年のグラミー賞でベストグローバルミュージックアルバム賞を受賞するなど、大々的な成功を収めた。

１９９２年米アトランタ生まれラゴス育ちのシンガー＝ダヴィドも、上記の２人と並ぶ人気アーティストで、２０１９年リリースのセカンドアルバム『A Good Time』で一躍評価を高めた。彼もまた、自身のレーベル〈Davido Music Worldwide〉を立ち上げ、ナイジェリアのアーティストを世界に紹介する役目を買って出ている。ほかにも、エド・シーランとの共演経験を持つファイアボーイ・ＤＭＬなど、続々と若手アーティストが登場し、ナイジェリア現地と欧米のマーケットを賑わしている。

アフロビーツシーンでは女性アーティストの活躍も目立っている。

１９８０年ラゴス生まれのティワ・サヴェージは、アメリカのR&B界で下積み活動をした後に成功した、やや遅咲きのスターだ。ナイジェリア音楽界の名プロデューサーのドン・ジャジーが設立したレーベル〈Mavin Records〉と契約を交わし、２０１３年にファーストアルバム『Once Upon a Time』を発表、同作で「ナイジェリアエンターテインメントアワード」を獲得した。２０１４年の「Wanted」では、ナイジェリア社会を支配する保守的なジェンダー観へ反旗を翻すような大胆なヴィジュアルを打ち出し、大きな議論を読んだ。逆風に屈しない自律的な女性アーティスト像を体現する彼女の存在は、後進にも強い影響を与えている。２０１６年にはジェイ・

バーナ・ボーイ
『トワイス・アズ・トール』
（2020）

世界中の黒人の団結、自由のための闘争を主題とした大作。西アフリカの伝統的な要素と現代的なプロダクションが融合され、M２「アラーム・クロック」ではアフロビートからの影響も聴かれる。

Zの〈Roc Nation〉と音楽出版契約を結び、2019年には名門〈Motown〉から新曲を発表するなど、近年はアメリカの音楽シーンでも存在感を高めている。

ほかにも、2021年のシングル「Bloody Samaritan」が女性ソロアーティストとしてはじめてナイジェリアのチャート1位を獲得したアイラ・スター、ナイジェリアのオルタナティブなR&Bシーン「オルテ」[*21]を出自とするテムズなど多くの女性アーティストが人気を集めている。テムズは、フィーチャリング参加したウィズキッドのシングル「Essence」(2021年)をはじめ、ジャスティン・ビーバーが参加した同曲のリミックスバージョンや、ドレイクとともに参加したフューチャーの「Wait for U」(2022年)が大きな話題となったこともあり、2023年現在もっともブレイクを期待されている存在だ。

米英におけるアフロビーツ

各アーティストの経歴を見ても明らかなように、アメリカで活躍するスターおよび彼らを擁する主流音楽産業もここ数年アフロビーツへ熱い関心を寄せ、「フックアップ」をおこなってきた。(一部ラテンミュージックなどを例外として)かつてのワールドミュージックの時代においてすら「第三世界」から流入する様々な音楽に対して比較的関心の薄かったアメリカの主流音楽産業が、ここへきてアフリカ発の音楽に沸いているという状況は、旧来のマーケットの常識が大幅に書き換えられつつあることの証左といえる。2022年3月にBillboardチャートで「Afrobeats Songs」が新設

＊21 **オルテ**
「オルタナティブ」=Alternativeの略語。特定の音楽スタイルではなく、ナイジェリアの都市圏で活動する若手クリエイターたちによる、主流エンターテインメントカルチャーに対するオルタナティブな運動を指す。

されたのも、こうした流れを受けての出来事といえよう。

ビヨンセが2019年に発表したアルバム『ザ・ライオン・キング：ザ・ギフト』は、そうした「フックアップ」現象の象徴といえる大作だ。アフリカを舞台とした同名ミュージカルにインスパイアされて制作された同作には、バーナ・ボーイ、ティワ・サヴェージ、イェミ・アラデ、テクノ、ミスター・イージーらが参加している。本作には、ナイジェリアのアフロビーツ勢以外にも、ガーナのシャッタ・ウェール、南アフリカのプロデューサーDJ Lag、そしてジェイ・Zやファレル・ウィリアムス、チャイルディッシュ・ガンビーノといったアフロアメリカンのスターが集結した。

また、2022年公開のMCU映画『ブラックパンサー／ワカンダ・フォーエバー』のインスパイアードアルバム『Black Panther: Wakanda Forever – Music from and Inspired By』にも、バーナ・ボーイ、レマ、ファイアボーイ・DML、テムズらが参加し、映画のテーマと共振するようにアフロフューチャリズム的な世界を描き出している。

また、イギリスにおいてもアフロビーツの存在感は大きい。ナイジェリアは1960年まで、ガーナは1957年までイギリスの植民地支配を受けてきた。先に触れたとおり、かねてより両国からイギリスへ移り住む人々は多く、イギリス国内には彼らのディアスポラコミュニティが存在する。当然国をまたいでのアーティスト同士の交流も盛んにおこなわれている。イギリスでアフロビーツが浸透するきっかけとなったのは、ガーナ系イギリス人のフューズ・ODGが2013年に発表した「Azonto」であったといわれている。2010年代半ばには、Jハスらによってロードラップ[*22]やグライムと融合するなど、進化をたどっていき（それらは、「アフロスウィング」または「アフロバッシュメント」とも呼ばれる）、加えて2020年には「Official Charts」に「Afrobeats」が新設されるなど、近年更に広く注目を集めるジャンルとなっている。

「ワールドミュージック2・0」とはなにか

ところで、リバイバルの分析を謳う本書もいよいよ佳境に差し掛かった今、なぜ最新の、しかも主流ポップスの真ん中で起きているアフロビーツ興隆の動きを細かく説明しているのか、疑問に思う読者もいるかもしれない。

繰り返しになるが、その理由は、このアフロビーツの流行こそが本章冒頭で触れた「ワールドミュージックのその後」における新しいグローカルな音楽＝「ワールドミュージック2・0」のもっとも鮮烈な例のひとつであり、しかもここには、「過去」や「記憶」の現在化という現象が、これまで見てきた各種のリバイバルとはやや異なった仕方／ルートで現れているると考えるからである。

「ワールドミュージック2・0」という語について説明しよう。

これは、欧米のダンスミュージックシーンで活動するDJラプチャーことジェイス・クレイトンが、今世紀の制作／流通テクノロジーの発展を受け変容する世界各地の音楽の姿をルポルタージュした著作『Uproot: Travels in 21st-Century Music and Digital Culture』（2016年）の中で提示している概念だ。かつて2000年代半ばに喧伝

＊22 **ロードラップ**
アメリカのギャングスタラップからの影響をもとに2000年代中頃のサウスロンドンで生まれた、犯罪やギャングなどをテーマとしたヒップホップの一ジャンル。

された「Web 2.0」という語を思わせる表記に、やや鼻白む読者もいるかもしれない。しかし、元来「Web 2.0」という語が、ウェブ上における情報の送り手/受け手の区別が取り払われ、誰もが情報発信を行えるようになった新時代の状況をいい表したものだったことからすると、「ワールドミュージック2・0」という表記は、旧来のワールドミュージックとの差異を表す言葉としてきわめて分かりやすく、かつ有効だといえる。同書の刊行に際しておこなわれた『Harvard Magazine』によるインタビューで、クレイトンは次のように説明する。

「安価なコンピュータ、廉価あるいは海賊版のソフトウェアを使用でき、一方でYouTubeを通じて世界中の音楽にアクセスでき、他方で彼らの両親が聴いていた音楽や現地で一般的な人気のある音楽にアクセスできる状況。そのような状況に対応し、インターネットの驚異的な広がりと融合して作られたものが、ワールドミュージック2・0なのです」(Harvard Magazine, November-December,2016、拙訳)

今世紀に入ってからこちら、DAWソフトなどをはじめとした音楽制作テクノロジーは急速にハイスペック化/廉価化した。それに伴い、かつては熟練したプロや専門的な技術者によって寡占されていた音楽制作にまつわるリソースおよびプロセスが、ビギナーやアマチュアに向けて広く解放され、「音楽制作の民主化」が劇的に促進された。

一方で、mp3をはじめとする手軽なデータ送信に適した音楽ファイル形式が普及し、更には各種通信機器などのハードウェアと通信インフラ、YouTubeなどの配信プラットフォームが急速に普及することによって、かつては強固に存在した物理的な流通経路の制約を受けない、ディストリビューション面での民主化も促進された。こうした情報技術の高度な発展は、世界中のあらゆる地域の個人が音楽を制作し、各種の既存ゲートキーパーの存在をくぐり抜けながら、自在かつ即時的に自らの制作した音楽を発信することを可能にした。

こうした変化は、ダンスミュージックシーンにおいて顕著に観察できるものだ。なぜなら、ダンスミュージックは一般的に、生楽器による編成を必要条件とするものではなく、各種の電子機器やソフトウェアを用いて制作する方法が主流を占めているからであり、テクノロジーの高性能化や廉価化といった変化をダイレクトに反映するものだからだ。

そして、本書のテーマに照らしてもっとも注目すべきは、そうした変革を経て発信される現代のポップミュージックに、(意識的か無意識的かに関わらず)作り手が物理的に属する地域やコミュニティ内部で伝統として受け継がれ、あるいは外部との交配によって変容しつつも保存されてきたローカルな音楽の要素が色濃く織り込まれているものが多数あるということだ。その要素とは主に、リズムパターンであったり、スケール(音階)であったり、ハーモニーであったり、アンサンブルの構造であったり、(もちろん)言語であったり、いずれにせよ各ローカルコミュニティのアイデンティティと密接につながりあった基層的なものだ。

この20年あまりを振り返ってみると、ブラジルのファベーラに発するバイレファンキ[*23]、先出のレゲトン、ドミニカで独自に発展するデンボウ[*24]、コロンビア発のクンビアの発展型であるデジタルクンビア[*25]、南アジア地域ルーツを持つバングラビート[*26]、東欧発のバルカンビーツ[*27]ボックスなど、様々なダンスミュージックが世界各地から登場してきたのが分かる。それらが欧米マーケットでおしなべて商業的な成功を収めたかどうかは別として、それぞれが独自のワールドミュージック2・0であると理解することができる。

しかしながら他方で、こうした流れの背後には、グローバルな情報産業によるアーキテクチャ型権力[*28]の伸長があることも改めて心に留めておかなくてはならないだろう。

ワールドミュージック2・0を促進した情報や技術の「民主化」の背景には、それらのテクノロジーを寡占的にコントロールしながら経済的利益を追求する欧米資本のグローバル企業の存在がある。ワールドミュージック2・0を民主的な実践として持続していくためには、デジタル資本主義社会における環境管理型権力の問題を常に意識し、それへと対抗する新たなテクノロジーのあり方への想像力を欠かさないでおくことも必要になるはずだ。

草の根的なグローカリゼーションとしてのアフロビーツ

アフロビーツは、右に挙げたワールドミュージック2・0の特徴と多くの点で合致

＊23　バイレファンキ
リオ・デ・ジャネイロのスラムで生まれた、マイアミベースなどのヒップホップに影響を受けたダンスミュージック。ファンクカリオカ、ファンクとも。ブラジルでは「バイレファンキ」とは、そういった音楽のかかるパーティーやディスコを指す。

＊24　デンボウ
ダンスホールレゲエの同名リディムをルーツとしてドミニカで発展したダンスミュージック。

＊25　デジタルクンビア
コロンビアの伝統音楽クンビアとクラブ系のサウンドが融合して生まれたエレクトロニックミュージック。

＊26　バングラビート
インド～パキスタンのパンジャブ地方のバングラ音楽がイギリスのクラブ系サウンドと融合して生ま

している。ヒップホップやR&Bといったグローバルな音楽の伸長と、アーティストが生まれ育った地域の過去の音楽へ簡単にアクセスできるメディア環境。「FL Studio」[*29]など、安価かつ比較的簡便に操作できるDAWソフトの急速な普及。既存の欧米音楽産業を介さずに音源を発信する個人プロデューサーの存在。あるいはまた、先に見たウィズキッドの〈Starboy Entertainment〉や、ダヴィドの〈Davido Music Worldwide〉、ドン・ジャジーの〈Mavin Records〉、ナイジェリアのラッパー、オラミデの〈YBNL Nation〉のように、ローカル発の新興コンテンツホルダーが躍進している状況。仮に既存の欧米音楽産業と手を組むとしても、アフロディアスポラ文化の連帯という視点を手放さない各アーティスト達の意識。そしてなによりも、「ソンクラーベ」などの伝統的なリズム、ハイライフやアフロビート、ジュジュなどの過去のポップミュージックの要素がその基底層で再現されているという事実。ヒップホップやレゲエなどの音楽スタイルとテクノロジーのグローバルな浸透が、各地に根づいた音楽文化を完全に駆逐してしまうのではなく、それらのスタイルや技術が大々的に援用されながらも、地域的なアイデンティティやローカリティが逆転的に浮上してくること。

このように分析していくと、ワールドミュージック2・0としてのアフロビーツは、欧米主導の「アフリカ風音楽」ではないのはもちろん、既存の欧米音楽産業からの眼差しをセルフオリエンタリズム的に引き受けた上でおこなわれるローカリティの再演でもなく、各地域のローカルコミュニティ参与者がその内側から実践していく草の根

れたダンスミュージック。

＊27 **バルカンビーツ**
バルカン半島に伝わる伝統音楽にヒップホップやダンスホールレゲエ等が融合した音楽。

＊28 **アーキテクチャ型権力**
環境管理型権力。個人や集団を強制的に従わせる形でなく、環境設計によってコントロールする権力の様態。

＊29 **FL Studio**
アフリカ諸地域で高いシェア率を誇るDAW。ダンスミュージック制作における利便性に定評がある。FL Studioを用いてアフロビーツや後述のアマピアノなどの制作法を教えるチュートリアル動画がYouTube上には多数アップされている。

的なグローカリゼーションの好例といえそうだ。

ディコロナイゼーション

グローバリゼーションの徹底を経た地域アイデンティティの逆説的な再活性化が刻まれているのがワールドミュージック2・0の特徴だとすると、当然ながらこれらの音楽にはポストコロニアルな志向が少なからず備わっているだろう。

これまで、地政学的なポストコロニアル状況の到来が謳われながらも、旧植民地やディアスポラの生活する旧宗主国の中で、経済や政治、文化など様々な面で植民地的な権力関係が保持されている実情が度々指摘されてきた。ワールドミュージック2・0は、そのような「新植民地主義」的な状況を脱しようとする、「ディコロナイゼーション」の隆盛とも浅からぬ関係にあるはずだ。

ドイツ在住の音楽ライター／翻訳家の浅沼優子が雑誌『ele-king』2023年冬号に寄稿したコラム「What is Decolonization? 2020年代を方向づける『ディコロナイゼーション』という運動」によると、ドイツは2022年7月、現在のナイジェリアに位置する旧ベニン王国からかつて略奪したブロンズ像をナイジェリアへ返還したという。これを皮切りに、合計512点のブロンズ像を返還する合意が結ばれ、イギリスやフランスでも同様の決定が取り交わされた。また、2022年の夏にドイツのカッセルで開催された5年に一度の現代美術の祭典「ドクメンタ（Documenta）」では、ヨーロッパ出身の専門家ではなくジャカルタのコレクティブがキュレーターを務め、脱西洋中心主義的な展示内容が大きな議論を呼んだという。

こうした流れは、2013年に始まったブラックライブズマター（BLM）運動[*30]とも密接に関わっている。レイシズムの歴史的な背景へ問題意識が高まっていく中で、その根源にある植民地主義をいまいちど乗り越えていこうとする機運が高まったことが、ディコロナイゼーション志向を推し進めてきたのだ。このような気運の高まりこそが、アフロアメリカンのトップアーティスト達がアフロビーツをはじめとしたアフリカ各地のビートへと目を向けている昨今の潮流の大きな要因のひとつであることは想像に難くない。

加えて、こうした状況は、かつては「暗黒大陸」などというきわめて雑駁かつオリエンタリズムに満ちたイメージを負わされ、往々にしてその内部の差異が軽視されてきたアフリカ各地の文化の多様性に光を当てることにもつながった。ここ10年ほどの音楽シーンに目を向けても、アフロビーツに限らず、アンゴラにルーツを持つクドゥロ[*31]、南アフリカ発祥のゴム[*32]やアマピアノ[*33]、タンザニアのシンゲリ[*34]などが次々と注目を集めており、その文化的起源を含め、各地のローカルシーンの状況にも関心が注がれている。

「プレワールドミュージック2・0」としてのリイシュー作品

ワールドミュージック2・0の浮上は、アフリカ各地の過去の音楽の発掘という面においても、小さくない変化を及ぼしている。かつては、「辺境」などといったあか

＊30 **ブラックライブズマター運動**
詳しくは355頁参照。

＊31 **クドゥロ**
アンゴラの都市ルアンダで1980年代に生まれたダンスおよび音楽の名称。アンゴラの伝統的な要素に加え、ズークやソカ、各種欧米産エレクトロニックミュージックからの影響を受けて成立した。

＊32 **ゴム**
欧米のハウスやベースミュージックとローカルなサウンドが交わって生まれた、パーカッシブでミニマルなスタイルを持つ電子音楽。

＊33 **アマピアノ**
南アフリカで生まれたハウスのサブジャンル。4つ打ちに限定されないリズム、ゆったりしたBPM、シェイカーやログドラムのサウンドを特徴とする。

らさまにコロニアリズム的な眼差しを含んだタグのもと、様々な地域の「一風変わったレアグルーヴ」が珍重された時代もあった。しかし、2010年代以降そうした視点は徐々に廃れ、あるいは反省を迫られるようになった。昨今では、かつてのレアグルーヴ視点からはこぼれ落ちてきた、グローバルなデジタルテクノロジーの浸透を経て各地のローカリティがそのテクノロジーと結びついたような過去の音楽＝「プレワールドミュージック2・0」とでもいえそうな音楽が発掘リリースされている。

米ニューヨークの〈Awesome Tapes From Africa〉は、そうしたリリースを積極的におこなっているレーベルの代表的な存在だろう。例えば、同レーベルが2015年にリイシューしたガーナ出身のプロデューサー、アタ・カクによるカセットテープ作『Obaa Sima』（1994年オリジナルリリース）は、同時代のハウスやヒップホップ、ニュージャックスウィング[*35]などに影響を受けながらリズムマシンやシンセサイザーを駆使して制作されたもので、ひとりのローカルアーティストがアメリカ発のエレクトロニックミュージックとどのように対峙し、どのようにそのオリジナリティを発揮しようとしたのかが伝わってくる優れた作品だ。

主に西アフリカの音楽をリイシュー対象とする米ポートランドのレーベル〈Sahel Sounds〉も優れた仕事をおこなっている。2011年リリースのコンピレーション盤『Music from Saharan Cellphones』は、特に興味深いコンセプトを掲げた作品だ。同作には、シンセサイザーやオートチューンなどを駆使したサウンドに伝統的なリズムやメロディーが融合した個性的なトラックの数々が収められているが、これらは、サ

＊34　**シンゲリ**
きわめて高速のBPMを特徴とする、タンザニア発祥のダンスミュージック。ウガンダのレーベル〈Nyega Nyega Tapes〉が紹介したことで支持を広げた。

＊35　**ニュージャックスウィング**
ミュージシャン／プロデューサーのテディ・ライリー発案のもと、1980年代後半から1990年代前半にかけて流行したR&Bのスタイル。既存のブラックコンテンポラリーミュージックやファンクにヒップホップ風の要素を加えた打ち込みサウンドを特徴とする。

ハラ砂漠地帯に広く流通する携帯電話に残されていた音楽データを収集したものなのだという。2000年代以降、同地域で急速に普及した携帯電話は、単なる通話用のツールである以上に、送金やデータ送受信等のためにも日常的に使用され、音楽プレイヤー兼記録メディアとしても重要な役割を担ってきた。そのような環境では、CDやカセットなど既存フォーマットでの商業リリースとは無関係に流通している曲も多いという。同コンピレーションもまた、簡便な制作環境とテクノロジーの浸透、更には特有のメディア環境が反映された、近過去の知られざるグローカル音楽の存在を明らかにしている。

加えて、（アフリカ各地の音楽に限らず）かつては一部の欧米のレーベルが公正なライセンス契約をないがしろにしたままリイシュー盤をリリースする例も少なくなかったが、現在ではそうしたおこないはあからさまな文化の搾取として厳しい糾弾の対象となっている。昨今優れたリイシュー／コンパイルをおこなっているレーベルには、こうした問題を真摯に捉え、つとめて公正に「目に見える形」で契約条件を詳らかにする例もある。例えば、米ニューヨークの〈Ostinato Records〉は、ソマリアのイフティン・バンドが1970年代から1980年代にかけて録音した音源を集めたコンピレーション盤『Mogadishu's Finest: The Al-Uruba Sessions』（2022年）のリリースに際し、ライセンス契約の詳細から、オリジナルアーティストやその家族に対するロイヤリティ支払いに関する証憑書類までをホームページ上に掲示するなど、徹底した情報開示をおこなっている。

アフロビーツに見る文化的往還

各地から発信される様々なワールドミュージック2・0的な実践に触れていると、そこにある種の伝統性が、もっといえば、ローカルに受け継がれてきた音楽的な「記憶」が、ノスタルジアとは無関係に息づいている例が多いと感じさせられる。それはまた、過去の真正な様式の復権を目指す純粋主義的なリバイバルとも、あるいはまた、レコードという記録メディアの発掘それ自体が賭け金となるフェティッシュなリバイバルのあり方とも異なっている。

それはむしろ、最新の（かつ廉価な）機材を用いてブリコラージュ的に作られた音楽の中に「過去」や「伝統」が再生されていくという意味では、かつて初期のヒップホップ（や初期のハウス）が繰り広げた脱時間化や平面化の機能に似ているといえそうだ。

かつてヒップホップが、サンプリングという「共同体の対抗的記憶装置」を通じて、新旧世代のアフロアメリカンのアイデンティティを表象する音楽文化としてコミュニティ内外に共有されていったのと同じように、ワールドミュージック2・0の基層部分に引用される伝統的なリズムやハーモニー、アンサンブルの方法論、奏法といった各要素も、グローバリゼーションの全面的展開の中における文化的な記憶装置として、その送り手や受け手のローカルなアイデンティティを表象している、とは考えられないだろうか。

加えて興味深いのは、例えばアフロビーツをはじめとした現代のアフロポップの成立に多大な影響を与えたのは、なによりもアメリカ産のヒップホップやR&Bであるということだ。つまりアフロビーツは、ある意味ではその内部に二重の記憶装置を蔵していると考えることもできる。

もっといえば、ヒップホップの「ネタ元」やその成り立ちの歴史的ルーツには、アフリカやカリブ海の音楽文化があったのだった。更には、アフロビーツを特徴づけるソンクラーベのリズムパターンは、もともと西アフリカからカリブ海に渡り、それがまた逆輸入されて定着したという説もある。とすると、そこに刻まれているのは、二重三重には収まらない多重的な時間であり、途方もなく複層的でポリリズミック／ポリフォニックな「過去」や「記憶」の集積でもあるだろう。

相対化される「過去の復権」の形式

ワールドミュージック2・0の興隆が示すように、現代が、グローバリゼーションとテクノロジーの浸透によって「それぞれの中心」としてのローカルが並立する状況が逆説的に加速させられる時代なのであるとすれば、この先、ポップミュージックのリバイバルおよびポップミュージックにおける「過去」の復権は、どんな大勢を見せていくのだろうか。

いくつかの方向が仮説的に考えられるだろう。一つ目は当然のことだ。情報技術のさらなる進展を通じて過去へのアクセスがこれまで以上に促進されることによって、それぞれの作り手が自文化の音楽遺産を思い思いに参照していく流れ、つまり、「ワールドミュージック２・０」的状況が世界中で更に加速化していくという方向だ。

次に、右の見方と矛盾するようだが、そうしたアクセス性の簡便さ（および再現の簡便さ）ゆえに、同時に過去の音楽へ託されてきた歴史的な質量＝ある種の神話性とでもいうべきものが蒸発していく事態も予測しうる。特定の音楽遺産に内在する様々な歴史的文脈が平面上へと引き据えられ、ある種の「タグ」＝着脱可能な「意匠」として取り扱われるという、いかにもポストモダン的な状況の徹底が予想される（次の終章で見るように、実際にそうした傾向はすでに現れているといえる）。

加えて、（この間のテクノロジー発展が導く当然の帰結といえるが）各種ストリーミングサービスのさらなる伸長とそれによるアクセス性の劇的な向上は、大量生産体制との対比によって成り立つ希少レコードの相対的価値の上昇、およびそれに関連したフィジカルメディアへのフェティシズムに駆り立てられた既存の一部リバイバルのあり方を根底から侵食していく可能性もある。

もちろん、次章で触れるように、（「ディグ」の対象が物理的に発掘し尽くされてしまうまでの）しばらくの間は「レアグルーヴの極限化」といった事態は引き続き観察されるだろうし、昨今のＮＦＴ[*36]にまつわる狂騒を見ても分かるとおり、もしかすると、デジタルデータを対象とするフェティシズムに駆り立てられた「無形のレアグルーヴ」が出現しないとも限らない。更には、単に希少価値の高いものを追い求めるのではなく「知られざる／忘れられた音楽」の発掘を主眼とするレアグルーヴ本来の意味

＊36　ＮＦＴ
Non-Fungible Token（非代替性トークン）の略。保有証明書などを伴った、代替不可能なデジタルデータ。

に立ち返るなら、ネット上に散らばった膨大なデータから「使える」音源を探し当てる「デジタルディグ」[*37]が本格化していくのも容易に想像できる。

いずれにせよ指摘できそうなのは、過去の真正な様式の復権を目指す純粋主義的なリバイバルも、あるいはまた、フィジカルメディアへのフェティシズムに基づいたリバイバルも、それがこの先すっかり姿を消してしまうのはありえないにしても、すくなくとも、20世紀後半から21世紀初頭にかけて、グローバリゼーションやテクノロジーの進化が中途段階にあった時代において西洋（や日本）という特定のローカル地域でピークを迎えた「特殊な音楽の受容様式」として記憶されていく可能性もありうる、ということだろう。

考えてみれば、19世紀末以来の録音再生メディアの発展自体が、まごうことなき西洋主導の、もっといえば西洋由来の存在論や啓蒙主義的傾向を如実に反映してきたのだった。ある特定の時間に発生していた音楽を、録音と整音という作業を通じて固定的かつ真正的な「作品」として保存し、それを特定の企業なりが集権的に複製し、商品として供給する。そしてまた、それらをある恣意的な視点から発掘／編纂し、再度パッケージとして供給する。このような一連の音楽の取り扱い方自体は、20世紀から今世紀にかけて、確かに世界の音楽生産／流通の場を大きく覆いはした。

しかし、本節の最初の議論に戻り、様々な地域で作り手と送り手そして聴き手が相互に混じり合いながら、権威的なゲートキーパーを介さずグローカルな音楽が多方向へ流通し、リミックスされ、伝播していく現在の状況を考えた時、果たしてそのよう

＊37 **デジタルディグ**
たとえば、知名度の低いアーティストによってかつてSoundCloud上にアップされたまま放置されている詳細不明の音源を探索するなど、一部のコアな音楽ファンの間でそういったオンライン上を対象とした「ディグ」の動きがすでに出はじめているようだ。

なポップミュージックの（録音物の）取り扱い方がこれから先も永遠に覇権的な手法のままでいられるとも思えない。

こうした文脈からも、複製技術の発展の過程と密接な関係を結んできた既存の音楽リバイバルのあり方が今後も相対化されていくことは、ほぼ間違いないように思われる。

再び主題化するアイデンティティの探求

一方で、いかに既存のリバイバルとそれを支えてきた環境が相対化され、ワールドミュージック2・0的な「過去」の復権が顕在化してこようとも、それら全体を貫くものまでもが霧散してしまうというのは起こらないと予想する。というよりも、むしろ以前より鮮烈な形で顕在化していくと予想すべきかもしれない。

「全体を貫くもの」とはなにか。それは、本書で繰り返し言及してきたとおり、ポップミュージックを創造し受容し再生させる作り手、送り手、聴き手それぞれがポップミュージックに託し、映し出し、更にそれを通じて物語ろうとする、自己アイデンティティ構築への意識／欲望であるはずだ。

第2章の82頁で私は、アンソニー・ギデンズの議論を引きながら、後期近代におけるアイデンティティ構築の再帰的構造について触れた。いまいちど確認してみよう。伝統的規範が後退し、メディア環境の高度化／多様化の進行した後期近代においては、個人は特定の場所や信仰や伝統、更にはそれに基づく社会的役割から切り離されるようになる。そして、そうした社会の各成員の自己アイデンティティは、無条件に準拠できる宛先を失い、いつしか自らが自らの物語をその生と並行して紡ぎ出す必要に迫られる。

高度のグローバル化は、各地域社会の成員が歴史的に担ってきたローカルな役割性を人々から強制的に引き剥がすことで、それらの人々のアイデンティティ構成を不安定化させる。すると、人は自らのアイデンティティを自らの生の中で構築していく必要に迫られる。その際に少なくない人々が再び自らの足元やその周辺にある「ルーツ」としてのローカリティへと接続し、自己の再帰的プロジェクトを遂行していく。そう考えれば、ワールドミュージック2・0に観察される伝統的要素の再生は、個人がグローバルな社会と相互的／即時的につながることが可能になった後期近代における「過去」の反転的復権という現象の一つと理解できるかもしれない。

日本のグローカルミュージックを想像する

以下は、本章の結びというよりも、重要な補足である。

当然ながら、日本のポップミュージックもこれまで本章で述べた流れとは無関係ではいられない。日本は、太平洋戦争敗戦以来、もっと遡れば明治維新以来、欧米諸国や近隣アジア諸国との複雑な関係性の中にあって、自らの文化的なアイデンティティの探求と構築に莫大なリソースを費やし、時代ごとにその回答らしきものを（しばしばいびつに）提示してきた。ディコロナイゼーションを進める主体でもありえると同時に、ディコロナイゼーションされる対象でもあるという特殊性の中で、復旧的なノスタルジアに回収されない日本発のグローカルな文化は可能なのだろうか。

これまで、日本のポップミュージックにおける「過去」や「記憶」の復権には、あからさまな伝統回帰の仕草か、さもなければ屈折したセルフオリエンタリズムかといった、2種類の隘路《あいろ》の選択に行き着いてしまうのが常だった。今改めて、日本のグローカルなポップミュージック（芸能）がありうるとしたら、一体どんな形になるのだろうか。その時、過去に日本で生まれた様々な音楽は、どのような形で再現され、再文脈化され、現在と接続されるのだろうか。

管見の及ぶ範囲ではあるが、ダンスミュージックの視点を経由してラテン音楽と民謡を接続する民謡クルセイダーズや、現代的なプロダクションの中に土俗性を湛えた歌唱やメロディーを溶け込ませるシンガーソングライターの折坂悠太、日本の古層的記憶を先鋭的なエレクトロニックミュージックによってすくい取る冥丁など、そうした問いをおざなりにしない勇気ある音楽家も現れつつあるようだ。また、「過去」の発掘という面においても、日本各地の民謡をクラブカルチャーと接続しダンスミュージックとしてプレイするDJチーム、俚謡山脈《りようさんみゃく》が目立った活躍している。

今、アイデンティティの問題は、過去と現在をつなぐ回路として、日本で、世界で再び前景化しつつある。ワールドミュージックからワールドミュージック2・0へ至る「過去」や「記憶」の復権を考えることは、それぞれのローカリティ、それぞれの音楽文化、それぞれのアイデンティティを考えることに直結するのだ。

EXPANDING
REVIVAL

終　章

拡散するリバイバル

より一層多方向的に発展するポップミュージックのリバイバル。昨今の様々な社会運動と並行して展開する過去の音楽の再評価を参照しつつ、ポップパンクやドラムンベースなど、いわゆる「Y2K」ブームと連動するリバイバルを検証する。また、そうした各種の状況に投影されているこの間のアイデンティティ概念の変遷を分析するとともに、現代のメディア環境によって浮上する「過去」へのフェティシズムと「文脈」への眼差しを概覧する。

2012年　BLM運動始まる ▽ 過去の黒人文化を再検証／再評価する機運高まる

2017年　「ニューヨーク・タイムズ」紙がハーヴェイ・ワインスタインによる性暴力被害を報じる ▽ 「#MeToo」運動へ

伊ロックバンド、マネスキンがデビュー ▽ グラムロック的な意匠を取り入れ人気を博す

2019年　ヴィヴィエン・ゴールドマン『女パンクの逆襲――フェミニスト音楽史』▽ 女性パンクスの実践に迫る

2020年　イヴ・トゥモア『Heaven to a Tortured Mind』▽ 電子音楽からグラムロックに接近

『Rolling Stone』誌ベスト企画で『ホワッツ・ゴーイン・オン』が1位 ▽ BLM以降の再評価機運

マシン・ガン・ケリー『ティケッツ・トゥ・マイ・ダウンフォール』▽ ラップからポップパンクに転向

2021年　クローバー・ホープ『シスタ・ラップ・バイブル』▽ 女性アーティストを軸としたヒップホップ史

オリヴィア・ロドリゴ「good 4 u」▽ ポップパンク調楽曲とY2Kファッションを取り入れたMVが話題に

映画『サマー・オブ・ソウル』、米で公開 ▽ 歴史に埋もれたフェスティバルの記録

ピンクパンサレス『to hell with it』▽ ドラムンベースを取り入れた「ニューノスタルジー」サウンド

2022年　音楽フェス「When We Were Young」復活開催 ▽ 新旧ポップパンク系アーティストが集結

米アナログレコードの売上がCDの売上を上回る ▽ 1987年以来はじめてのこと

2023年　K-POPグループNewJeansが「Zero」を発表 ▽ ドラムンベースリバイバルの拡散へ

リバイバルの現在形

様々な音楽のリバイバル、過去の音楽の復権をめぐってきた本書も、いよいよ終章を迎えた。本章では、これまでの議論を踏まえつつ、特にここ数年の社会情勢と絡み合いながら観察されるようになった事例をいくつか見ていこう。これらの中には、いまだ体系的な把握が困難な、発展と拡散の只中にあるムーブメントも多く、本格的な考察はこれからの課題になっていくはずだ。そのため、あくまで以下の記述は現状のレポートであり、様々な仮説とともに展開される試論のようなものとして理解いただきたい。

「BLM」以降のブラックミュージック再発見

まず、アメリカを発信源とするブラックライヴズマター（BLM）運動の拡大と、それと連動しながらダイナミックに展開するブラックミュージック再発見の事例を見ていこう。

BLM運動は、2012年2月に米フロリダ州で黒人少年のトレイボン・マーティンを地元の自警団団員が射殺した事件への抗議を発端にしている。銃殺が自警団員の正当防衛とみなされたことで、その対応への抗議の意味を込めた同名のハッシュタグがSNS上で拡散されたのだ。それまでも度々議論の的となってきた警察権力による黒人への不当な扱いが、アメリカ社会に巣食う構造的な人種差別を反映した重大な社会問題としてより一層広く認知されるきっかけとなった。

その後、このBLM運動が大きく拡散する決定的な契機となったのは、2020年5月に米ミネアポリスで起きた事件だった。白人警察官による過剰な暴力によって黒人男性ジョージ・フロイドが殺害されるというこの事件は、居合わせた人々が現場の様子を撮影した動画がSNS上で拡散され、ミネアポリスでの抗議デモ（ジョージ・フロイド抗議運動）へ発展した。BLM運動も即座にこの抗議デモを支援し、瞬く間に全米へとデモ行動が広がっていった。この運動の中で、警察権力による暴力行為の抑止や差別撤廃など、多くの法的提案がなされ、ポップミュージックを含む各種文化のフィールドでも、BLMと連動する様々な表現活動がおこなわれた。一方で、一部デモ参加者が暴徒化したり、白人至上主義者との軋轢を生むなど、アメリカ国内政治へ大きな影響を及ぼすことにもなった。

また、こうした一連の運動は、現状の行政システムおよび社会構造への抗議を主としつつも、奴隷貿易にまつわる遺産の撤去など過去の人種差別の歴史の捉え直しにも及んだ。同時に、こうした過去への視点は、かつて黒人解放運動を率いたリーダー達や、その運動自体の再評価にもつながっていき、それらと深い関係にあった過去のブラックミュージックへも強い関心が注がれるようになる。

前章で見てきたような、アメリカ黒人のルーツとしてのアフリカ音楽への注目度の上昇という状況も、こうした流れと無関係ではないだろう。また、アフロフューチャリズムの視点からサン・ラが再び注目を浴びているのに加え、ファラオ・サンダースやアリス・コルトレーンをはじめ、スピリチュアルジャズ系アーティストを再評価する機運[*1]も近年一層高まってきているが、これらもまた、一連の流れと切り離して考えることはできないだろう。こうした視点を介したブラックミュージックの遺産の捉え直しは広範囲にわたっており、現在までに様々な音楽が再評価されている。

『ホワッツ・ゴーイン・オン』と映画『サマー・オブ・ソウル』

特に印象的なのが、アメリカの名門音楽メディア『Rolling Stone』が2020年9月に公開した「The 500 Greatest Albums of All Time」というランキング企画の順位とその内容だ。

同企画は、ミュージシャンや批評家、音楽業界関係者からの投票を集計し、ポップミュージックの全ジャンルを対象に「もっとも素晴らしいアルバム500枚」をランキング形式で発表するものだ。もともとは2003年に初回の版が公開されており、その際には、1位のビートルズ『サージェント・ペパーズ・ロンリー・ハーツ・クラブ・バンド』を筆頭に、上位のほとんど白人男性アーティストによるロック系のアルバムが占め、50位以内を見ても、非白人による作品は12枚にとどまっていた（2012年に改訂版が公開されたが、概ねの傾向に変化はなかった）。しかし、2020年版では、2002年および2012年版で6位となっていたマーヴィン・ゲイの『ホワッツ・ゴーイン・オン』（1971年）が堂々の1位を獲得したのだ。

同作は、マーヴィン・ゲイのキャリアの転換点になった作品として、ソウルミュー

＊1 スピリチュアルジャズ系アーティストを再評価する機運
153頁の注釈でも触れた通り、1990年代以来スピリチュアルジャズはクラブミュージックやヒップホップの視点から常に再評価されてきた。2010年代には、LAのシーンから現代版スピリチュアルジャズのキーマンであるカマシ・ワシントンが登場。UKジャズシーンにおいてもスピリチュアルジャズ的な要素を取り入れたアーティストが活躍を繰り広げるなど、現行の動きと並行する形でより一層再評価気運が高まっていった。

ジックのファンに限らない幅広いリスナーから長年支持を受けてきた作品だが、（ロック文化を牽引してきた）『Rolling Stone』という権威的なメディアのランキング企画で並居るロック系アルバムを押しのけて1位に輝いたことに、多くの驚きの声と、その反面で納得の声も挙がった。警官による暴力への抗議の意を込めて書かれたタイトル曲をはじめ、ベトナム戦争や麻薬問題、貧困等、社会的なトピックに深く切り込んだその内容は、混迷の中にあった当時のブラックパワー運動[*2]とも共振する形で、黒人達が自らの視点から社会問題へと対峙する気運を促し、スティーヴィー・ワンダー（彼の1976年作『キー・オブ・ライフ』も同ランキングで4位を獲得した）をはじめ、多くのアーティストを鼓舞した。同企画における『ホワッツ・ゴーイン・オン』の1位獲得は、本作の影響力を現在の視点から捉え直した、まさに「BLM以降」の出来事だったといえるだろう。

なお、この2020年改訂版「The 500 Greatest Albums of All Time」には、20位以内を見ても、8位にプリンス&ザ・レヴォリューション『パープル・レイン』、10位にローリン・ヒル『ミスエデュケーション』（1998年）、12位にマイケル・ジャクソン『スリラー』（1982年）、13位にアレサ・フランクリン『貴方だけを愛して』（1967年）、15位にパブリック・エナミー『パブリックエナミーII』（1988年）、17位にカニエ・ウェスト『マイ・ビューティフル・ダーク・ツイステッド・ファンタジー』（2010年）、19位にケンドリック・ラマー『トゥ・ピンプ・ア・バタフライ』（2015年）など、ソウルからヒップホップまで新旧のアルバムがランクイン

＊2　**ブラックパワー運動**
公民権法成立後にも続く人種差別に対する、アフロアメリカン達による抵抗運動。1960年代末のベトナム反戦運動とも連動し、政治／文化を超えたムーブメントに発展した。運動の拡大を恐れたアメリカ政府から圧力が加えられたほか、ラジカルな革命路線を掲げるブラックパンサー党と当局の対立が激化するなど、1970年代初頭にかけて混迷の様相を増していった。

しており、幅広い時代のブラックミュージック作品／アーティストへの注目度が高まっていることを伝えている。

　こうした流れを受け、過去作品の再リリースも活性化しているほか、音楽映画／ドキュメンタリーの世界でも、過去のブラックミュージックを扱った秀作が相次いで公開され、高い評価をえている。

　中でも、ザ・ルーツのクエストラヴが監督を務めた2021年公開の映画『サマー・オブ・ソウル（あるいは、革命がテレビ放映されなかった時）』は、数多くの映画賞を受賞するなど、アメリカ国内外の音楽ファンの間で大きな話題となった。この作品は、1969年夏にニューヨークハーレム地区のマウントモリスパークで開催されたコンサート「ハーレム・カルチュラル・フェスティバル」の様子を収めたもので、スライ＆ザ・ファミリー・ストーン、スティーヴィー・ワンダー、グラディス・ナイト＆ザ・ピップス、デヴィッド・ラフィン、フィフス・ディメンション、B・B・キング、マヘリア・ジャクソン、ステイプル・シンガーズ、ニーナ・シモンら、ソウルからブルース、ゴスペル、ジャズまで、多様なジャンルのアーティストが参加した一大祭典の貴重なドキュメントとなっている。

　元々、このフェスティバルを記録した映像は長い間お蔵入りとなっており、ごく一部のマニアを除いては、フェスティバルが開催されていたという事実すらほとんど知られていなかった。ブラックパワー運動が日々激しく展開する中、このように地域のコミュニティに根付いた形で、多くのスター達がこぞって出演した啓発的なフェステ

オムニバス
『「サマー・オブ・ソウル（あるいは、革命がテレビ放映されなかった時）」オリジナル・サウンドトラック』(2022)

同名映画のサントラ作。本文に挙げたアーティストのほか、レイ・バレットやモンゴ・サンタマリアなど、同地のヒスパニック系コミュニティで支持されていたラテン音楽のアーティストが出演したマルチカルチュラルな催しであったことにも注目。

ィバルが開催され（それにも関わらず不当にも長く「封印」され）ていたという事実に多くの観客が驚くとともに、その演奏の充実ぶりと、クエストラヴが主導した綿密な音声／映像の復元作業および巧みな編集に賛辞を送った。

「#Me Too」以降のフェミニズムが光を当てる過去の音楽

BLM運動の広がりに限らず、SNS浸透以降のメディア環境は、オンライン上の様々なアクティビズムを急拡大させてきた。

2018年以降にオンライン上で世界的な広がりを見せた「#Me Too」運動、およびそれに関連する第4波フェミニズムの運動も、過去の音楽の捉え直しを促している。「Me Too」というフレーズの起源は、2006年、黒人女性の性被害者を支援するためにアメリカの市民活動家タラナ・バークが提唱したことに遡る。

急速な拡大のきっかけとなったのは、2017年10月、ハリウッドの大物プロデューサー、ハーヴェイ・ワインスタインによる長年にわたる性被害が複数の被害女性から告発され、大きな問題となったことだった。この事件報道を受け、アメリカ人女優アリッサ・ミラノが、同様の性被害を受けた女性達に向けて「#Me Too」とオンライン上で声を上げることを呼びかけ、多くの女性達がこれに応じた。その後、過去に男性から性被害を受けたことを告発する訴えが各地で頻発した。

こうした一連の運動は、社会一般におけるフェミニズムへの関心を高めるとともに、主に第2波フェミニズム以降に活躍した様々な女性市民運動家や文化人の活動へ光を当てることにもつながった。長く男性優位の権力構造が温存されてきた音楽業界においても、既存の構造を反省的に捉える気運が高まると同時に、これまで不当な評価に甘んじてきた先駆的な女性アーティスト達の業績が顧みられていった。こうした流れは広範に及ぶが、以下、いくつか例を紹介しよう。

不遇の先駆者ボビー・ジェントリー

ジョニ・ミッチェルやキャロル・キングに代表されるように、1960年代から1970年代当時、旧来のポップスが体現する「ロマンティックラブイデオロギー」[*3]や「ドメスティックイデオロギー」[*4]に反旗を翻した女性シンガーソングライターの活動も改めて大きな注目を集めている。その一方で、ミッチェルやキングらと比べるとここ日本ではあまり名の知られていないアーティストもまた、新たな文脈から光を当てられるようになっている。

1942年に米ミシシッピ州に生まれたシンガーソングライター、ボビー・ジェントリーは、一般的には、1967年にリリースしたデビュー曲「オード・トゥ・ビリー・ジョー」をヒットさせたカントリー系の歌手として認識されているだろう。もともとソングライターとして活動していた彼女だったが、キャピトルレコードに同曲を持ち込んだところ、その美貌を見込まれ、自らが歌手としてデビューすることになった。米南部のゴシックな世界観を文学的な表現とともに描き出した同曲は、ビルボードチャートで1位を獲得する大ヒット曲となり、同名のデビューアルバムもリリース

*3 **ロマンティックラブイデオロギー**
男女の恋愛を経た結婚とそこにおける性的／精神的な結びつきを神聖視し、そのような状態を人生の究極の目的とする考え方。

*4 **ドメスティックイデオロギー**
女性を主に家庭という私的領域（親密圏）に結びつけ、そこに限定しようとする考え方。家庭外の公的領域（公共圏）で社会活動を行う男性を支える従順で温和で女性像を理想とする。

された。その後彼女は、アメリカ南部をテーマとして、フォーク、カントリー、ゴスペル等様々な要素を盛り込んだセカンドアルバム『ザ・デルタ・スイート』を制作し、一部ジャーナリストから好評をえるも、セールス的には失敗に終わった。

彼女は、実質的にはセルフプロデュース形態を敷いた上で自作の録音をおこなっていたが、時代はまだ1960年代末、しかも特に保守的なカントリー系の音楽界にあって、そのような手法は相当に珍しいものだった。自らコンセプトを定め音楽面のプロデュースをし、更に音楽出版などのビジネス面もコントロール下において自律的な活動をおこなう彼女のスタイルは、当時の業界内ではほとんど理解をえられなかったのだ。1970年代には活動の場をラスベガスのステージへ移して大金を稼ぐも、レコーディング現場からは退いてしまう。1982年以降はショービジネス界から完全に引退し、以降公に姿を表すことはなくなった。

そんなジェントリーの再評価のきっかけとなったのは、2018年にレコーディングキャリアを総覧する8枚組のボックスセット『The Girl From Chickasaw County (The Complete Capitol Masters)』がリリースされたこと、加えて、オルタナティブロックバンド、マーキュリー・レヴが2019年にアルバム『Bobbie Gentry's The Delta Sweete Revisited』をリリースし、高い評価をえたことだった。ノラ・ジョーンズ、マーゴ・プライス、フィービー・ブリジャーズ、ベス・オートン、ルシンダ・ウィリアムスなど多くの女性アーティストをヴォーカリストに迎えたこの作品は、タイトルとおりジェントリーの前出アルバム『ザ・デルタ・スイート』を丸々カバーした

ボビー・ジェントリー
『ザ・デルタ・スイート』
（1968）

全12曲中8曲をジェントリー自身が書いた。アメリカ深南部の現代生活に基づいた叙事性豊かな内容は、ラブソング重視の旧来のカントリーミュージックとは明らかに異なる質感を持つ。

トリビュート作で、すでに「過去の人」であった彼女の名を現代のリスナーに広めることになった。

先に述べたとおりジェントリーは、様々な逆境の中にあって自らの活動を自らが管理し、クリエイティブとビジネスの両面で自立/自律を体現した女性アーティストだった。活動の場をステージに移して以降も、衣装やダンスパフォーマンスなどのヴィジュアル面も自らがディレクションしていたというから、その姿勢はまるでマドンナなど1980年代以降のカリスマ的女性アーティスト達の先取りといえるものだった。また、彼女は当時のインタビューで、1970年作『ファンシー』について、当時のウーマンリブ運動[*5]への強い共感を込めて制作したと述べている。彼女はまた、女性の地位や賃金の格差の是正、デイケアセンターの設立、中絶の権利など、第2波フェミニズムが論題とした様々なイシューへ全面的に賛成する立場を取った。こうした姿勢も、現代のリスナーが彼女と彼女の音楽へ共感を抱く大きな要因のひとつであるのは間違いない。

語り直されるフィメールパンクとフィメールラップ

よりアクティビズム寄りの視点から近年注目を集めているのが、女性のパンクロッカー達の存在だ。

イギリスのアーティスト/ジャーナリスト、ヴィヴィエン・ゴールドマンは、2019年に上梓した『Revenge of The She-Punks』(邦訳『女パンクの逆襲——フェミニス

＊5 ウーマンリブ運動
「女性解放」を意味する「ウィメンズ・リベレーション(Women's Liberation)」の略。リブとも。アメリカを発信源に1960年代から1970年代にかけて各地で隆盛した。社会や男性から押し付けられる女性の役割を疑問に付し、そこからの解放を訴えた。

ト音楽史』）の中で、世界各国の多様な女性パンクス達の活動を紹介した。ポーリー・スタイン（Xレイ・スペックス）やレインコーツ、スリッツ、オー・ペアーズ、デルタ5、デボラ・ハリー（ブロンディ）、パティ・スミスといった初期パンク〜ポストパンク時代の実践をはじめ、より政治性を強くまとったクラスやポイズン・ガールズといった一群、スリーター・キニーなどの「ライオットガール」勢、更にはヨーロッパ、インドネシア、中南米、アジア各国のバンドに至るまで、語られざる「女パンク」の活動を詳細にたどってみせるとともに、白人男性中心主義的な既存のパンクロック史を書き換える画期的な音楽地図を描き出した。

ほかにも、メンバー全員がフェミニストのハードコアパンクバンド、スピットボーイのドラマー、ミシェル・クルーズ・ゴンザレスの自伝『スピットボーイのルール 人種・階級・女性のパンク』、レインコーツのファーストアルバムとバンドのヒストリーに迫ったジェン・ペリー著『ザ・レインコーツ――普通の女たちの静かなポスト・パンク革命』、スリッツのヴィヴ・アルバータインの回顧録『服 服 服、音楽 音楽 音楽、ボーイズ ボーイズ ボーイズ』など、数々の音楽書の日本語訳版が刊行されるなど、ここ日本でも「女パンク」への注目が高まりつつある。

また、ヒップホップの世界でも、同様の「語り直し」が注目を集めている。ジャーナリストのクローバー・ホープによる『シスタ・ラップ・バイブル――ヒップホップを作った100人の女性』では、なにかと男性優位の語りが大勢を占めてきたヒップホップ界において、ロクサーヌ・シャンテ、ソルト・ン・ペパ、クイーン・ラティフア、リル・キム、ローリン・ヒル、ニッキー・ミナージュ、カーディ・B、リゾら女性達が果たしてきた重要な役割を描き出し、新たなジャンル史を提示している。

所与的アイデンティティから構築的アイデンティティへ

これはまで見てきた各トピックは、いわゆる「アイデンティティの政治」[*6]に発する問題意識がポップミュージック再評価のフィールドと結びついた事例ともいえるだろう。

アイデンティティの政治においては、ジェンダーや性的志向、人種やエスニシティなど、特定のアイデンティティを共にする集団が、その共通項をもとに連帯し共通のアジェンダを訴えることで、彼らが被る様々な社会的不利益を解消しようと努力を続けてきたのだった。特に既存秩序からの「解放」を目指した1960年代末のカウンターカルチャー勃興以降、そうした運動と連動しながら時々のポップミュージックがリアルタイムで果たしてきた役割は、ことのほか重要であり、大きかったはずだ。

一方で、アイデンティティの政治は、同一性の強調が本質主義的な傾向と結びつくことで別の排外主義を招来するのではないかと指弾されたり、あるいは、その集団内部に存在する入れ子状の権力構造を覆い隠し、結果的に、複数のアイデンティティが交錯する個別的な抑圧[*7]を見過ごすことにつながるのではないかと疑問が呈されるなど、数々の批判にもさらされてきた。そうした批判への自覚的な応答として、BLM運動は当初から黒人の女性達が直面してきた重層的な差別構造に対して取り組んできたし、

＊6　**アイデンティティの政治**
一般的に、「アイデンティティポリティクス」の方が通りがよいと思われるが、主に批判的な文脈で使用される語としてその名称が定着していることもあり、あえて異なる表記にした。

＊7　**複数のアイデンティティが交錯する場合の個別的な抑圧**
こうした複合的な差別構造を理解するための理論的枠組を「インターセクショナリティ」という。

ジェンダー理論の歴史を振り返っても、「女性性」あるいは「女性」という存在を本質主義的に規定しようとする論理に対して深い自省と多様な戦略のもとに抗ってきたのだった。

そこでは、アイデンティティという概念を各人に固定された所与的なものとみなす視点から離れ、様々な個人の実践や他者とのコミュニケーション、社会関係の中で構築される、偶有的なものと理解すべきであるという考え方が浮かび上がってくる。本質主義的なアイデンティティのあり方に固定された被抑圧的な主体としてではなく、個人史の中／社会関係の中で、偶有的なカテゴリーを都度構築していく「エージェンシー（行為体）」[*8]としての存在のありようを捉えていく、という戦略だ。

現在、こうしたアイデンティティの捉え方がもっともトピカルな形で焦点化されているのは、性的少数者＝「ＬＧＢＴＱ＋」のセクシャリティにまつわる様々な言説／実践の空間ではないだろうか。あくまで性自認によって自らの身体を表象し、主流社会が強制する本質主義的なセックス／ジェンダーアイデンティティの規定力を無効化していく。かつては「変態的」という侮蔑的な語義を伴いながらシスヘテロ中心主義的社会から投げつけられてきた「クイア」というワードを戦略的に奪い返し、ポジティブな語として運用していく例なども、そうした偶有的なアイデンティティ概念のあり方をラジカルに展開したものといえるだろう。異性装やメイクなどの表象をパフォーマティブに実践していくことによって、本質主義的かつ所与的なアイデンティティ概念を揺さぶり、溶かしていく。これまでも様々な文化分野においてそのような実践

＊8　**エージェンシー**
ここでは主にジェンダー理論家のジュディス・バトラーが唱えた概念を指す。バトラーは、既存のジェンダー規範はあくまで社会的に構築されたものであると説く。また、社会的に構築されたその規範が自身を繰り返し引用し、いつしかそれを不変の存在であるかのように本質化していく作用を「パフォーマティビティ（行為遂行性）」と呼んだ。翻って、そうした「パフォーマティブ」な実践を攪乱的に用いることを通じて、新たな構築も可能になるとした。加えてバトラーは、従来の「主体」という概念自体が既存の社会規範を前提として構築されるものと捉え、現代のフェミニズムの実践においては、その規範自体を攪乱すべきだと考える。そこで、主体とは異なるものとして、そういった変革を遂行する存在＝「エージェンシー（行為体）」という概念を提示する。エージェンシーは、引用の反復によ

が蓄積されてきたわけだが、近年におけるジェンダーポリティクスやＬＧＢＴＱ＋への社会的関心の高まりや、多くの当事者の積極的な発信等が合流することで、クイアネスの再文脈化を印象づけるカルチャーが、より一層注目されるようになっている。

グラムロックの復権

それは、ポップミュージックの現場においても変わらないだろう。というより、長く「クイア」的な表象／実践と表裏一体の関係にあったといえるポップミュージックは、ここでもまた、そうした文化の前線を牽引する存在であるといえる。様々なジャンルで、多くのアーティスト達が自ら性的マイノリティであることを公言し、自らの創作とセクシュアリティを不可分のものとして表現に取り入れているのだ。そして、このような傾向は、もちろん「リバイバル」の文脈でも同様だろう。

ここで、第3章で触れたグラムロックについて思い出してみてほしい。かつてグラムロックは、「キャンプ」な実践をもって、伝統的なジェンダー観を大胆に撹乱した。きらびやかな衣装、キッチュなマチズモ（のイメージ）やセンシュアルな女性性（というイメージ）を「不誠実」で不敵な態度で撹拌《かくはん》し、ともすれば男性中心の本質主義的理解に引き寄せられがちなロックンロール文化を、クイアな視点のもとに引き据えた（奪い返した）。このグラムロック的な表現が、２０１０年代以降の視点による再読み込みを経て蘇っているというのは、ある種の必然といえるかもしれない。

代表的な例を挙げよう。米マイアミ出身のイヴ・トゥモアは、２０１６年のソロ・

って構築される点で、主体という概念とも異なる上、その行為を通じて規範を撹乱する力を持つとした。私の拙い要約力と限られた紙幅では汲み尽くすのが難しい多義的な概念のため、詳しくはバトラーの著書『ジェンダー・トラブル』『触発する言葉――言語・権力・行為体』などを参照されたい。

なお、おそらくこうした議論は、過去の実践を再評価する場面にも活用できるはずだ。つまり、ともすれば本質主義的な思考と結託しやすいアイデンティティの政治における各種の実践を、所与的アイデンティティに基づいた主体的行為ではなく、パフォーマティブな行為として捉え直していくという理路がありうるのではないだろうか。これは、アイデンティティの政治やそこに蓄積された歴史を単なる「分断の加速器」として断じようとする短絡的な批判へのカウンターにもなりうるだろう。

デビュー以来主にエクスペリメンタルな電子音楽を制作していたが、2020年にリリースした4枚目のアルバム『ヘブン・トゥ・ア・トーチャード・マインド』でロックサウンドへと接近した。しかも、そこに作り上げられていたのは、ごくグラマラスなロック風のサウンドだった。2020年時点で明らかにポップミュージックの最前線から脱落して久しい「ロックらしいロックサウンド」をひとつの「意匠」として操作的に組み上げていく手つきは、たしかに先鋭的なエレクトロニックミュージックに通じるメタ的な戦略を思わせると同時に、かつてのロックンロールをリメイク／リモデルしたロキシー・ミュージックの方法論も彷彿させる。その歌唱とヴィジュアルから漂うアンドロジニアスな雰囲気にも、往年のグラムロックに通じる「キャンプ性」や「不誠実さ」が渦巻いていた。

　イタリア・ローマ出身のマネスキンは、よりストレートにグラムロック的な意匠を取り入れているロックバンドだ。メンバーのうちベースのヴィクトリア・デ・アンジェリスとドラムのイーサン・トルキオの2人が性的マイノリティ当事者である彼らは、サウンド的にもグラムロックと近接したポップロックを聴かせるが、そのヴィジュアルも、保守的なジェンダー規範から逸脱しながら1970年代のロックスターの伝統を取り入れた、つまり、きわめてグラムロック調のものだ。フロントマンのダミアーノ・デイヴィッドとギターのトーマス・ラッジは異性愛者であることを公言しており、その点をもって彼らのイメージ戦略がある種のクイアベイティング[*9]ではないかと批判されることもあるという。こうした批判に対してヴィクトリアは、そもそもクイアの

イヴ・トゥモア
『ヘブン・トゥ・ア・トーチャード・マインド』
(2020)

グラムロック的な意匠に限らず、ユーライア・ヒープやイングランド、ウィリー・ハッチ等、1970年代の音楽からの具体的な引用も散りばめられている。

＊9　クイアベイティング
実際には性的マイノリティではないにもかかわらずそのように振る舞って衆目を集めようとしたり、それをマーケティング目的に利用したりすること。

実践とはステロタイプなジェンダー観と戦うものであり、ストレートだからメイクをしたりヒールを履いたりできないというのはありえない、と応戦した（Tae Terai「マネスキン、クイアベイティングとの批判に反論『ストレートだってメイクしていい』」『Vogue Japan』）。

多元的自己によって引用される過去

ステロタイプ的かつ本質主義的なジェンダー観に反旗を翻し自覚的にそれを撹乱していくこうした戦略は、先に述べたとおり、アイデンティティを所与的／固定的なものととらえず、あくまで構築的で偶有的な性格を持つものと考えることによって成り立っているといえる。

自己アイデンティティを鮮烈な表象とともに表明しつつも、その自己アイデンティティは、決して決定論的なものではなく、様々な環境や社会関係、個人の実践の中で偶有的に獲得され、更には事後的に塗り替え更新することすらできる類のものでもある、という立場だ。様々なカテゴリーが引用され、操作的に撹乱されることを通じて、偶有性への自覚が内在化され、更にはアイデンティティ構成自体を多元化していくのだ。

「つまり、私／僕の「自己」は、様々な社会的関係に応じて別の「顔」を持ちうるし、そうであるほかはない、というアイデンティティ概念が上昇してくるのである。こうした構図は、なにもとっぴなものではない。日々学校や仕事にいけば「学校や仕事の顔」を、家に帰れば「家の顔」を、趣味を同じくする友人と会えば「友人との顔」を、そしてネット上では「ネット上」の顔を、（得手不得手を別にしても）多元的に使い分けざるを得ない私達現代人の実感からすれば、ごく理解しやすいものだろう。

翻っていえば、こうしたアイデンティティ構成の変化＝多元化という現象は、既存の社会的な「場」が解消され、オンラインメディアの発展による他者とのコミュニケーション機会の増大する現代の社会状況が私達に必然的に要請し続ける[*10]ものでもあるはずだ。

このような状況においては、（次頁で触れる昨今のY2Kリバイバルにおいて過去に流行したファッションが盛んに引用されていることからも分かるとおり）過去の文化的意匠もまた、その時々に各人がコミットする社会的視点に即しながら、多元的な自己によって恣意的に選び取られる表象として都度引用されていくだろう。つまり、過去の音楽の形式、意匠が、多元的なアイデンティティを都度構成するための「タグ」としてリサイクルされ、引用され、再解釈され、拡散的に流通していると考えることはできないだろうか。

そう考えると、カウンターカルチャーとしてのアクチュアルな役目をとうに終えてしまった（と考えられていた）グラムロック的表現が、「クイアネスの奪還」という現在的な文脈のもとで復権している理由も理解できるだろう。そこに思想的なレベルでの相同性が読み込めるのはもちろん、グラムロックの形式や意匠は、それが一つのカテゴリーとしてすでに歴史的な外殻を与えられ尽くしている、つまり、すでに集合

＊10　現代の社会状況が私達に必然的に要請し続ける
アンソニー・ギデンズは、後期近代において個人は、特定の場面が要求する基準に自分の外観や振る舞いをあわせるようになると論じるが、そのように、多様な相互行為場面を通じて安定的な振る舞いを維持することによってむしろ自己アイデンティティの一貫性は正常に保たれる、と述べた。一方で、ポーランド出身の社会学者ジグムント・バウマンは、流動性の高まった現代（彼の言葉でいうところの「リキッドモダン」）において、個々の再帰的な物語もまたまとまりを欠いたエピソードの連なりに切り分けられてしまい、なおかつそれは不可逆的な展開となっていると論じる。両者の議論の間には、自己の多元化という診断を退けるか否かという違いはあるにせよ、共通しているのは、自己アイデンティティの多元化という現象は問題であると捉えていることだ。しか

的記憶に属する明確な過去に属しているからこそ、多元的自己によって引用される「タグ」として着脱可能な軽みを逆説的に帯びることが可能になったのであり、また、そうした性質がゆえ、クイアネスをパフォーマティブに実践するためのきわめて有効な装置として復権しているのだ、とはいえないだろうか。

ポップパンクのリバイバル

2023年現在、主にファッション業界を中心に「Y2K」というキーワードが喧伝されているのをご存じの方は多いだろう。

Y2Kとは、「Year 2000」=西暦2000年を表す略語で、現在、その前後の年代=1990年代後半から2000年代初頭にかけて流行したファッションが、アジア、欧米をはじめとした世界各地でリバイバルしているのだ。

この流行はポップミュージックのシーンとも深く連動しており、2020年代初頭から様々なY2K的な音楽のリバイバルを巻き起こしている。中でももっとも広い支持を集めるジャンルのひとつが、「ポップパンク」だろう。

ポップパンクとは、1990年半ばから後半にかけてブレイクを果たしたグリーン・デイやblink-182らを先駆とする、主にアメリカ発のメロディックでキャッチーなパンクロックを指すジャンル用語だ。その後2000年代前半から半ばにかけて、SUM41やフォール・アウト・ボーイ、グッド・シャーロット、オール・タイム・ロウらが活躍してヒットチャートを大いに賑わし、当時のティーンエイジャーを熱狂させた。し

し、本節で述べてきた通り、自己アイデンティティの多元化という現象は、ただ憂うべきものともいえないはずだ。むしろ、そこにはポジティブな可能性が体現されているのではないか。例えば作家の平野啓一郎は、著書『私とは何か――「個人」から「分人」へ』の中で、統一的自己に代わる多元的な自己のありようを「分人」と表現し、古典的な「個人」という概念が要請する様々なひずみから自己を解放しうる可能性を見出している。後の節「多元的アイデンティティの可能性」(379頁)および注14(380頁)も参照。

かし、2010年代に入り、バンドサウンドがヒットチャートでの覇権を失っていくにつれ、ポップパンクもメインストリームから徐々に姿を消し、ついにはすっかり過去の音楽とみなされるようになった。

しかし2010年代末から、ポップパンク楽曲を使用した動画が主にTikTokを舞台としてZ世代を中心に人気を集めると、復活の兆しを見せ始める。こうした流れの中、ポップパンクサウンドを大々的に取り入れチャート上での成功を手にしたのが、1990年米オハイオ州生まれのラッパー、マシン・ガン・ケリーだ。2020年9月にリリースした5作目のアルバム『ティケッツ・トゥ・マイ・ダウンフォール』で、それまでの音楽性を大幅に変更しポップパンクへと転向した彼は、同作で初のビルボードチャート1位を獲得した。このチャート記録は、ロックカテゴリーとしては1年1カ月ぶりの1位獲得であり、ヒップホップやR&B系のサウンドが圧倒的優勢となって久しいメインストリームシーンに衝撃を与えた。また、このアルバムには、blink-182のドラマーであるトラヴィス・バーカーがプロデュースを含めて全面的に参加しており、ポップパンクのオリジネーターであるblink-182への再評価を加速させた。また、同年12月には、同じくオリジナルポップパンク世代のオール・タイム・ロウが、ラッパーのブラックベアーとシンガーのデミ・ロヴァートを迎えた「Monster」の各バージョンを配信限定でリリースし、ヒットを記録した。

こうした動きを追うように、2021年5月には、2003年米カリフォルニア生まれのフィリピン系アメリカ人アーティストのオリヴィア・ロドリゴが同じくポップパンク調の新曲「good 4 u」を発表し、Y2Kファッションを取り入れたミュージックビデオとともに大きな話題となった。更に同年7月、俳優／ラッパーのウィル・スミスを父に持つ2000年生まれのR&B系シンガーWillowもポップパンクへと転向し、アルバム『レイトリィ・アイ・エブリシング』を発表した。

また、2022年10月には、米ラスベガスで音楽フェス「When We Were Young」が開催され、マイ・ケミカル・ロマンス、ジミー・イート・ワールド、アヴリル・ラヴィーンなどのY2K世代から、TikToker出身のLILHUDDY、Jxdnらリバイバル世代のポップパンク系アーティストが集った。同フェスのチケットは早々にソールドアウトし、リバイバルの勢いを印象づけた。

同フェスのタイトル「When We Were Young」＝「僕らが若かった頃」は、一連のポップパンクリバイバルがY2Kリアルタイム世代のノスタルジアによって加速してきたことをも示唆している。実際、blink-182や、オール・タイム・ロウ、アヴリル・ラヴィーンをはじめ、当時のスターの復活の舞台としてこのリバイバルが機能しているのも間違いないだろう。その一方で、リバイバルをその中核の部分で牽引してきたのは、あくまでTiktok等のオンラインプラットフォームのメインユーザー層であるZ世代の若者達であった。ここにもまた、第6章でシティポップのリバイバルについて考察したのと似た形で、若者達が抱く未体験の過去への憧憬と架空のノスタルジアが息づいている、と見ることができるかもしれない。また、そうした新たな世代のポップパンクの担い手達には、以前からギターなどを手にしてバンド活動をおこなっていた者達だけでなく、むしろヒップホップやR&Bなど、ほかのジャンルから転向してきたアーティストが目立っているという事実にも、2020年代ならではの感覚が映し出されていると感じる。加えて、オリジナルポップパンクが白人男性中心だったのに比べ、新たなポップパンク（を取り入れている）アクト達は、セクシュアリティ／エスニシティ的にはるかに多様性に富んでいること、更には、オリヴィア・ロドリゴやWillowをはじめ、そうしたトピックへの高い意識を持っているアーティストが少なくないというのも、このリバイバルが「復旧的なノスタルジア」とは異なる性格を有していることを伝えている。

ドラムンベースのモダン化

「Y2K」をキーワードとするリバイバルは、クラブミュージックシーンでも巻き起こっている。2023年現在、もっとも目立った潮流の一つになっているのが、ドラムンベースの再興だ。

ドラムンベースとは、前身のジャングル[*11]から派生し1990年代から2000年代初頭にかけてイギリスのクラブシーンを中心に流行したダンスミュージックで、きわめて速いBPMとキック／ベースの強い重低音を特徴としている。

このジャングル〜ドラムンベースの流れは、UKガラージ[*12]や2ステップ[*13]、更にはグライムやダブステップまで、その後のイギリス発ダンスミュージックの源流的存在として大小の影響を与え続けてきたのに加え、全盛期以降もアンダーグラウンドなシー

＊11　ジャングル
高速再生されるブレイクビーツとレゲエ由来の太いベース音を特徴とするダンスミュージック。UKクラブシーンを発信源に、1990年代半ばに流行した。

＊12　UKガラージ
シャッフル気味のハウスビートに太いベース音が絡むダンスミュージック。1997年頃にポップチャートを賑わした。

＊13　2ステップ
UKガラージから派生したサブジャンルで、2拍目と4拍目のキックを抜いたリズムを特徴とする。2000年前後に流行。

ンで根強く支持されてきたこともあり、2000年代末ころからことあるごとにリバイバルの気配が唱えられてきた。しかし、一般のリスナーにも明らかな形で大規模なリバイバルが顕在化してきたのはやはりここ数年のことで、その内実も、アンダーグラウンドなシーンの状況に根ざしたかつての動きとは明らかに質を異にしている。

この「ドラムンベースのモダン化」ともいうべき新事態を決定的にしたのが、ケニア人の母とイギリス人の父を持つ2001年生まれのアーティスト、ピンクパンサレスだ。オリジナルドラムンベースの名曲であるAdam Fの「サークルズ」をサンプリングした「ブレイク・イット・オフ」や、UKガラージ調の「ジャスト・フォー・ミー」など、TikTokへ投稿した自作曲がバイラルヒットを記録し、2021年10月にデビューミックステープ『トゥ・ヘル・ウィズ・イット』をリリースすると、多くのメディアやファンから高い評価をえた。2022年1月には、BBCが期待のアーティストを選出する企画「BBC Sound of 2022」で1位を獲得し、その認知度を更に高めた。

ドラムンベースの引用／サンプリングを積極的におこなうピンクパンサレスは、自身の音楽を「ニューノスタルジック」と称している。その表現のとおり、彼女の音楽は、オリジナルドラムンベースをそのまま再現するものというより、あくまで現在の視点を持って再構築したものであるというのが一番の特徴だ。かつてのドラムンベースが、クラブ現場やドラッグカルチャーと結びついた肉体的な快楽と密接なものだったとすると、か細い歌声や柔和な音像を特徴とする彼女の楽曲は、あくまで自身の部屋でひとり作り／聴かれる、かつオンライン上でのシェアにも適した、ある種のパー

ピンクパンサレス
『トゥ・ヘル・ウィズ・イット』
（2021）

ドラムンベース以外にも、R&Bや2ステップ、デンボウ等様々な音楽的要素が取り入れられている。

ソナル性を強く感じさせるものだ。また、かつてのドラムンベースのトラックがクラブ向けの長尺曲が多数を占めていたのに比べ、彼女の楽曲はほとんどが1分台という短さである。これには、彼女がもともとショート動画プラットフォームであるTikTokへの投稿を前提としてトラックを制作していたという事情も関わっているようだ。

彼女のほかにも、ジャマイカ人の血を引く1999年生まれのプロデューサー、ニア・アーカイブスや、InstagramのDMを通じて結成された男女デュオ、ピリ&トミー・ヴィラーズなど、新時代のドラムンベースアクトが続々登場している。こうした動きはイギリス以外にも波及しており、2023年1月にはUSのトップアーティストのひとり、ドージャ・キャットが「アイ・ドント・ドゥ・ドラックス(Y2K Remix)」をリリースし、ドラムンベースを取り入れたサウンドを聴かせた。また、2023年現在トップクラスの人気を誇るK-POPグループNewJeansも、コカ・コーラとのコラボレーション曲「Zero」でドラムンベースにアプローチするなど、「ドラムンベースのモダン化」は、世界のメインストリームを巻き込んだ潮流となっている。

ポップパンクと同じく、この新世代ドラムンベースを牽引するアーティストにも女性が多く目立っている上、プロデューサー、DJとしてクラブ現場で活動する女性やノンバイナリーも増加しているという。かつてドラムンベースなどのハードなクラブミュージックは主に男性が楽しむものというステロタイプが存在していたことからすると、この変化は大いに示唆するところがある。こうした点にも、現在のドラムンベースリバイバルの同時代的な新規性が見て取れる。

オンラインメディアによる情報の断片化と「過去」のタグ化

370頁で私は、現代における多元的なアイデンティティのあり方は、過去の文化を、ひとつの「意匠」あるいはタグとして操作的に引用する傾向を促してきたのではないか、と述べた。こうした状況は、近年のメディア環境の急激な変化によっても、より一層加速していると考えられる。

有象無象のショート動画や断片的な文章が流通する各SNSのコミュニケーションにおいては、様々な情報や言説が、そこに付随する歴史性や空間性を剥落させられ、超時間的あるいは脱空間的な「意匠」としてミーム化していく。

シティポップリバイバルにおいても観察されたとおり、数十年前に録音された楽曲が、その楽曲がまとう歴史的な言説を漂白された状態で突如としてバイラルヒットするという現象が頻発してきた。その時当該の楽曲は、元来付随していた特定の歴史性や空間性から解き放たれた一種のミームとして、デジタルデータの海を際限なく、ときに匿名のユーザーの恣意的な解釈によって、本来的な文脈とはほとんど無関係の文脈を背負いながらコンバージェンスカルチャー的に流通／増殖していくのだった。

これは、ある側面から見れば、旧来の「引用と編集」の論理が極限化し、脱文脈化と再文脈化が徹底されていくという、すでにあった「データベース消費」的な傾向や「物語からの離脱」の傾向が強化されていっているという事態の表れでもあるだろう。

一方で、旧来のDJ的実践による過去の引用や編集が、あくまでレコードというフィジカルメディアへのフェティシズムや物質的な所有欲に係留された再文脈化作業であったとするならば、物質への嗜癖をスキップし、あるコンテンツがデジタルデータとして即時的にミーム化していくという現代の情報流通環境ならではの事態は、やはりそれとは決定的な差異があるともいえる。つまり（あまりに当然のことだが）、現代のデジタル情報環境において流通する過去のポップミュージック（の存在の仕方）には、かつては歴史的／空間的な物語性が充填《じゅうてん》されたものとして機能しつつも、DJ的論理の浸透以降はそれが漂白されたがために、かえってフェティッシュな愛好の対象となっていた係留点＝歴史的／空間的パースペクティブの蝶番《ちょうばん》たる物理メディアすらが、最初から存在していないのだ。

　このような構造にあって、前章でも示唆したとおり、係留点から切り離された過去の意匠は、ますますその歴史性と空間性を溶かされ、ユーザー各位の気軽な操作／嗜好によって引用／着脱されるカテゴリー／タグとなっていくだろう。そして、このときもまた（グラムロック復権の例を受けて述べたように）、過去の意匠は、一般的にそれが「過去」のイメージとともに社会的記憶へと保存されている場合、つまり特定の時代性を記号的に背負いながらもその歴史性にアクセスするための言説的な蓄積がほどよい経年によって類型化している場合、もっとひらたくいえば、多くの者から「時代遅れ」とみなされている場合にこそ、ひとつのミーム、および新たな意味付与を寄せつける有能なカテゴリー／タグとして鮮やかに再浮上してくるだろう。ここには、ポストモダン的な記号の並列による脱歴史／脱時間化を経たことによって、余計にたやすく「過去」が特有の軽みを帯びた時間性を伴いながら回帰してくるという、ある種の逆説を孕んだ円環的な構造が見て取れるだろう。「ポストSNS」時代のメディア環境にあって、「過去」は「現在」や「リアル」と断絶している（ように見える）からこそ、たやすく脱文脈化すると同時に、即時的にタグ化し、着脱可能な時代表象として引用／編集されていくのだ。

そして、新たなメディア環境と過去の断片化／脱文脈化の相関構造は、アイデンティティの構成要件にも再帰的に機能していく。多元的なアイデンティティのあり方は、こうしたメディア環境によって加速されていると同時に、下支えされてもいる。また、断片化／脱文脈化された過去は、今度はまたそれがひとつのタグとして再文脈化されることで、多元的なアイデンティティの構成それ自体をも再帰的に促していくだろう。

多元的アイデンティティの可能性

このように述べていくと、現在のメディア状況が様々な人々の多元的アイデンティティの構成を加速させると同時に、アイデンティティのありようそのもの、ひいては人々の実存そのものを空疎化させていくのではないかという悲観的な見通しが導き出されるかもしれない。

しかし、すでに述べたように、アイデンティティという概念を構築主義的／偶有的にとらえ、時と場合によって「顔」を使い分けるように自己を多元化していくというあり方は、あらゆる生活局面にメディアが入り込み、様々な自己像を局面にあわせて切り替えながら生きざるを得ない私達現代人にとって、必要不可欠であり、場合によってはポジティブな意味を持ちうるものでもあるだろう。

更にいえば、こうしたあり方は、単一的な所与の（と思わされている）アイデンティティを守り抜こうとして本質主義の淵に落ちたり、あるいは、（現代にしばしば観察されるように）「本当の自分」を追い求めるがためにかえって「生きづらさ」を抱えてしまうのを防いでくれるのではないだろうか。[*14] それとともに、逆から見れば、様々な社会的変革に対する働きかけのハードルを下げてくれるという機能もあるはずだ。実際、ポップパンクリバイバルやドラムンベースリバイバルを牽引する若き担い手の自由闊達な活動を見れば、こうしたポジティブな可能性を信じるのはさして難しくないようにも思われる。

しかし、その一方で、多元的なアイデンティティという考え方は、それが資本主義の論理にたやすく回収されうる＝商品化されうる、ということも是非補足しておかなくてはならないだろう。

カテゴリー／タグ的に構築されていくアイデンティティは、それ自体が、差異の際限ない商品化を駆動力としている資本主義経済体制へとたやすく奉仕してしまう。なにがしかの反商品経済的な態度表明や政治的関心の表明それ自体や結果的に商品経済や既存システムの回転へと益してしまうという古典的なジレンマが、ここでも顔を出してくる。

加えて、こうしたアイデンティティのあり方は、その多元性と偶有性がゆえに、イ

＊14　**「生きづらさ」を抱えてしまうのを防いでくれる**　少なからず「生きづらさ」を抱えてきた自らの実感に引き寄せて考えてみると、本章で述べてきたような自己の捉え方には、自己の内側へと閉じ籠もらざるをえない、つまり「様々な自己」を状況に応じて並立させるコミュニケーションを不得手とする人々を無配慮に切り捨てる論理なのではないかという危惧／批判もありえるだろう。しかし、改めて考えてみると、そもそもそのようないわゆる「社会的引きこもり」状態を積極的に促してきたのは、場合によっては、その人に属人的な所与的な要素以上に、むしろ「所与的で唯一的（であるべき）自己」を前提とし、しばしばそれを強いてきた近代的な社会通念／システムの側だったのかもしれないと分析してみるのも、決して無益なことではないはずだ。アイデンティティの多元化という考え方には、あらゆる成員になによ

デオロギー的動員の見地からすれば、それをうまくマネージメントしていくコストが低く済み、更には恣意的な誘導もたやすくできてしまうという可能性も孕んでいる。

このような二面性は、既存のZ世代論において当該世代を一括りにして「ジェネレーションレフト」として楽天的に語ろうとする言説の上昇と、若い世代向けのインフルエンサーマーケティングの激化という二つの状況と対応関係にあると思われる。

継続するアナログレコードブーム

最後に、デジタルテクノロジー／メディアによって推し進められる急速な脱文脈化の流れの傍らでなお盛んに観察されるフェティシズムと、逆説的に上昇しつつある「文脈の批評」への関心について概覧しておく。

メディア論の泰斗マーシャル・マクルーハンはかつて、「機械は自然を芸術形式に変えた」（『メディア論 人間の拡張の諸相』）と述べた。新たなテクノロジーは旧来のテクノロジーを跡形なく葬ってしまうのではなく、むしろ、旧来のテクノロジーは、それが覇権を失っていくにつれてひとつの芸術的形態として珍重されうるのだ。映画は、エンタテインメントの場における覇権を小説から奪ったが、その代わり小説はより高等な芸術に押し上げられた。映画もまたテレビに取って代わられたが、それによって映画は以前にもまして高等な芸術として嗜好されるようになった。

こうした、テクノロジー／メディアにおける覇権の移行と定着を通じて、いにしえのテクノロジー[*15]／メディアが「珍重すべき芸術」として浮上してくる現象は、ポップ

りも単元的な自己に基づいた「本当の自分」であることを強い、そこから逸脱するものを周縁化してきた既存社会の構造／通念を、あるいはそうした構造や通念を過度に内在化して不全をきたしてきた自己のあり方を相対化し溶解させる可能性も潜んでいる、とは考えられないだろうか。しかしながら他方で、「多元的自己」概念や「自己の切り替え」がなにがしかの社会的な圧力によって逆転的に規範化していくような場合においては、特に先天的あるいは病理的な理由から「自己の切り替え」を不得手とする人々を社会的な抑圧に晒す可能性もあるだろうし、そういった事態を避けるべきであるのは論を俟たない。

ミュージックのフィールドにおいても頻繁に観察されてきた。前世紀以降、ポップミュージックが常に複製技術／メディアと不可分のものとして進展してきたことを思い出してみれば、このような現象は必然的なものだろう。

現在、一般音楽リスナーの聴取スタイルの主流は、デジタルストリーミングに移行している。しかし他方では、近年アナログレコードの生産数／売上は漸次増加し、世界的な「レコードブーム」に沸いている。

アメリカレコード協会が発表した年次報告によれば、２０２２年のアナログレコードの売上は前年比17％増加の12億ドルとなり、ＣＤなどほかのフィジカルフォーマットを含む全体の71％を占めている。枚数単位で見ても、１９８７年以来はじめてアナログレコードの売上がＣＤの売上を上回る結果となった。同様に、英国レコード産業協会の報告を見ても、アナログレコードは15年連続で販売数を伸ばし続けており、枚数ベースではＣＤに及ばないものの、金額ではＣＤを大きく上回り、２０２２年には1億１６８０万ポンドとなった。

こうしたアナログレコード上げ潮の流れは、他国に比べていまだＣＤの販売が堅調な日本でも同様だ。日本レコード協会による報告書「日本のレコード産業２０２３」によれば、アナログレコードの生産数は２１３万枚（前年比１１２％）を記録し、金額ベースでは43億円（前年比１１１％）と、１９８９年以来の40億円超えを達成した。

こうした活況のもとリリースされる新譜アナログレコードの中にはリイシュー盤も多数含まれており、それらの充実もレコードブームに寄与してきた。また当然、この

＊15　**いにしえのテクノロジー**
以下本文では録音再生メディアにおける旧式技術の復権について述べているが、同様の事態は、音楽制作の場面でも頻繁に観察できる。デジタルレコーディング技術の急速な浸透／廉価化を経たことで、むしろアナログテープでの録音が珍重されたり、プロ／アマチュア問わずヴィンテージのハードウェアが人気を博したりするのも、「旧式技術の芸術化」の目立った例といえるだろう。

ブームは中古市場も活性化させている。フィジカル店舗の活況に加え、eBayなどを通じたレコードの取引も盛況で、オンライン売買サイトDiscogsでも、取引枚数が年々増加傾向にあるという。

加えて、こうした状況は、SNSなどのデジタルメディア環境によっても加速されてきたと見るべきだろう。リスナーがその日に購入したアナログレコードのジャケットをSNSに投稿したり、アマチュアDJ達がレコードをプレイする動画をジャケットとともにアップしたりする。または、そうした投稿とともに短いレビューを添えて、レコードの内容を紹介する。こうした投稿によってアナログレコードはカジュアルに消費され、新たなメディア環境の中で身近な「芸術」としてその価値を上げていったのだ。

カセットテープとCDの復権

更には近年、そうした旧来メディアへの再注目は、コンパクトカセットテープやCDにまで及んでいる。コンパクトカセットテープならではの小ぶりな、かつ写真映えするサイズ感と特有の音質は、アナログレコードと同じく、旧式のフィジカルメディアならではの「所有する満足」を刺激してきた。これまで、新譜作品のリリースと並行して、様々なタイトルがカセットテープの形でリイシューされており、和モノ系を主軸に、各種のリバイバルでも重要な役割を担ってきた。

かたやCDは、いまだ辛うじて現役の記録再生メディアとして流通しており、かつてのアナログレコードやカセットテープと異なり、「谷底」に達してはいない。しかし、販売数の全盛期は1990年代から2000年代にかけてであり、新譜CDを日常的に購入するユーザーも如実に減少しつつある。そのため、新たな世代からするとすでに「過去のメディア」という印象も強い。

一方で、先に紹介したピンクパンサレスは、自身のミックステープを、(デジタル配信は当然として) アナログレコードでもカセットテープでもなく、あえてCDフォーマットでリリースした。彼女と同じZ世代からすれば、CDというメディアは「Y2K」と密接に結びついたメディアでもある。前述したDiscogsでもCD売上は増加傾向にあり、実際にCDをコレクションするZ世代の若者も現れているという。

加えて、こうしたCDへの注目は、中古アナログレコードを「ディグ」してきたDJやリスナーの間でも高まっており、特に日本国内でそうした動きが顕在化している。「CD時代の歴史に埋もれたオブスキュアなシティポップ」を探索するインターネットサークルlightmellowbuの存在をはじめ、ニューエイジやアンビエント、バレアリック、シューゲイザーなど、様々な切り口でリサイクルショップに埋もれたCDを掘り起こす動きが起こってきた。旧来の音楽ジャーナリズムや「良心的な」音楽リスナーからは軽んじられ無視すらされてきたオブスキュアなCD作品が先端的なDJやリスナーによって続々と発掘されているこのような状況は、かつてのレアグルーヴや和モノリバイバルにおける「価値の転倒」をアップデートし、極限化したものといえる。

デジタルストリーミング全盛時代における「文脈」の上昇

SpotifyやAppleMusicをはじめとしたデジタルストリーミングサービスの浸透は、様々な局面で、多くのリスナーにかつてないほどの便益をもたらした。簡単な操作を経るだけで目当ての楽曲へアクセスできてしまうほか、そのカタログ数も日々飛躍的に増大し続けており、かつては想像しえなかった強力なアーカイブとして機能している。

しかし、「その気になればなんでも聴けてしまう（ように思えてしまう）」こうした環境は、圧倒的な利便性と引き換えに、膨大なカタログを前にしていったいなにを聴けばよいのか分からない、という戸惑いも招来する。

右で述べたようなフィジカルメディアの再浮上というのは、こうした状況へのある種の反動的な反応であると考えることもできるだろう。また、プラットフォーマーの側も、ユーザー各人の好みにあわせて様々な作品をレコメンドする機能を充実させることで、そうした状況を回避する助けをおこなっている。

このような状況の中、現在隆盛をきわめているのが、第7章でも触れたプレイリストの存在だ。膨大なカタログからあるテーマに沿って選曲し、それがプレイリストとしてまとめられることで、一つの文脈が提示される。各サービス運営側が作成した公式プレイリストはもちろん、個人ユーザーが各々の視点からまとめたプレイリストが日々作成されシェアされることで、並べられた楽曲それ自体と同時に、そこに浮かび上がる文脈もまたシェアされていく。

例えば、「オススメの新譜」といった軽いテーマから、特定のアーティストの作品を「レアグルーヴ」や「バレアリック」など、グルーヴやテクスチャーの面から再解釈し提示する高度な例まで、様々な文脈が提示され、シェアされ、読解されていく。著名なJ-POP系アーティストの過去カタログが「サブスク解禁」されるやいなや、耳自慢達がいち早くプレイリストを作成しシェアする光景も、ここ数年ですっかりお馴染みとなった。「サブスク解禁」や優れたプレイリストの存在が当該のアーティストへの注目度を上げ再評価へとつながっていく流れは、この先もますます無視できないものになっていくだろう。

あらゆる情報が即時的にアーカイブ化され、原理的にだれもが専門的な情報にアクセスすることが可能となった（ように思われる）今、こうした「文脈の提示」こそは、なにかとその価値の低減が議論されがちな音楽批評の、もっとも気軽かつアクチュアルな実践であるともいえる。

また、昨今既存メディア／SNS双方で「名盤ランキング」的な企画がなぜこれほどまで頻発しているのかということも、「なんでも聴ける」状況を経た文脈の提示という視点から考えれば理解しやすい。「聴くべき名盤」の飽和は、同時に、なにを聴くべきかという指針への渇望とその指針を提示しようとする欲求を亢進させる。この欲望への対応として、各メディアや個人が主導する形で様々なランキング企画がおこなわれ、そこでの評価がまた新たな見取り図として共有され、あるいは反駁されていく。そして、このような活発なコミュニケーション自体が、過去の音楽への注目を一層高

プレイリスト
『FREE SOUL B'z』

2021年5月、音楽家／ビートメイカーのTOMCが、B'zの過去タイトルの「サブスク解禁」に際し、「ソウル／R&B要素を含むグルーヴィな楽曲」というテーマで作成／公開したプレイリスト。意外な切り口で話題となった。

めることにもつながっていく。

加えて、昨今特に日本国内でかつてないほど盛んにディスクガイド本が刊行されているが、こうした展開も、文脈の上昇という視点からすれば必然といえそうだ。すぐれたディスクガイド本は、ただ「知られざる作品」を羅列するにとどまらず、指針と文脈の提示を鮮やかにおこなうものだからである。

更にいえば、文脈を形作る文脈、つまり、ある音楽作品やアーティストが、どのような状況のもとで聴かれ、評価され、なぜそれが今の時代において重要なのかといった文脈に迫る古典的な意味での音楽批評への関心も、（音楽批評が衰退しているとする通説に反して）着実に上昇してきていると感じる。ネットにアップされる硬質な論考やロングインタビューは、その内容や誘導の方法次第で驚くほど多くの読者を獲得しうるし、過去の歴史や系譜学を扱った音楽本への関心も途切れるどころか、その刊行点数を見れば、更に増しているようにも思われる。必ずしも一般音楽ファン向けとはいえないテーマを扱った本書が幸いにも貴方の関心を引き、こうして終章まで読んでいただけたというのも、まさしく昨今の「文脈の上昇」ゆえに叶った僥倖というべきだろう。

過去が新しくなるとき

本書では、トラッドジャズにはじまり、ブルース、フォーク、カントリー、ノーザンソウル、レアグルーヴ、ソフトロック、ラウンジ、和モノ、シティポップ、ニューエイジ、アフリカ音楽、ポップパンク、ドラムンベースそのほか、数多くのリバイバルと過去の音楽の現在化を紹介してきた。もちろん、全体の論旨の流れや紙幅の都合からここに漏れてしまったリバイバル、ムーブメントは多数あるし、私の限られた調査力と管見ゆえに見落としている動きを挙げていけばきりがないだろう。特に、レアグルーヴ以降の流れの中で大きな注目が注がれてきたカリブ海諸地域やブラジルなど中南米の音楽や、本文で触れた各ムーブメントの日本における受容状況はほとんど紹介できておらず、心残りがある。この辺りは今後の課題とさせてもらいたい。

そのように、取り扱いジャンルの取捨選択をせざるをえなかった一方で、なによりもまず本書では、具体的に紹介した各事例を通じていくつかの重要な主題を浮かび上がらせようと努めた。

その筆頭にしてもっとも大きなテーマは、「はじめに」で示唆した通り、常に「新しさ」を駆動力として前進を続けてきたと素朴に想像されがちなポップミュージックの歴史にあって、その実「過去」こそが重要な推進力として機能し、ときには現在と未来に重ねあわせられてきたことを描き出す、というものだ。逃避主義的なノスタルジアや懐古主義に短絡され、ときに誤解にまみれてきたリバイバルや過去の音楽の復権の様相を、いまいちど現在と未来に向けた運動として捉え直すこと。そのリバイバルがどのように形成され、どのような展開をたどっていったのかを見つめることで、それぞれの時代において各ムーブメントがどんな意義を孕んでいたといえるのか、また、今２０２３年において、その作業からどんなアクチュアルな意義を抽出しうるのかという課題に迫る。この課題を本書が達成できているかどうかは、読者の皆さんの判断に委ねることにしよう。

二つ目は、これもすでに幾度も触れてきたとおり、現代においてアイデンティティとはいかなるものとしてありうるのか、というテーマである。本書では、アンソニー・ギデンズによる、自己の再帰的プロジェクトという概念を起点とし、後期近代において多くの人々が過去の音楽文化を自己のうちに組み入れながら、自らの物語を紡ぎ出す様を見ていった。そのような自己物語の構築は、グローバリゼーションやテクノロジー／メディアの発展を受け、単一的なローカリティやアイデンティティのあり方から漏れ出て、より相互的あるいは多元的なあり方へと拡散していく。そこで過去の音楽は、ときに差異化ゲームの材料となりながらも、一方では共同体の記憶装置として、ときに重層的な構造のもと、それぞれのアイデンティティ構築のために用いられ、各々の現在を映し出していく。本書で取り扱った様々なリバイバル／過去の音楽の現在化には、こうしたダイナミズムが、各々に特徴的な形で息づいていたのだった。

三つ目は、過去の音楽の現在化の分析を通じて、ときに作り手側や産業側のゲートキーパーを超えて、リスナー、ユーザー、オーディエンス、ファンダムといった受容側がいかにポップミュージックそれ自体を推進させてきたのかを描き出す、というものだ。各時代のDJやリスナーは、音楽を能動的に読み替え、新たな文脈を付与し、その音楽の持つ意味を編集していく。複製技術によってある時間と空間が固着された過去の音楽を聴くという行為は、それを聴くユーザー自身によって過去の時間と空間をユーザーの現在へと転化していく営みでもあった。より直截《ちょくせつ》にいえば、過去の音楽における「主役」とは、それを聴き、解釈し、再文脈化し、ときにコンバージェンスカルチャー的に再流通させるユーザー自身をおいてほかにないのだ。

そして四つ目は、テクノロジーの問題だ。フォークロアの採譜にはじまり、アナログレコード、カセットテープ、CD、デジタル配信、またはDJの活躍するパーティーの現場やサンプリング技術の浸透まで、各時代のテクノロジーの発展にともない、過去の音楽の受容と再興は都度そのあり方を大きく変容させてきた。また、現在から過去に眼差しを向け、過去のメディアを取り扱うというリバイバルや再評価という運動の宿命的な現象として、必ず、新旧テクノロジーの越境と軋轢が発生する。過去の音楽を現在の視点で捉え直すという行為は、新旧テクノロジーの交差が描き出す風景をじっくりと見つめることにもつながっていくのだ。

本書には、ほかにも多様なトピックがちりばめられている。もしかするとそれは、筆者である私にも気づかないような形で、文章と文章の間に隠されているかもしれない。そしてまた、各トピックをつなげる回路もまた、私の知りえない模様を描きながら、無数に張り巡らされているはずだ。

現在は常に過去を欲し、過去は常に現在と行く末を照らし続けている。本書がすこしでも、この時代における音楽文化を、ひいてはその行く末を理解するための一助になったのであれば、私の狙いは達成されたことになる。

おわりに

「はじめに」でも触れた通り、本書執筆のきっかけの一つになったのが、私が『レコード・コレクターズ』誌で連載しているインタビュー企画「ミュージック・ゴーズ・オン 最新音楽生活考」だった。

2021年には、連載初回からの記事をまとめた同名の単行本も刊行されており、なかなかマニアックな内容の本ながらも、おかげさまで読者からは好評をいただいた。その読者の一人が、本書の担当編集であるイースト・プレス社の島村真佐利さんだった。島村さんは、『ミュージック・ゴーズ・オン 最新音楽生活考』の内容を高く買ってくれていたようで、ある日、私宛に（それまで面識が全くなかったのにもかかわらず）丁寧な感想付きのメッセージを送ってきてくれたのだった。様々な過去の音楽が新たな文脈のもとに再生される実例をまとめた証言集として同書がいかにすぐれたものであるかを熱っぽく説くそのメッセージを読み、やはり興味を同じくする人はいるものなのだなあと感慨を新たにしたのだった。

その上で、島村さんは大胆にも、そういう過去の音楽の復権やリバイバルを主題とした書き下ろし本の刊行を提案してきたのだ。ベストタイミングとはまさにこのこと。その頃私は、編著書『シティポップとは何か』の執筆作業をあらかた終えて、これも「はじめに」で述べた通り、サイモン・レイノルズの『Retromania: Pop Culture's Addiction to Its Own Past』に大いに触発され、更に思索を深めるべく資料にあたりはじめたところだったのだ。

右のようなやり取りを経て2021年の秋に正式な企画が立ち上がったわけだが、はじめのうちは、翌年の夏ごろには刊行できるだろうなどと大甘な見通しをたてていたのだった。しかしこれが大間違いで、色々なレコードを手に入れては聴くほど、資料を調べるほど、取り上げるべき事例と論点がとめどなく溢れ出してきて、どんどん進行が後ろ倒しになっていった。

有り体な言い方をすれば、私はそこで改めて、過去の音楽が現在において新たな解釈のもとに再生されるという現象の幅広さと奥深さを思い知らされたのだった。知れば知るほど、掘れば掘るほど面白く、興味が尽きることはない。今までなんとなく理解していたつもりのリバイバルをよくよく調査してみると、思いもよらない事実に行き当たったりするのも一度や二度ではなかった。また、執筆の準備を通じて初めて知った新旧のムーブメントも少なくなかった。育児と日常の業務の合間を縫うように続けられた執筆作業は、正直にいえばなかなか大変なことも多かったが、同時に大いに楽しく、学ぶところの多い体験だった。なにより、自分がなぜこれほどまでに過去の音楽へ惹かれ続けてきたのかという問いへ（完璧ではないにせよ）一応の回答らしきものを提示できたのは大きな収穫だったし、そんな日々を経て、前にもまして過去の音楽が「今」と接続した形で自分の耳に響いてくることに喜びを感じている。本書を書き終えてみて、私は過去の音楽を聴くことが再び楽しくなっているのだ。

現に今、この文章を書きながら私は、イギリスの名門レーベル〈Far Out Recordings〉から先日リリースされたばかりのブラジルのサイケデリック～プログレ系バンド、ソン・イマジナリオの未発表ライブ音源集『バンダ・ダ・カピタル（ライブ・イン・ブラジリア１９７６）』を聴いているのだが、これが本当に素晴らしい内容ですっかり魅了されてしまっている。是非読者のみなさんにもオススメしたいのだが、何が良いって、ブラジルの伝統的な音楽要素に硬質なフュージョンの方法論が絡み合っていて、しかもそれを奏でるアンサンブルの緩急自在ぶりが実に鮮やかで……まずい、ここは本書をカッコよく締めくくる「おわりに」のページなのに、次から次へと言葉が溢れてきてしまう。

歴史を扱う内容ということもあって、本文はつとめて冷静を保ちながら書いたつもりなのだが、おそらく、「筆者はこのレコードが好きでたまらないんだろうな」と思わせてしまう箇所も（もしかすると多々）あるだろう。この本を書く作業は、私にとって、それくらい鮮烈に過去の音楽との新鮮な出会い、および出会い直しを促してくれたのだった。読者の方々にとって本書が同じような出会いや出会い直しの契機となったのだとしたら、著者としてそれ以上の喜びはない。

そういうわけで、完成まで予想以上の時間がかかってしまった本書だが、島村さんの的確な編集作業とイースト・プレス社のみなさんの忍耐もあって、こうして刊行までこぎつけることができた。ありがとうございました。素晴らしいカバーイラストを描き下ろしてくださった水沢そらさんと、スタイリッシュな本に仕上げてくださった装幀家の新井大輔さん、また、編著書『シティポップとは何か』へ寄せた一部文章の転載を快諾くださった河出書房新社の島田和俊さんへも深くお礼を申し上げます。

そして、誰よりも本書を手に取っていただいた読者のみなさんへ厚く感謝するとともに、本書が書かれるきっかけになった「ミュージック・ゴーズ・オン 最新音楽生活考」に登場いただいた多くのインタビュイーの皆さん、日々その素晴らしい音楽で刺激、喜び、安らぎを与えてくれる（遠い過去に活動された方を含む）音楽家の皆さん、そうした音楽を愛し、日々新たな文脈のもとに音楽を「再生」し続けている多くのリスナー／ファンの皆さんへも深く敬意を表します。

最後に、私の一番近くで常に未知の音楽へ関心を抱き続け、いつも楽しそうにオススメのレコードや映画の話をしてくれる妻、優衣と、近頃私達のCD／レコードコレクションを引っ張り出していたずらするのにご執心中の我が子、春羽へ本書を捧げます。

2023年6月　柴崎祐二

主要参考文献

雑誌・ムック

『Africa』８月号、１９９１、アフリカ協会
『Blues & soul records』４月号、２０１７、ブルース・インターアクションズ
『Bounce』５月号、１９９８、タワーレコード
『BRUTUS』１９９６年２月１日号／２００８年８月15日号、マガジンハウス
『ＣＤジャーナル』１９９５年８月号／２０１２年11月号／２０１４年９月号、音楽出版社
『ＣＤジャーナルムック グラム・ロック黄金時代１９７１～77 フィーチャーリング・モダーン・ポップ』２０１２、音楽出版社
『ＣＤジャーナルムック サウンドトラックGoldmine』１９９７、音楽出版社
『THE DIG presents ブルース・ロック』２０１１、シンコーミュージック・エンタテイメント
『THE DIG』No.29、シンコーミュージック・エンタテイメント
『DOLL MAGAZINE』３月号、２００５、ドール
『ele-king』２０２２夏号／２０２３冬号、ele-king books
『FEECO magazine extra issue MUSIC＋GHOST 音楽・ノスタルジー』２０２２、Suikazura
『GREASE UP MAGAZINE』Vol.11、２０２１、ＧＲＥＡＳＥ ＵＰ
『GROOVE』１９９６年９月号／１９９７年２月号／同12月号／１９９８年１月号／同７月号／同12月号／２０００年８月号／同11月号／２００１年３月号－５月号／２０１１年夏号／２０１４年冬号、リットーミュージック
『Latina』10月号、２０１４、ラティーナ
『Music magazine』１９９９年８月号／２００１年２月号／２００６年１月／２００８年９月号／２０１５年６月号／２０１６年６月号／２０１７年９月号／２０１８年４月号／２０１９年10月号／２０２０年８月号／同10月号／２０２１年９月号、ミュージック・マガジン
『Noise』５号、１９９０、ミュージック・マガジン
『Olive』10月３日号、１９８７、マガジンハウス
『remix』２００５年11月号／２００７年４月号、アウトバーン
『Spectator』Vol.48、２０２１、幻冬舎
『STUDIO VOICE』１９９５年11月号／１９９７年１月号／１９９８年２月号／２００６年１月号／同６月号／同12月号、ＩＮＦＡＳパブリケーションズ
『Suburbia Suite １９９２１１２１』１９９２、Suburbia Factory
『Suburbia Suite １９９６０２１４』１９９６、Suburbia Factory
『Swing journal』４月号、１９９３、スイングジャーナル社
『ULYSSES』秋号、２００９、シンコーミュージック・エンタテイメント
『ur』No.4、１９９０、ペヨトル工房
『（Ｗ）ＡＶＥ』Vol.12、２０２２、ラスファクトリー
『WIRED』Vol.29、２０１７、コンデナスト・ジャパン
『ZIGZAG EAST』４月号、１９８１、ＺＩＧＺＡＧ ＥＡＳＴ
『キーボード・マガジン』12月号、１９９３、リットーミュージック
『近代映画』１９８７年８月‐12月／１９８８年１月‐３月号、近代映画社
『クイック・ジャパン』Vol.9、１９９６、太田出版
『ケトル』４月号、２０１９、太田出版
『現代思想 増刊号 総特集 現代思想のキーワード』２０００、青土社
『シネ・フロント ウディ・ガスリーわが心のふるさと』１９７７、シネ・フロント社

『ジャズ批評』4月号、1983、ジャズ批評社
『週刊サンケイ』9月9日号、1982、扶桑社
『週刊平凡』1982年7月29日号／1983年4月14日号、平凡出版
『宣伝会議』6月号、1997、宣伝会議
『美術手帖』11月号、1987、美術出版社
『文藝別冊 大瀧詠一』2005、河出書房新社
『平凡パンチ』3月4日号、1968、平凡出版
『別冊ele-king MUTANT JAZZ　カマシ・ワシントン／UKジャズの逆襲』2018、ele-king,books
『別冊ele-king VINYL GOES AROUND presents RARE GROOVE 進化するヴァイナル・ディガー文化』2022、ele-king books
『別冊宝島 フリッパーズギターと渋谷系の時代』2003、宝島社
『ミュージック・マガジン増刊 Japanese Rock/Pops 1』2014、ミュージック・マガジン
『ミュージック・マガジン増刊 アメリカン・ルーツ・ロック』1998、ミュージック・マガジン
『ミュージック・マガジン増刊 筒美京平の記憶』2022、ミュージック・マガジン
『ミュージック・ライフ』1968年5月号／1981年9月号／1998年1月号、シンコーミュージック・エンタテイメント
『ヤングフォーク』秋号、1976、講談社
『ユリイカ』1997年8月号／2019年12月号、青土社
『ユリイカ　総特集 ワールド・ミュージック』1990、青土社
『ラジオ技術』7月号、1985、アイエー出版
『リーダーズダイジェスト』6月号、1965、日本リーダーズダイジェスト社
『リラックス』7月号、2001、マガジンハウス
『レコード・コレクターズ』1987年10月号／1990年3月号／1992年11月号／1995年8月号／1996年8月号／同10月号／1997年6月号／1999年4月号／2000年7月号／同11月号／2002年7月号／2005年6月号／2016年9月号／2022年9月号／2023年3月号、ミュージック・マガジン
『レコード・コレクターズ増刊 カントリー・ミュージック』2020、ミュージック・マガジン
『レコード・コレクターズ増刊 シティポップ 1973-2019』2019、ミュージック・マガジン
『レコード・コレクターズ増刊 ブリティッシュ・ロックVol.1』1992、ミュージック・マガジン
『レコード芸術』12月号、1972、音楽之友社
『ロック画報』2002年9号／2003年13号、ブルース・インターアクションズ
『現代思想 総特集 スチュアート・ホール［増補新版］』2014、青土社
"Columbia College Today,"September-October,2008,Columbia College
"Harvard Magazine,"November-December,2016,Harvard Magazine Inc.
"Periodical Numerical Vol.2 THE NEW AGE ISSUE,"2019,Numero
"Re/Search,"14,1993,RE/Search,Publications
"Wire,"August,2003 / August,2009,The Wire Magazine Ltd.

音楽書

Chee Shimizu『obscure,sound』2013、リットーミュージック
FUNK 45's EDITORS編『FUNK 45's』2004、K&Bパブリッシャーズ
GAZETTE4監『モンド・ミュージック』1995、リブロポート
GAZETTE4監『モンド・ミュージック2』1999、アスペクト
Groove Curators『WA・B・O・O・G・I・E 1980s Japanese Boogie/Funk/Modern Soul/Fusion』2019、トゥーヴァージンズ
katchin'監『ノーザンソウル・ディスク・ガイド』2014、シンコーミュージッ

ク・エンタテイメント
lightmellowbu『オブスキュア・シティポップ・ディスクガイド』2020、DUブックス
RARE 33 inc.『GROOVE Presents レア・グルーヴ ディスク・ガイド』リットー・ミュージック、2009
Tomi The Jazzy Monk『ジャズ・フォー・ダンサーズ』2008、K&Bパブリッシャーズ
VANDA監『オール・ザット・モッズ！』1998、バーン・コーポレーション
VANDA編『ソフトロック A to Z』1996、音楽之友社
VANDA編『ソフトロック in JAPAN』2001、音楽之友社
アラン・ローマックス著、柿沼敏江訳『アラン・ローマックス選集』2007、みすず書房
粟谷佳司『音楽空間の社会学』2008、青弓社
井手口彰典『ネットワーク・ミュージッキング』2009、勁草書房
ヴィヴィエン・ゴールドマン著、野中モモ訳『女パンクの逆襲』2021、ele-king books
ウィル・バーチ著、中島英述訳『パブ・ロック革命』2001、シンコーミュージック・エンタテイメント
上野俊哉『アーバン・トライバル・スタディーズ［増補新版］』2017、月曜社
宇野維正・田中宗一郎『2010s』2020、新潮社
ウルフ・ポーシャルト著、原克訳『DJカルチャー』2004、三元社
エド・ロビン著、矢沢寛訳『わが心のウディ・ガスリー』1986、社会思想社
江村幸紀監『ソフトロック』2001、シンコーミュージック・エンタテイメント
エリック・タム著、小山景子『ブライアン・イーノ』1994、水声社
エレン・リー著、鈴木ひろゆき訳『アフリカン・ロッカーズ』1992、JICC出版局
大石始・吉本秀純監『GLOCAL BEATS』2011、CDジャーナル
大島純『MPC IMPACT!』2020、リットー・ミュージック
大鷹俊一編『パンク・レヴォリューション』2016、河出書房新社
大瀧詠一『All About Niagara 1973-1979+α』2001、白夜書房
大瀧詠一『大瀧詠一Writing & Talking』2015、白夜書房
大久達朗監『CROSSBEAT Presents グラム・ロック』2014、シンコーミュージック
大久達朗監『モッズ・ビート・ディスク・ガイド』シンコーミュージック・エンタテイメント、2000
大和田俊之『アメリカ音楽史』2011、講談社
小川博司ほか『波の記譜法』1986、時事通信社
沖野修也『クラブ・ジャズ入門』2007、リットー・ミュージック
荻原和也『ポップ・アフリカ800』2014、アルテスパブリッシング
門脇綱生監『ニューエイジ・ミュージック・ディスクガイド』2020、DUブックス
金澤寿和監『Light Mellow和モノ Special』2013、ラトルズ
かまち潤『ゴールデン・メモリーズ・オブ・ロック』2009、メディア総合研究所
河添剛監『ディスク・ガイド・シリーズ　アシッド・フォーク』2009、シンコーミュージック・エンタテイメント
北中正和『毎日ワールド・ミュージック1998-2004』2005、晶文社
北中正和『楽園の音楽』1990、筑摩書房
喫茶ロック委員会編『喫茶ロック』2002、ソニー・マガジンズ
木村ユタカ監『クロニクル・シリーズ　ジャパニーズ・シティ・ポップ』2006、シンコーミュージック・エンタテイメント
木村ユタカ監『ディスク・コレクションジャパニーズ・シティ・ポップ［増補改訂完全版］』2020、シンコーミュージック・エンタテイメント
グリール・マーカス著、三井徹訳『ミステリー・トレイン』1977、ミュージック・マガジン
栗原裕一郎・大谷能生著『ニッポンの音楽批評150年100冊』2021、立東舎
グレッグ・プラト著、奥田祐士訳『ヨット・ロック』2019、DUブックス

小島健太郎編『音楽をよむ ベスト300完全ガイド』２００５、メタローグ
後藤護『黒人音楽史』２０２２、中央公論新社
小西康陽『マーシャル・マクルーハン広告代理店。ディスクガイド200枚。小西康陽。』２００９、学研プラス
駒形四郎監『ディスク・コレクション レア・グルーヴ』２０１１、シンコーミュージック・エンタテイメント
サイモン・フリス著、細川周平・竹田賢一訳『サウンドの力』１９９１、晶文社
佐藤秀彦『新蒸気波要点ガイド』２０２０、ＤＵ ブックス
柴崎祐二『ミュージック・ゴーズ・オン』２０２１、ミュージック・マガジン
柴崎祐二編『シティポップとは何か』２０２２、河出書房新社
清水祐也監『Folk Roots, New Routes』２０１７、シンコーミュージック・エンタテイメント
ジャック・アタリ著、金塚貞文訳『ノイズ』２０１２、みすず書房
ジョゼフ・ランザ著、岩本正恵訳『エレベーター・ミュージック』１９９７、白水社
白谷潔弘監『ブルース・ロック・アンソロジー［ブリティッシュ編］』２０１７、シンコーミュージック・エンタテイメント
鈴木カツ監『アート・オブ・フォーキー』１９９８、音楽之友社
鈴木カツ監『フォーク・ミュージックU.S.A.』２００７、シンコーミュージック
鈴木カツ編『リズム&カントリー・ロック』１９９８、ワイジーファクトリー
鈴木裕之・川瀬慈編著『アフリカン・ポップス！』２０１５、明石書店
須永辰緒監『DOUBLE STANDAED』２００４、ブルース・インターアクションズ
関口弘監『ガレージ・パンク』２００１、シンコーミュージック
高橋健太郎『ポップ・ミュージックのゆくえ』２０１０、アルテスパブリッシング
近田春夫『気分は歌謡曲』１９７９、雄山閣出版
デイヴ＝ヴァン＝ロンク・イライジャ＝ウォルド著、真崎義博訳『グリニッチ・ヴィレッジにフォークが響いていた頃』２０１４、早川書房
デイヴ・マクアリア著、東郷かおる子訳『60年代ブリティッシュ・ビート』１９９５、シンコーミュージック・エンタテイメント
鳥越けい子『サウンドスケープ』１９９７、鹿島出版会
永田一直編『和ラダイスガラージBOOK for DJ』２０１５、東京キララ社
中野泰博編『ジャーマン・エレクトロ・リミックス』１９９８、マーキーインコーポレイテッド
中村とうよう『アメリカン・ミュージック再発見』１９９６、北沢図書出版
長谷川町蔵・大和田俊之『文化系のためのヒップホップ入門』２０１１、アルテスパブリッシング
塙耕記・尾川雄介『和ジャズ・ディスク・ガイド』２００９、リットー・ミュージック
馬場敏裕監『イージーリスニング』２０１５、シンコーミュージック・エンタテイメント
ピーター・マニュエル著、中村とうよう訳『非西欧世界のポピュラー音楽』１９９２、ミュージック・マガジン
平林和史ほか著『前略小沢健二様』１９９６、太田出版
ビル＝ブルースター・フランク＝ブロートン著、島田陽子訳『そして、みんなクレイジーになっていく』２００３、プロデュースセンター出版局
フィリップ・Ｖ・ボールマン著、柘植元一訳『ワールドミュージック／世界音楽入門』２００６、音楽之友社
ヘレン・Ｓ・ペリー著、阿部大樹訳『ヒッピーのはじまり』２０２１、作品社
本田隆監『CROSSBEAT Presents ネオロカビリー』２０１９、シンコーミュージック・エンタテイメント
細川克明『Technics SL-1200の肖像』２０１９、リットー・ミュージック
マーク〝スノウボーイ〟コットグローヴ著、杉田宏樹訳『ＵＫジャズ・ダンス・ヒストリー』２００９、Ｋ＆Ｂパブリッシャーズ
マーティン・スコセッシ監、奥田祐士訳『ザ・ブルース』２００４、白夜書房
マシュー・コリン著、坂本麻里子訳『レイヴ・カルチャー』２０２１、ele-king books

増田聡・谷口文和『**音楽未来形**』２００５、洋泉社
マックス・ブレジンスキー著、坂本麻里子訳『**ヴァイナルの時代**』２０２２、ele-king books
松村洋『**ワールド・ミュージック宣言**』１９９８、草思社
三田格監『**アンビエント・ディフィニティブ［増補改訂完全版］**』２０２２、ele-king books
三田格監『**アンビエント・ミュージック１９６９－２００９**』２００９、INFASパブリケーションズ
三田格監『**裏アンビエント・ミュージック１９６９－２０１０**』２０１０、INFASパブリケーションズ
三橋一夫『**フォーク・ソング**』１９６７、新日本出版社
村田知樹ほか著『**渋谷系元ネタディスクガイド**』１９９６、太田出版
森光厚夫・高浪高彰監修『**筒美京平の世界［増補新訂版］**』２０１１、Ｐヴァイン・ブックス
ヤン富田『**フォーエバー・ヤン**』２００６、アスペクト
吉沢dynamite.jp・CHINTAM『**和モノA to Z**』２０１５、リットー・ミュージック
吉本秀純監『**アフロ・ポップ・ディスク・ガイド**』２０１４、シンコーミュージック・エンタテイメント
リロイ・ジョーンズ著、飯野友幸訳『**ブルース・ピープル**』２０１１、平凡社ライブラリー
若杉実『**渋谷系**』２０１４、シンコーミュージック・エンタテイメント
渡辺潤『**アイデンティティの音楽**』２０００、世界思想社
『**For Diggers Only**』２０１６、リットー・ミュージック
『**Japanese club groove disc guide**』２００６、宙出版
『**決定版!!ネオＧＳカタログ**』１９８７、ＳＦＣ音楽出版
『**渋谷系狂騒曲**』２０２１、リットー・ミュージック
『**シンガー・ソングライター名盤７００**』２０００、音楽之友社
『**特集アスペクト39 歌謡ポップス・クロニクル**』１９９８、アスペクト
Jace Clayton “Uproot:Travels in Twenty-First-Century Music and Digital Culture,” Farrar Straus & Giroux,2016
Michael Schumacher “Crossroads:The Life and Music of Eric Clapton,” 1995,Hyperion
Michael E. Veal & E. Tammy Kim (ed) “Punk Ethnography:Artists and Scholars Listen to Sublime Frequencies,” 2016,Wesleyan Univ Pr
Simon Reynolds “Retromania:Pop Culture's Addiction to Its Own Past,” 2011, Faber & Faber

一般書

ＴＶＯＤ『**ポストサブカル焼け跡派**』２０２０、百万年書房
浅野智彦『**「若者」とは誰か**』２０１３、河出書房
東浩紀『**ゲンロン０ 観光客の哲学**』２０１７、ゲンロン
東浩紀『**動物化するポストモダン**』２００１、講談社
東浩紀・北田暁大編『**思想地図 Vol.1 特集・日本**』２００８、ＮＨＫ出版
アンソニー・ギデンズ著、秋吉美都ほか訳『**モダニティと自己アイデンティティ**』２０２１、筑摩書房
石子順造『**石子順造著作集 第１巻 キッチュ論**』１９８６、喇嘛舎
イターシャ・Ｌ・ウォマック著、押野素子訳『**アフロフューチャリズム**』２０２２、フィルムアート社
上杉富之・及川祥平編『**共振する世界の対象化に向けて**』２０１１、成城大学民俗学研究所グローカル研究センター
上野千鶴子編『**脱アイデンティティ**』２００５、勁草書房
ウルリッヒ・ベックほか著、松尾精文ほか訳『**再帰的近代化**』１９９７、而立書房

海野弘『**癒しとカルトの大地**』2001、グリーンアロー出版社
海野弘『**世紀末シンドローム**』1998、新曜社
エドガー＝カバナス・エヴァ＝イルーズ著、高里ひろ訳『**ハッピークラシー**』2022、みすず書房
樫尾直樹編『**文化と霊性**』2012、慶應義塾大学出版会
加藤有希子『**カラーセラピーと高度消費社会の信仰**』2015、サンガ
川勝正幸『**ポップ中毒者の手記（約10年分）**』2013、河出書房
姜尚中編『**ポストコロニアリズム**』2001、作品社
北田暁大『**嗤う日本の「ナショナリズム」**』2004、日本放送出版協会
小関隆『**イギリス1960年代**』2021、中央公論新社
後藤護『**ゴシック・カルチャー入門**』2019、ele-king books
駒井洋『**脱オリエンタリズムとしての社会知**』1998、ミネルヴァ書房
此本臣吾監『**デジタル資本主義**』2018、東洋経済新報社
斎藤貴男『**カルト資本主義〔増補版〕**』2019、筑摩書房
西原和久『**トランスナショナリズムと社会のイノベーション**』2016、東信堂
椹木野衣『**シミュレーショニズム〔増補版〕**』2001、筑摩書房
ジェニー・オデル著、竹内要江訳『**何もしない**』2021、早川書房
ジグムント・バウマン著、伊藤茂訳『**退行の時代を生きる**』2018、青土社
ジャン・ボードリヤール著、今村仁司・塚原史訳『**消費社会の神話と構造〔新装版〕**』2015、紀伊國屋書店
ジュディス・バトラー著、竹村和子訳『**ジェンダー・トラブル〔新装版〕**』2018、青土社
ジュディス・バトラー著、竹村和子訳『**触発する言葉**』2004、岩波書店
ジョージ・メリー著、三井徹訳『**反逆から様式へ**』1973、音楽之友社
ジョン・サベージ著、岡崎真理訳『**イギリス「族」物語**』1999、毎日新聞社
スーザン・ソンタグ著、高橋康也ほか訳『**反解釈**』1996、筑摩書房
高野光平『**昭和ノスタルジー解体**』2018、晶文社
ディック・ヘブディジ著、山口淑子訳『**サブカルチャー**』1986、未来社
トリーシャ・ローズ著、新田啓子訳『**ブラック・ノイズ**』2009、みすず書房
長澤均『**パスト・フューチュラマ**』2000、フィルムアート社
ニクラス・ルーマン著、土方透・大澤善信訳『**自己言及性について**』2016、筑摩書房
日本心理学会監『**なつかしさの心理学**』2014、誠信書房
平野啓一郎『**私とは何か**』2012、講談社
フレッド・デーヴィス著、間場寿一ほか訳『**ノスタルジアの社会学**』1990、世界思想社
フレドリック・ジェイムスン著、合庭惇ほか訳『**カルチュラル・ターン**』2006、作品社
ヘンリー・ジェンキンズ著、渡部宏樹ほか訳『**コンヴァージェンス・カルチャー**』2021、晶文社
ポール・ギルロイ著、上野俊哉ほか訳『**ブラック・アトランティック**』2006、月曜社
ポール・ギルロイ著、田中東子ほか訳『**ユニオンジャックに黒はない**』2017、月曜社
ポール・レヴィンソン著、服部桂訳『**デジタル・マクルーハン**』2000、NTT出版
マーク・フィッシャー著、五井健太郎訳『**わが人生の幽霊たち**』2019、ele-king books
マーシャル・マクルーハン著、栗原裕・河本仲聖訳『**メディア論**』1987、みすず書房
マット・メイソン著、玉川千絵子ほか訳『**海賊のジレンマ**』フィルムアート社、2012
ミシェル・ド・セルトー著、山田登世子訳『**日常的実践のポイエティーク**』2021、筑摩書房
宮台真司ほか『**サブカルチャー神話解体〔増補版〕**』2007、筑摩書房
森政稔『**戦後「社会科学」の思想**』2020、NHK出版

レイチェル・ストーム著、高橋巌訳・小杉英了訳『ニューエイジの歴史と現在』1993、角川書店

ロランバルト著、宗左近訳『表徴の帝国』1996、筑摩書房

若林幹夫『ノスタルジアとユートピア』2022、岩波書店

渡辺靖『リバタリアニズム』2019、中央公論新社

Svetlana Boym "The Future of Nostalgia, " 2001,Basic Books

David Morley & Kevin Robins "Spaces of Identity Global Media,Electronic Landscapes and Cultural Boundaries, " 1995,Routledge

論文／報告書

加藤賢「書評論文「シティ」たらしめるものは何か?」『阪大音楽学報』16・17号（合併号）、2020、大阪大学

難波功士「戦後ユース・サブカルチャーズをめぐって（4）おたく族と渋谷系」『関西学院大学社会学部紀要』99号、2005、関西学院大学

前川理子「「ニューエイジ」類似運動の出現をめぐって」『宗教と社会』4号、1998、「宗教と社会」学会

モーリッツ・ソメ「ポピュラー音楽のジャンル概念における間メディア性と言説的構築」『阪大音楽学報』16・17号（合併号）、2020、大阪大学

輪島裕介「音楽のグローバライゼーションと「ローカル」なエージェンシー」研究の動向と展望」『美学藝術学研究』20号、2002、東京大学

輪島裕介「日本のワールド・ミュージック言説における文化ナショナリズム傾向」『美学』52巻4号、2002、美学会

『日本のレコード産業2023』2023、日本レコード協会

George McKay "Trad jazz in 1950s Britain—protest,pleasure,politics—interviews with some of those inVol.ved, " 2002, Cambridge University

Ken McLeod "Vaporwave: Politics, Protest, and Identity, " 2018, Journal of Popular Music Studies, 30(4)

Paul Ballam-Cross "Reconstructed Nostalgia:Aesthetic Commonalities and Self-Soothing in Chillwave,Synthwave,and Vaporwave, "Journal of Popular Music Studies,2021

Ulrich Adelt "Black,white and blue:racial politics of blues music in the 1960s., " 2007, University of Iowa

Yoshitaka Mori "J-Pop Goes the World: A New Global Fandom in the Age of Digital Media, "Studies in Popular Music,2014,Routledge

ウェブ

DAVID BROWNE「反ワクチンに人種差別 エリック・クラプトンの思想とどう向き合うべきか?」『Rolling Stone Japan』2021年10月27日、https://rollingstonejapan.com/articles/detail/36706/3/1/1

DJ Eraguru「【コラム】リバイバルを果たしたUKガラージ／2ステップの現在と歴史」『FNMNL』2020年4月28日、https://fnmnl.tv/2020/04/28/96446

FNMNL編集部「【コラム】Altéについて、巡航する革新」『FNMNL』2020年5月28日、https://fnmnl.tv/2020/05/28/98318

HAL1989「屈折するジェンダーの上昇と下降。2020年のグラムロック再興／再考」『note』2020年9月4日、https://note.com/451note/n/n1CD1c6749d0f

imdkm「TOMCインタビュー　プレイリスト制作や文筆活動へも越境する、哲学としてのビートメイキング」『Soundmain』2022年2月16日、https://blogs.soundmain.net/11869/

imdkm「「ワールドミュージック2・0」、及びその前線としてのダンスフロアをフィールドワークする」『エクリヲ』2018年10月27日、http://ecrito.fever.jp/20181027220322

Jun Fukunaga「人気再燃中の「UKガラージ」とは? 有名アーティストによるおすすめ制作チュートリアル動画をご紹介」『Soundmain』2021年8月27日、https://blogs.soundmain.net/7460/

Jun Fukunaga「人気再燃中の「ドラムンベース」とは? ジャンルの成り立ちや特

徹、楽曲制作TIPSまでご紹介」『Soundmain』２０２２年３年３日、https://blogs.soundmain.net/12132/

Kyoji Miyake「レア・グルーヴとは何か？」『HOUSE MUSIC LOVERS』２０２１年２月４日、https://housemusiclovers.net/rare-groove/

MAKI NAKATA「復活するレコード　世界各地で伸び続ける売上高　最新アルバムが貢献」『NewSphere』２０２３年２月６日、https://newsphere.jp/economy/20230206-1/#:~:text

Martin Chilton「「イーリング・クラブ」特集：ストーンズやブリティッシュ・ロックの誕生の地」『uDiscovermusic日本版』２０２２年８月22日、https://www.udiscovermusic.jp/stories/ealing-club-british-rock-02

Nathan Reese「Leaving Recordsのオールインクルーシブな信念」『SSENSE』２０２２年５月６日、https://www.ssense.com/ja-jp/editorial/music-ja/leaving-records-and-music-for-life-support?lang=ja

Phillip Mlynar「70〜80年代のアラブミュージックを伝える〈HABIBI FUNK〉」『VICE』２０２２年１月18日、https://www.vice.com/ja/article/7xeb8y/inside-the-label-bringing-rare-70s-and-80s-arabic-funk-to-the-world

Real Sound編集部「Free Soul 25周年記念特別企画『Heisei Free Soul』（平成フリー・ソウル）橋本徹インタビュー」『Real Sound』２０１９年８月７日、https://realsound.jp/2019/08/post-399153.html

tt「《The Notable Artist of 2023》#8Tems」『TURN』２０２３年１月31日、http://turntokyo.com/features/the-notable-artist-of-2023-tems/

tt「ウガンダの気鋭レーベル《Nyege Nyege Tapes》と《Hakuna Kulala》を、２０２２年のリリースから考える」『TURN』２０２２年11月25日、http://turntokyo.com/features/nyege-nyege-tapes-hakuna-kulala/

waltzanova「橋本徹（SUBURBIA）×柳樂光隆（Jazz The New Chapter）×山本勇樹（Quiet Corner）温故知新的な「Free Soul 90s」のフィロソフィー」『UNIVERSAL MUSIC JAPAN』２０２３年６月19日閲覧、https://www.universal-music.co.jp/compilation/free-soul/cat/ultimate-free-soul-90s-talk/

YuHirayamaポータル「英米フリーフォークの幽霊的地図」『note』２０２２年９月10日、https://note.com/hirayamakun/n/n7593d0a23a3b

天野龍太郎「アフロビーツ（Afrobeats）を知るための10曲」『Mikiki』２０２０年11月25日、https://mikiki.tokyo.jp/articles/-/26889

天野龍太郎「レゲトン／ラテン・トラップ、ラテン・ポップのいまを知るための10曲」『Mikiki』２０２０年８月18日、https://mikiki.tokyo.jp/articles/-/25904

イシヤマヨシアキ「マーリー・マールとフレーズ・サンプリング」『note』２０２１年２月１日、https://note.com/delicrecords/n/n9caf28e50191

小野田雄「和モノ対談 二見裕志×CRYSTAL　DJ的な観点で考える和モノの魅力とは？」『CDジャーナル.com』２０１０年８月４日、https://www.CDjournal.com/main/CDjpush/kinocohotel/1000000482/2

金子厚武「cero・髙城晶平×Suchmos・YONCE ２０１０年代を切り拓いた両雄の視点」『Rolling Stone Japan』２０２０年４月24日、https://rollingstonejapan.com/articles/detail/33638

木津毅×野田努「イヴ・トゥモアにおけるグラムを読み解きながら明日を想う」『ele-king』２０２０年４月13日、https://www.ele-king.net/columns/007555/

佐藤守弘「EVERYONE HAS THEIR PRICE――シチュアシオニストからパンク／ポストパンクへ」『AMeeT』２０２１年２月３日、https://www.ameet.jp/column/3189/#:~:tex

柴崎祐二「国内で長らく〝無視〟されていた日本産アンビエント&ニューエイジが、今なぜ世界的に注目されているのか」『音楽ナタリー』２０２０年８月14日、https://natalie.mu/music/column/391410

柴那典「今なぜ海外で「シティ・ポップ」が大人気なのか？ 火付け役に聞く」『現代ビジネス』２０１７年７月４日、https://gendai.ismedia.jp/articles/-/65477?imp=0

柴那典「松原みき「真夜中のドア〜stay with me」が海外発で40年ぶりのヒット。その立役者２人とは？」『Yahoo! JAPANニュース』２０２１年２月19日、https://news.yahoo.co.jp/byline/shibatomonori/20210219-00223308/

ジョン・ブリステイン「日本のシティ・ポップは、なぜ世界中のリスナーを虜にしているのか？」『Rolling Stone Japan』２０１９年８月12日、https://rollingstonejapan.com/articles/detail/31716

高久大輝「USメインストリームにおけるロック再評価の流れ マシン・ガン・ケリ

ー登場から〝ロックスター像の在り方〟までを問う」『Real Sound』２０２１年12月2日、https://realsound.jp/2021/12/post-916857.html

歎異抄「ヒーリング・ミュージックの進化と叛逆」『はてなブログ』２０１９年３月7日、https://zangiriheads.hatenablog.com/entry/2019/03/07/125256

つやちゃん「ポップ・パンクは新たな命を吹き込まれた」『udiscovermusic.jp』２０２２年1月16日、https://www.udiscovermusic.jp/columns/machine-gun-kelly-and-new-revival-of-pop-punk

動物豆知識ｂｏｔ「環境音楽の再発見・目次／バレアリック、アンビエント、シティ・ポップ、細野晴臣、グライム、ニューエイジ、環境音楽」『note』２０１９年3月1日、https://note.com/ykic/n/nd7d514f8d8d9

動物豆知識ｂｏｔ「ニューエイジ・リバイバルはどこから来たのか／レア盤のラスト・フロンティア」『note』２０２０年7月17日、https://note.com/ykic/n/nb3fa2e1c96b1

ばるぼら「FREE SOUL再入門（90年代編）」『note』２０２２年10月7日、https://note.com/bxjp/n/nc111bf02eebc

ばるぼら「SUBURBIA SUITE再入門（90年代編）」『note』２０２０年7月27日、https://note.com/bxjp/n/n8CD99651d03b

ばるぼら「ジャンル名の起源：HCFDMは誰が最初に言い始めたのか」『note』２０２０年12月10日、https://note.com/bxjp/n/n5cfa15dc2593

ばるぼら「ジャンル名の起源：ソフトロックは誰が最初に言い始めたのか」『note』２０２０年7月20日、https://note.com/bxjp/n/n434d323bf9f1

ばるぼら「「スナッキーで踊ろう」が再評価されたのはいつどこでか」『note』２０２１年12月17日、https://note.com/bxjp/n/nc18d96db1fce

ばるぼら「スペース・エイジ・バチェラー・パッド・ミュージック再訪」『note』２０２１年11月25日、https://note.com/bxjp/n/n79cbfee81269

ばるぼら「紙とＣＤで見る20世紀のソフトロック再評価」『note』２０２１年８月1日、https://note.com/bxjp/n/nde42b5865dfb

ばるぼら「「和モノ」再評価はどこから来たのか」『note』２０２２年３月６日、https://note.com/bxjp/n/nebc88f1754df

松本紹圭「マインドフルネスの倫理と資本主義の精神」『遅いインターネット』２０２１年12月2日、https://slowinternet.jp/article/20211202/

もこみ「ハウスやレゲトンの活況、ビッグネームの新作リリース……２０２２年グローバルポップの動向を総括」『Real Sound』２０２２年12月18日、https://realsound.jp/2022/12/post-1213787.html

柳樂光隆「「新世代ＵＫジャズ」について絶対知っておくべき８つのポイント」『Rolling Stone Japan』２０２０年11月12日、https://rollingstonejapan.com/articles/detail/34906/9/1/1

柳樂光隆「Interview Kibrom Birhane：エチオピア由来の音階・リズム・楽器で作る21世紀のエチオ・ジャズ in ＬＡ」『note』２０２２年7月18日、https://note.com/elis_ragina/n/n551977dd6426

柳樂光隆「アフロビートが21世紀にもたらした「変革」とは？　シェウン・クティを軸に歴史を辿る」『Rolling Stone Japan』２０１９年7月2日、https://rollingstonejapan.com/articles/detail/31346/1/1/1

柳樂光隆「ジャイルス・ピーターソンが語る、ブリット・ファンクとＵＫ音楽史のミッシングリンク」『Rolling Stone Japan』２０２１年4月12日、https://rollingstonejapan.com/articles/detail/35733

柳樂光隆「スピリチュアルジャズって何？」『note』２０１９年1月30日、https://note.com/elis_ragina/n/n17f9a89aeae0

山元翔一「２０２１年、シティポップの海外受容の実態、Spotifyのデータで見る」『CINRA』２０２１年7月30日、https://kompass.cinra.net/article/202107-citypop2_ymmts

吉本秀純「【境界線上の蟻～Seeking The New Frontiers～３】Wizkid（ナイジェリア）」『e-magazine LATINA』２０２２年12月28日、https://e-magazine.latina.co.jp/n/nfe508e8f5ef9

吉本秀純「アフロビーツからアマピアノまで。ポップスにも影響大なアフリカ発ビートミュージック入門」『Soundmain』２０２２年7月27日、https://blogs.soundmain.net/14897/

「Matthewdavid：新しいニュー・エイジ」『Ableton』２０２３年6月19日閲覧、https://www.ableton.com/ja/blog/matthewdavid-new-new-age/

「Visible Cloaks：シンセシスとシステム」『Ableton』２０２３年6月19日閲覧、

https://www.ableton.com/ja/blog/visible-cloaks-synthesis-and-systems/

「初期のVANDAと」その後の「ソフト・ロックA to Z」出版以降の海外のリイシューレーベルの動きが凄かった！」『WebVANDA』２０１６年４月14日、https://www.webvanda.com/2016/04/vandaa-to-z.html

「信藤三雄がカルチャームーブメント「世界同時渋谷化現象」を語る。すべては90年代から始まった！」『GINZA』２０１８年１月３日、https://ginzamag.com/categories/culture/43442

「ドラムンベース人気再燃の理由とは？ ＤＪカルチャーの変容と女性たちの活躍」『Rolling Stone Japan』２０２２年７月19日、https://rollingstonejapan.com/articles/detail/38009

「ボビー・ジェントリー：貧しい生い立ち、「ビリー・ジョーの唄」の秘密と音楽業界の女性の権利を勝ち得た先駆者」『Udiscovermusic.jp』２０１９年７月27日、https://www.udiscovermusic.jp/stories/why-bobbie-gentry-is-so-much-more-than-ode-to-billie-joe

「「ローカル」とは？・ハイパーコネクテッド・ワールドにおける音楽制作についての様々な視点」『Ableton』２０１７年３月15日、http://ecrito.fever.jp/20181027220322

「「ワールドミュージック２・０」、及びその前線としてのダンスフロアをフィールドワークする―ジェイス・クレイトン『アップルート―21世紀の音楽をめぐる旅』評」『エクリヲ』２０１８年10月27日、http://ecrito.fever.jp/20181027220322

ANDY BETA 'A new age for New Age music,'"THE LOS ANGELES TIMES,"2011/7/3,https://www.latimes.com/entertainment/music/la-ca-new-age-20110703-story.html

Ali Shaheed Muhammad, Frannie Kelley, 'Marley Marl On The Bridge Wars, LL Cool J And Discovering Sampling,'"NPR Music,"2013/9/13, https://www.npr.org/sections/microphonecheck/2013/09/11/221440934/marley-marl-on-the-bridge-wars-ll-cool-j-and-discovering-sampling

Andy Cush 'Inside the Ambient Music Streaming Boom,'"Pitchfork,"2022/3/25,https://pitchfork.com/features/article/is-the-ambient-music-streaming-boom-helping-artists/

Cat Zhang 'Talking to the Anonymous YouTuber and the Photographer Who Helped Mariya Takeuchi's "Plastic Love" Go Viral,'"Pitchfork,"2021/5/18,https://pitchfork.com/thepitch/mariya-takeuchi-plastic-love-youtuber-alan-levenson-interview/

Cat Zhang 'The Endless Life Cycle of Japanese City Pop,'"Pitchfork,"2021/2/24, https://pitchfork.com/features/article/the-endless-life-cycle-of-japanese-city-pop/

Christian Eede 'Global Village: Visible Cloaks Interviewed,'"The Quietus,"2017/10/16,https://thequietus.com/articles/23396-visible-cloaks-interview-spencer-doran

DAVE SEGAL 'Let the New Age Revival Begin With I Am the Center,'"The Stranger,"2013/11/4,https://www.thestranger.com/music/2013/11/04/18129381/let-the-new-age-revival-begin-with-i-am-the-center

ELIAS LEIGHT 'AI Is Creeping Into the 'Functional' Music Market — What Happens Next?,'"Billboard,"2023/1/3,https://www.billboard.com/pro/ai-spotify-streaming-background-functional-music/

Emma Warren 'Norman Jay, "redbullmusicacademy,"２０２３年６月19日閲覧、https://www.redbullmusicacademy.com/lectures/norman-jay-public-mbe-no-1

Gary James 'Interview With Promoter Richard Nader,'"classicbands.com,"２０２３年６月19日閲覧、http://www.classicbands.com/RichardNaderInterview.html

Geeta Dayal 'New age of new age music: It used to just be for hippies and unassuming types, "The Guardian,"2016/10/12,https://www.theguardian.com/music/2016/oct/12/new-age-music-revival-california-new-york

https://www.ableton.com/ja/blog/music-making-in-hyper-connected-

Jesse Serwer 'Dam-Funk: Galaxy Quest Channeling the past, L.A.'s Dam-Funk brings funk back to the future. "I definitely am a [：],'"XLR8R,"2019/8/17,https://xlr8r.com/features/dam-funk-galaxy-quest/

John Twells 'Wet Sounds: New Atlantis is ushering in the new wave of new age,'"Fact,"２０２３年６月19日閲覧' https://www.factmag.com/2017/06/30/new-atlantis-deadboy-india-jordan/

Judith Fathallah 'Emo revival: why 2022 was the perfect time to bring the genre back from the dead,'" The Conversation,"2022/12/ 8,https://theconversation.com/emo-revival-why-2022-was-the-perfect-time-to-bring-the-genre-back-from-the-dead-195958

Kiara Senanayake 'MÅNESKIN: GLAM ROCK REVIVAL,'"THE MEDIUM,"2021/9/20,https://themedium.ca/maneskin-glam-rock-revival/

Lewis Gordon 'Another Green World: How Japanese ambient music found a new audience,'"Fact,"２０２３年６月19日閲覧' https://www.factmag.com/2018/01/14/japanese-ambient-hiroshi-yoshimora-midori-takada/

Madison E. Goldberg '10 Rock Songs from the Mid-2000s That Have Gotten TikTok Revivals,'"Billboard,"2022/10/13,https://www.billboard.com/lists/rock-songs-tiktok-revivals-2000s-emo-pop-punk-list-feature/hinder-lips-of-an-angel/

Mark Richardson 'Soothing Sounds for Hipsters,'"Pitchfork,"2002/4/8,https://pitchfork.com/features/resonant-frequency/5857-resonant-frequency-12/

Mike Powell 'Anything But Quiet: New Age Now,'"Pitchfork,"2014/1/23,https://pitchfork.com/features/secondhands/9312-new-age/

Paul Grein 'Grammys Change Name of World Music Album Category Due to Connotations of 'Colonialism','"Billboard," 2020/2/11,https://www.billboard.com/music/awards/grammys-change-world-music-album-name-global-9477368/

Paul Sorene 'The Beaulieu Palace Jazz Riot And A Homosexual Plot (1960),'"Flashbak,"2014/ 11/12,https://flashbak.com/the-beaulieu-palace-jazz-riot-and-a-homosexual-plot-1960-25298/

Penn Bullock and Eli Kerry 'Trumpwave and Fashwave Are Just the Latest Disturbing Examples of the Far-Right Appropriating Electronic Music,'"VICE,"２０２３年６月19日閲覧' https://www.vice.com/en/article/mgwk7b/trumpwave-fashwave-far-right-appropriation-vaporwave-synthwave

Rob Arcand & Sam Goldner 'The Guide to Getting Into City Pop, Tokyo's Lush 80s Nightlife Soundtrack,'"VICE," 2019/1/25,https://www.vice.com/en/article/mbzabv/city-pop-guide-history-interview

Simon Reynolds 'Musica Globalista: Simon Reynolds on Old New Age,'"WIRED,"2011/7/9,https://www.wired.com/2011/07/musica-globalista-simon-reynolds-on-old-new-age/

Svetlana Boym 'Nostalgia,'"Atlas of Transformation,"２０２３年６月19日閲覧' http://monumenttotransformation.org/atlas-of-transformation/html/n/nostalgia/nostalgia-svetlana-boym.html

'British artists in a historic clean sweep of 2022's Official Top 10 singles,'"BPI,"2023/4/1,https://www.bpi.co.uk/news-analysis/british-artists-in-a-historic-clean-sweep-of-2022-s-official-top-10-singles/

'Simon Reynolds looks back on a decade where serene music offered a counterpoint to digital maximalism,'"ra.co,"２０２３年６月19日閲覧' https://ra.co/features/3594

'The British beatniks,'"David Buckingham,"２０２３年６月19日閲覧' https://davidbuckingham.net/growing-up-modern/before-london-started-swinging-representing-the-british-beatniks/the-british-beatniks/

'The new wave of new age: How music's most maligned genre finally became cool,'" Fact,"２０２３年６月19日閲覧' https://www.factmag.com/2016/08/16/new-age-matthewdavid-deadboy-sam-kidel/

'YEAR-END 2022 RIAA REVENUE STATISTICS,'"riaa.com,"２０２３年６月19日閲覧' https://www.riaa.com/wp-content/uploads/2023/03/2022-Year-End-Music-Industry-Revenue-Report.pdf

人名索引

ポップミュージックはリバイバルをくりかえす

「再文脈化」の音楽受容史

2023年8月30日　初版第1刷発行

著者　柴崎祐二《しばさきゆうじ》

イラストレーション　水沢そら

ブックデザイン　新井大輔

発行人　永田和泉

発行所　株式会社イースト・プレス
〒101-0051
東京都千代田区神田神保町2-4-7　久月神田ビル
Tel.03-5213-4700
Fax.03-5213-4701
https://www.eastpress.co.jp

印刷所　中央精版印刷株式会社

ISBN 978-4-7816-2228-6